I0759648

LOS 5 TALENTOS QUE DE VERDAD IMPORTAN

LOS 5 TALENTOS QUE DE VERDAD IMPORTAN

Cómo los grandes líderes
logran resultados extraordinarios

Barry Conchie & Sarah Dalton

The five talents that really matter: how great leaders drive extraordinary performance
Los 5 talentos que de verdad importan: Cómo los grandes líderes logran resultados extraordinarios

Loreto 13-15, Local B.
08029 Barcelona – España
revertemanagement.com

Fecha de publicación: octubre 2025

Edición en papel
ISBN: 978-84-10121-32-4

Edición en ebook
ISBN: 978-84-291-0000-6 (ePub)
ISBN: 978-84-291-0001-3 (PDF)

Editores: Ariela Rodríguez / Ramón Reverté
Coordinación editorial y maquetación: Patricia Reverté
Traducción: Betty Trabal
Revisión de textos: M.ª del Carmen García Fernández
Diseño cubierta: Feriche Black

Impreso en España – *Printed in Spain*
Depósito legal: B 17001-2025
Impresión y encuadernación: Liberdúplex
Barcelona – España

#149

Este libro está dedicado a la gente rara, inadaptada, perturbadora, a los agitadores, desafiantes, malhechores, antagonistas, engatusadores, persuasores, provocadores, inconformistas, bromistas, a quienes causan problemas, son protagonistas, revoltosos, desviados, revolucionarios, opositores, a las personas extrañas, disidentes, excéntricas, polémicas, inquietas, atrevidas y peleonas, sin quienes la vida sería aburrida y el trabajo tedioso. Ojalá mucha de esa gente se gane el derecho a ocupar puestos de liderazgo y derribe las barreras levantadas para proteger el monopolio que ostentan los hombres blancos y maduros.

Los sistemas tradicionales de gestión del talento fallan porque no incluyen a los individuos inconformistas y extraños, que piensan de manera creativa e innovadora y no rinden de forma adecuada según las formas de evaluación tradicionales.

Marion Devine y Michel Syrett,
Managing Talent: Recruiting, Retaining and Getting the Most from Talented People

CONTENIDOS

PREFACIO

Diamantes en bruto

HACE QUINCE AÑOS, UN IMPORTANTE GRUPO MULTINACIONAL NORTEAmericano pretendía lanzar una OPA hostil a una empresa británica. A punto de cerrarse el acuerdo, y para asegurar el éxito de la fusión, la consejera delegada del grupo se enfrentaba a la difícil tarea de evaluar a cientos de líderes de casi 70 mercados del mundo.

Aquella consejera delegada conocía a sus propios líderes, pero no sabía nada sobre las capacidades de los de la otra empresa. Reconoció que para que la compañía recién creada —pero que seguía dividida culturalmente— prosperara, los altos cargos tenían que ser ocupados por los mejores líderes de ambas partes. Pero ¿cómo hacer tales nombramientos sin equivocarse? Barry Conchie fue contratado para ayudarles a responder estas preguntas y aprovechar su experiencia en la evaluación de candidaturas.

El caso es que los candidatos de la empresa de la consejera delegada, a quienes ella y otros miembros de la alta dirección consideraban los mejores, no dieron la talla al ser evaluados. Es cierto que trabajaban bien en equipo y eran excepcionales generando un ambiente laboral positivo, pero esto no se tradujo en puntuaciones que predijeran de forma fiable su éxito en un nuevo entorno. Por tanto, ascender a estos candidatos a puestos de mayor responsabilidad antes que a otras personas con perfiles de liderazgo significativamente mejores pondría en peligro la fusión.

Las empresas saben que es necesario tomar decisiones basadas en datos y evidencias; sin embargo, a menudo demuestran una falta de visión estadística al abordar su proceso más importante: la selección de personal.

En este libro describiremos con detalle la Evaluación del Liderazgo Ejecutivo que hemos investigado, desarrollado y refinado en los últimos veinte años. Llegarás a conocer la metodología científica que nos permite predecir el éxito de los líderes con un 78 % de precisión (y predecir quiénes no tendrán éxito como líderes con un 91 % de precisión). Esperamos que este libro te convenza de la importancia de emplear métodos imparciales, basados en datos y validados desde el punto de vista estadístico para llevar a cabo la selección de personal en tu empresa. Además, si quieres saber cuál es tu potencial de liderazgo actual y futuro, los conocimientos adquiridos con nuestro trabajo pueden serte de gran valor.

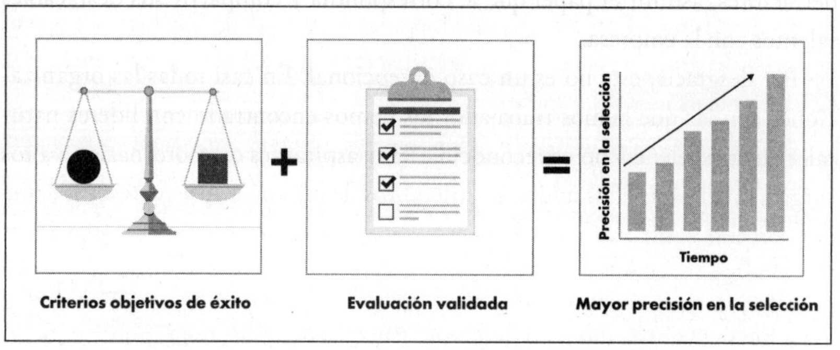

Una evaluación añade valor al proceso de selección de una empresa solo cuando se demuestra que es un predictor consistente, justo y válido del éxito en un determinado puesto.

En nuestro proceso de evaluación para esta adquisición en concreto, identificamos a una líder oculta en el mercado del Pacífico asiático del grupo multinacional; esta mujer obtuvo la mayor puntuación en la evaluación de liderazgo ejecutivo de todos los mercados considerados. Era extraordinaria y, sin embargo, hasta ese momento había resultado invisible dentro de su organización. Puesto que era casi desconocida, y tal vez porque era aborigen y mujer, había sido infravalorada y olvidada.

Se hallaba «oculta» en las filas del equipo de un líder más débil y de menor puntuación, al que también evaluamos. Estaba claro que él se sentía amenazado por el potencial de esta mujer, tal y como demuestran las malas evaluaciones de rendimiento que le había otorgado en los años previos. Ella nunca había figurado en ninguna lista de posibles ascensos de la empresa y, sin embargo, recomendamos a este «diamante en bruto» como principal participante en la gestión de la adquisición. Pese a las protestas de su entonces superior, ascendió al cargo de líder regional, siendo él su subordinado. Como es de imaginar, él no duró demasiado en la empresa.

Tal y como se había previsto en su evaluación, aquella mujer obtuvo un éxito extraordinario, y su ascenso sirvió de inspiración a otros trabajadores marginados que luchaban por avanzar en su carrera profesional. En otras palabras, la evaluación de su liderazgo la «liberó» de un futuro lastrado por una gestión inadecuada y le dio la confianza suficiente para apartar a sus detractores, asumir el papel que le correspondía y compartir sus destacables talentos con la empresa.

Por desgracia, este no es un caso excepcional. En casi todas las organizaciones con las que hemos trabajado nos hemos encontrado con líderes naturales cuya excelencia no es reconocida. Hay aspirantes extraordinarios a altos cargos, muchos de ellos mujeres y miembros de minorías, que representan una de las mayores fuentes actuales de potencial sin explotar. Casi todas las organizaciones que se enfrentan a retos de diversidad, equidad e inclusión —elementos conocidos por las siglas DEI—, así como de contratación, retención del talento y planes de sucesión, cuentan con líderes increíbles entre sus filas. Descubrir este potencial sin explotar ha sido uno de los resultados más gratificantes y valiosos, en el ámbito empresarial, de nuestra práctica de evaluación.

Los aprendizajes clave adquiridos a partir de esta experiencia nos ayudaron a moldear nuestro enfoque para adaptarlo a futuros compromisos y asegurarnos así de formular las preguntas correctas en cada empresa:

- A los líderes mediocres nos les gusta tener a su cargo a gente con talento, porque sienten una viva amenaza profesional: temen que les hagan sombra y les roben futuras oportunidades; por tanto, esos líderes son un obstáculo para el desarrollo de los trabajadores y de las organizaciones a las que sirven.

- La falta de diversidad en el liderazgo de una empresa es el resultado directo de unas prácticas de selección de personal ineficaces; prácticas que pueden mejorar llevando a cabo una evaluación como la que describimos en este libro. Tu organización será todo lo diversa que permitan sus responsables de contratación.
- Sin una evaluación del liderazgo objetiva y fiable, los líderes desconocen el talento y el potencial que se esconde en su empresa. Y, aunque declaren ser inmunes a los prejuicios, lo cierto es que son vulnerables a algunos que describimos en este libro y que conducen a malas decisiones de contratación.

¿QUIÉNES SOMOS?

Conchie es una empresa especializada en evaluación, selección, planes de sucesión, trabajo en equipo y desarrollo de personal ejecutivo. La Evaluación del Liderazgo Ejecutivo descrita en estas páginas es la base para desarrollar evaluaciones que midan el talento y predigan el éxito en todos los puestos clave en la organización: desde los becarios, pasando por los cargos intermedios y hasta la alta dirección. Creamos evaluaciones únicas para roles únicos, y perseguimos sin cesar la excelencia, así como los rasgos y características que la predicen. Tratamos de simplificar los elementos complejos que orientan este tipo de decisiones, y nuestras herramientas —las evaluaciones que creamos— predicen, desde el punto de vista estadístico, quién tiene más probabilidades de rendir a un alto nivel, quién lo hará a un nivel medio y a quién se debería descartar. La información que ofrecen estas evaluaciones ayuda a nuestros clientes a tomar mejores decisiones de contratación. Las colaboraciones de larga duración que mantenemos dan fe de nuestra eficacia.

Barry Conchie creó Conchie en 2013; antes había dirigido la sección de liderazgo y desarrollo de Gallup. Encabezó el equipo de trabajo de Gallup con algunos de sus clientes más importantes y se especializó en asesorar a personal directivo y ejecutivo sobre eficacia profesional y optimización de equipos. Trabajó, además, como profesor en programas de MBA internacional y presentó su trabajo en Gallup dando charlas por todo el mundo. Es coautor del exitoso libro *Strengths Based Leadership*, que le posicionó como uno de los estudiosos del liderazgo más influyentes del mundo.

Sarah Dalton se incorporó a Conchie en 2016 y se hizo socia en 2020. Líderes y directivos trabajan mano a mano con ella para comprender mejor las actitudes y los comportamientos que potencian el rendimiento, y cómo seleccionar a la gente con más talento en los procesos de contratación. Es experta en entrenar a equipos para la interpretación de las evaluaciones de talento y en el uso de tales conocimientos para proporcionar una experiencia superior a los aspirantes, una mayor confianza en las decisiones de contratación y un rendimiento excepcional en todos los niveles de la organización. Está certificada en evaluaciones de talento en el ámbito ejecutivo, suele asesorar a líderes sobre las vías para alcanzar el éxito y les formula las preguntas esenciales para ayudarles a ser más eficaces.

EL MÉTODO CIENTÍFICO

Desde el principio quisimos dejar una cosa clara: este libro no es el resultado de un grupo de personas inteligentes sentando cátedra sobre cómo creen que es el buen liderazgo, sino que ha sido elaborado sobre una base empírica y científica. Queremos que sientas la energía y la motivación que surgen de ideas increíbles, resultado de la investigación y el análisis de datos…, de muchos datos, en realidad. Nosotros hemos prescindido de todo el ruido en torno a lo que hacen los líderes y cómo logran el éxito los mejores. Hablamos de lo que de verdad importa.

Pocas personas conocen bien cómo funcionan la ciencia y el método científico. Un estudio del Pew Research Center publicado en 2019[1] mostró que, en Estados Unidos, solo el 52 % de sus participantes podía identificar de forma correcta una hipótesis dentro de contextos específicos. Asimismo, solo el 60 % de tales participantes reconocía la relevancia de incluir un grupo de control en la investigación experimental. Michael Shermer, en su divertido y (al mismo tiempo) serio libro *Why Smart People Believe Weird Things*, identificaba así el problema fundamental: «El 70 % de la población norteamericana todavía no entiende el proceso científico».[2]

Mucho antes de la aparición de las empresas globalizadas, tal vez incluso antes de la invención de la empresa tal y como la conocemos ahora, las culturas ancestrales ya se basaban en datos para tomar decisiones que mejorasen la vida y el bienestar de las personas. En las llanuras de Mesopotamia, en las orillas del río Yangtze y en las junglas de Mesoamérica, grandes grupos humanos crearon asentamientos que perduraron más allá de las generaciones que los habitaron inicialmente. Estas personas observaban patrones en el mundo natural y relacionaban las posibles causas con los efectos.

En los capítulos siguientes, explicaremos nuestra propia aplicación del método científico al contexto de la selección de personal y el desarrollo del liderazgo en la empresa moderna. Pero antes queremos asegurarnos de que todo el mundo sepa distinguir qué *es* ciencia y qué *no lo es*.

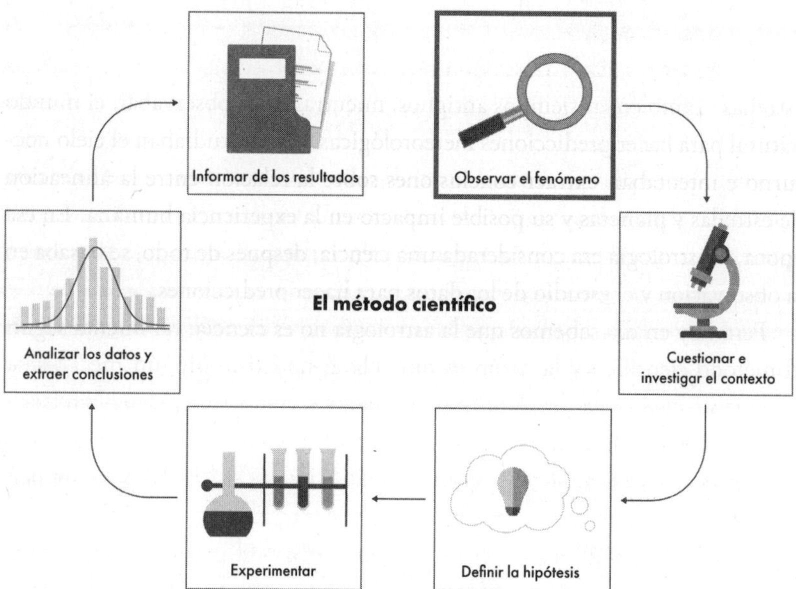

Las prácticas rudimentarias de observar, definir hipótesis y experimentar constituyeron la base de la ciencia y del método científico modernos, tal y como los conocemos en la actualidad.

La meteorología, es decir, el estudio de los fenómenos atmosféricos y la previsión meteorológica, es un buen ejemplo del uso del método científico que la mayoría de los lectores entenderán. Antaño se identificaban unos patrones de clima y estaciones que permitían hacer ciertas predicciones básicas. Es esta asociación entre la observación, los datos y la predicción la que está en la base del método científico moderno y por lo que la meteorología es considerada una ciencia.

Los profesionales de la meteorología recopilan y analizan grandes cantidades de datos durante largos periodos de tiempo y en múltiples zonas geográficas. Toman registros históricos y los comparan con medidas e indicadores en tiempo real. Llevan a cabo simulaciones y modifican las variables de manera artificial para analizar el impacto sobre sus modelos climáticos. En la base de la ciencia más avanzada está la habilidad para hacer una predicción y comparar los inputs con los outputs. Y, aunque la previsión del tiempo no sea cien por cien segura para cada momento y lugar, hay que destacar cuán precisa es y lo mucho que coinciden las predicciones con la realidad y la experiencia.

Comparemos ahora la meteorología con la astrología, las señales de las estrellas. También en tiempos antiguos, mientras unos observaban el mundo natural para hacer predicciones meteorológicas, otros estudiaban el cielo nocturno e intentaban extraer conclusiones sobre la relación entre la alineación de estrellas y planetas y su posible impacto en la experiencia humana. En esa época, la astrología era considerada una ciencia; después de todo, se basaba en la observación y el estudio de los datos para hacer predicciones.

Pero hoy en día sabemos que la astrología no es ciencia; no intenta seguir el método científico y la razón es muy clara: no existe ningún mecanismo observable que explique cómo determinadas configuraciones de estrellas y planetas interactúan con la naturaleza, y mucho menos con las experiencias vitales y las oportunidades de grupos específicos de individuos que comparten fecha de cumpleaños al azar.

En otras palabras, la astrología no cumple el criterio último de la ciencia: ser eficaz. Sencillamente, no funciona. Sus predicciones carecen de especificidad, y son tan generales e inútiles que no proporcionan ninguna perspectiva real. Por tanto, si bien la meteorología es una ciencia, la astrología no lo es. Resulta básico que tengas esta comparación en mente a lo largo del libro. En nuestro caso, ponemos a prueba este enfoque sobre la evaluación del liderazgo a través del método científico y describimos las predicciones hechas por nuestra evaluación y la precisión de las mismas.

El cálculo de probabilidades, la comprobación de hipótesis y la interpretación de datos son competencias básicas para las principales decisiones empresariales. Dicho de otro modo, sin aplicar el rigor científico a la selección de personal y sin medir de forma empírica los resultados de tales decisiones, la mayoría de las empresas estarán basándose en la astrología cuando contratan, ascienden y despiden a sus trabajadores. En la actualidad, los profesionales de la meteorología pueden predecir (con una alta precisión) el tiempo en cada región del mundo. Sus pronósticos se apoyan en enormes conjuntos de datos atmosféricos, y cuando se equivocan (lo cual sucede en raras ocasiones), pueden explicar *por qué* mediante el uso de los datos.

¿Y si las empresas pudieran predecir los resultados de sus decisiones respecto a la selección de personal con la misma exactitud con la que los meteorólogos predicen el tiempo?

¿QUÉ APRENDERÁS CON ESTE LIBRO?

Toda buena historia de detectives empieza con una colección de pruebas en apariencia aleatorias e imperfectas que al final conducen a una conclusión muy clara y contundente. Cuando hablamos del método científico como medio para formular preguntas y recopilar información que permita poner a prueba nuestras suposiciones, estamos intentando llevarte por un camino de descubrimiento que conduce a ciertas conclusiones que todo líder actual y aspirante a serlo se beneficiará de conocer.

Este libro es un relato acerca de nuestra labor en la aplicación del método científico a la selección de personal, en especial para puestos de liderazgo ejecutivo. A lo largo de las siguientes páginas describimos cómo hemos diseñado nuestra investigación, cómo hemos llevado a cabo diferentes experimentos y estudios, y los resultados sorprendentes a los que hemos llegado. Este libro no es un artículo científico (como sin duda te agradará saber), y por tanto está redactado de forma que los temas resulten comprensibles para personas de todos los niveles de una organización. Ciertos conceptos hemos tenido que definirlos; es el caso del término «impacto adverso» o el índice alfa de Cronbach. Pero hay muchos otros a los que solo hemos podido hacer referencia de pasada, como el sesgo de conformidad o el sesgo de complejidad. Esperamos que nuestros lectores los investiguen por su cuenta para saber más de ellos.

Aparte de nuestra metodología y los datos que hemos manejado, también compartimos nuestro saber sobre las complejidades del liderazgo. Dicho de otro modo, definimos los talentos y comportamientos que caracterizan a los mejores líderes del mundo. Y nuestras opiniones no son el resultado de anécdotas singulares o estudios de caso; en el transcurso de nuestra investigación, hemos recopilado y analizado información de más de 58.000 líderes ejecutivos de pequeñas empresas y multinacionales de diferentes sectores. Nuestra terminología ha sido revisada, debatida y refinada a conciencia con la intención de simplificar un tema profundamente complejo.

No existe una cualidad única que haga excepcional a un líder, como tampoco el liderazgo es una competencia adquirida: ni 10.000 horas de práctica transformarán a un líder débil en uno de alto nivel. Pero sí que el liderazgo es un compendio de talentos que cada persona expresa a su manera. Entre los líderes de mayor nivel no hay dos iguales, ni existen unas reglas estrictas a las que todo el mundo se pueda ajustar. Si bien ciertos rasgos y características nos permiten diferenciar a los individuos con el potencial para funcionar de un modo adecuado en los más altos niveles de liderazgo ejecutivo. Nosotros hemos usado nuestra investigación para perfeccionar un modelo que compara a cada persona con los líderes de más talento del mundo y predice con fiabilidad su potencial para convertir su especial talento en un rendimiento significativo.

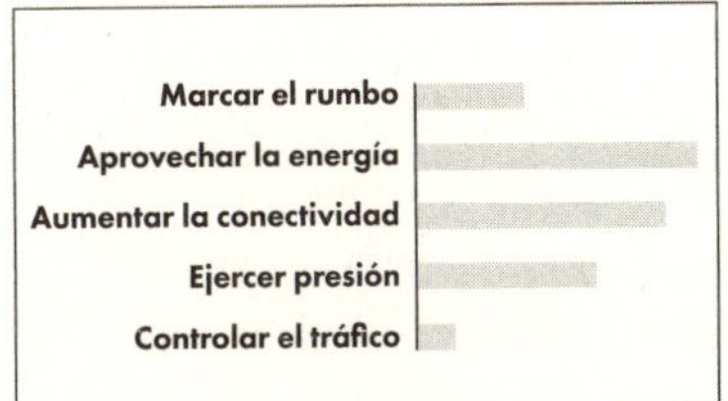

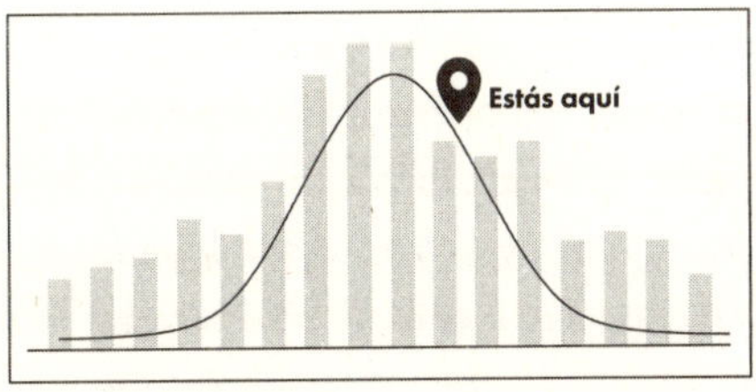

Nuestro modelo de evaluación destaca los puntos fuertes dominantes de un líder y los compara con los de los líderes de más talento del mundo.

A medida que te autoapliques los resultados de esta investigación esperamos que descubras la clave que te ayude a identificar y desbloquear tu verdadero potencial de liderazgo. En el último capítulo, te invitamos a cumplimentar una versión online de la Evaluación del Liderazgo Ejecutivo con la que te familiarizarás a través de estas páginas. Cualquiera que lea este libro se beneficiará de una medida objetiva de sus talentos y entenderá cómo sacar el máximo partido de ellos en un puesto de liderazgo. Nuestro objetivo es proporcionarte las herramientas y los recursos para interpretar tus resultados, así como un mecanismo para recibir feedback para quienes deseen saber más.

CÓMO EMPEZÓ TODO

Este libro es la culminación del trabajo de mi vida y de cómo Conchie ha llegado a ser la empresa que es. En los siguientes capítulos relato experiencias cruciales que me llevaron a aplicar el método científico en las decisiones de selección de personal. En estos casos, el texto aparece en cursiva para subrayar que se trata de mis experiencias personales.

Barry Conchie

PREDECIR FUTURAS ELECCIONES PROFESIONALES

A los quince años no tenía ni idea de qué carrera quería estudiar. Cuando mi pequeño y rural instituto del Reino Unido me ofreció la más avanzada tecnología en orientación profesional —consistente en una encuesta en papel con preguntas sobre las preferencias personales que, una vez enviada y procesada, me devolvería una lista de posibles trayectorias profesionales— sentí una mezcla de curiosidad y prejuicios. Después de todo, aquello debía de ser un poco absurdo: ¿cómo iba a ser capaz un simple test de personalidad de extraer unas conclusiones que afectasen a mi trayectoria profesional y a mi vida en general?

Habiéndome criado en el seno de una familia de clase trabajadora del norte de Inglaterra, nunca me animaron a pensar sobre mí y mi futuro. No reflexionaba en profundidad, me limitaba a hacer lo posible para sobrevivir y ganar un dinerillo para ayudar en casa. «Esfuérzate y sé respetuoso con la gente», esos eran los valores que mis padres nos inculcaron a mi hermano y a mí. En realidad, nunca pensé más allá de ello con respecto a mi carácter o mi desarrollo personal.

Cuando llegaron los resultados del test, se generó un ambiente de alegría y sorpresa en la clase. Algunos de mis compañeros parecían destinados a ser abogados o arquitectos; otros, a ser médicos. Una de las sugerencias más imaginativas era «diseñador de moda», opción de la que nunca había oído hablar como carrera.

Miré mis resultados y enseguida deseé que nadie me preguntara sobre ellos: lo mejor que esta tecnología de vanguardia me sugería era ser operador de radio en la marina mercante o gerente de una funeraria. Nunca en la vida había pensado en tales posibilidades. Por tanto, mis prejuicios previos se vieron confirmados de inmediato: «¿A quién se le ha ocurrido semejante tontería?». Recuerdo sentirme turbado y desconcertado un tiempo por ello. ¿Podía tomarme en serio estas recomendaciones? Al final, juré demostrar que tanto la prueba como su creador se equivocaban, y decidí forjar mi propio destino.

Creo que no hace falta decir que nunca he sido operador de radio (militar o mercante), y tampoco he tenido una funeraria. Al recordar aquella prueba de personalidad pensaba: «¡Qué sinsentido, qué pérdida de tiempo!».

No fue hasta pasado un tiempo que llegué a reconocer una intuición oculta en esa orientación que revelaba sobre mí mucho más de lo que jamás había imaginado.

Cuando llevaba veinte años en mi trabajo, conocí a un operador de radio y empecé a ver que teníamos muchas características comunes. Estos profesionales se pasan la mayor parte del tiempo metidos en una pequeña habitación bajo la cubierta, ocupándose de las comunicaciones del buque, y eso apelaba a mis tendencias solitarias. Al charlar con ese oficial experimentado me di cuenta de que tal vez me habría rebelado contra la autoridad militar que él describía y sí respetaba. En mis resultados del test siempre me chocó más la categoría específica de marina mercante que la del ámbito militar, pero escuchándole me di cuenta de que lo que me disgustaba era obedecer a ciegas a la autoridad. Y aquel programa de orientación profesional lo había sabido captar.

En el transcurso de los años conocí a varios propietarios de funerarias en circunstancias muy tristes. Sabía que no me habría gustado esa profesión, pero admiraba su profesionalidad despegada e impasible, así como su absoluta sinceridad; todas ellas eran cualidades que otros habían dicho de mí.

Al reflexionar sobre esta experiencia me doy cuenta de que en mis años de instituto cometí el error de menospreciar esas profesiones. No supe considerar lo que aquellas recomendaciones decían en realidad sobre mí como persona y hasta qué punto fue rigurosa esa evaluación.

PRIMERA PARTE

CONCEPTOS ERRÓNEOS SOBRE EL LIDERAZGO Y LA SELECCIÓN DE PERSONAL

CAPÍTULO 1

Lo que personas y empresas malinterpretan acerca del liderazgo

¿QUÉ ES EL LIDERAZGO? ¿QUÉ DIFERENCIA A UN LÍDER EXCEPCIONAL DE uno mediocre?

Supongamos que hemos tomado asiento en una sala y estamos debatiendo sobre el liderazgo e intentando elaborar una lista de los líderes que más admiramos y respetamos para analizar sus características. ¿Quién figuraría en esta lista? ¿Estaríamos de acuerdo? ¿Podríamos elegir diez nombres en común? ¿Sería nuestra lista rigurosa, estaría basada en el conocimiento profundo de esas personas y el éxito alcanzado por ellas, o sería más bien subjetiva, dudosa y muy personal?

Puede que pusieras a Steve Jobs en tu lista, pero quizá no estaría en la nuestra. Nosotros pondríamos a Herb Kelleher, y tú a Jack Welch. Nosotros, en lugar de Welch, pondríamos a su colaborador, Jim McNerney. Y así evolucionaría la discusión.

Lo que resulta sorprendente de este debate es cuán difícil sería dar con diez nombres, y más aún diez en los que todo el mundo estuviera de acuerdo. Pero si lo consiguiéramos, y a partir de esa lista intentáramos sacar conclusiones sobre lo que es clave para el liderazgo, nos resultaría difícil obtener una respuesta coherente, porque esos individuos serían diferentes entre sí en aspectos significativos, algunos observables y otros no.

Cada líder de esa lista será sin duda una persona de éxito, pero cada cual habrá llegado a él de una manera singular. Es decir, sus diferentes caminos hacia el éxito no fueron la consecuencia de unas determinadas elecciones estratégicas, sino de las características innatas de cada líder. Porque piensan y se comportan de forma diferente, no solo de la población en general, sino también entre sí. Sus tendencias naturales influyen en la manera que tienen de ver su empresa y en las decisiones que toman sobre los miembros de su equipo. Cada líder ha sabido aprovechar los elementos disponibles para lograr unos resultados extraordinarios. Son personas que han liderado organizaciones de gran éxito que reflejan sus características y valores personales. Y no solo lideraron una organización, lideraron *su* organización.

Lo explicaremos con ejemplos: no podemos mirar a Southwest Airlines sin ver en esta compañía la huella de Kelleher. Lo mismo pasa con Apple y Jobs, Boeing y McNerney, General Electric y Welch. La razón del éxito de estos titanes es difícil de determinar a partir de este reducido grupo de líderes, pero, por fortuna, hay líderes muy inspiradores en todas partes, aunque sus nombres no sean conocidos. En toda empresa o comunidad existen «leyendas ocultas», personas a quienes otras acuden para pedir consejo, orientación, propósito y desarrollo.

En el transcurso de nuestra labor hemos identificado a miles de líderes excepcionales, muchos de los cuales obtendrían incluso mejores puntuaciones que los famosos nombres aquí citados. La detección de estos individuos nos ha permitido crear un marco general para el liderazgo y responder a la siguiente pregunta: «¿Qué hace que los mejores líderes sean únicos?». Pero antes de dar respuesta a esta pregunta es importante que te ayudemos a desaprender ciertas ideas que no son útiles para comprender cómo logran el éxito los mejores líderes.

EL LIDERAZGO: TRES TRAMPAS Y LA VERDAD

El camino hacia el liderazgo de alto rendimiento ha sido obstaculizado por numerosos libros e intelectuales que han caído en una de las llamadas «tres trampas», transmitiendo ideas confusas y contradictorias a sus lectores.

Muchos de estos autores son muy inteligentes, pero las obras que no se basan en una investigación rigurosa para informar de sus hallazgos no resultan fiables, y es lo que ocurre con muchas de ellas. Estas tres trampas se pueden detectar echando un vistazo rápido a la sección de liderazgo empresarial de la mayoría de librerías y bibliotecas.

Quienes estudian técnicas de liderazgo deberían desconfiar de los autores e intelectuales cuyo trabajo cae en una de estas tres trampas tan habituales.

La primera trampa: los líderes de éxito *hacen esto*

El liderazgo es algo muy complejo, pero, observando las secciones de libros de negocios o autoayuda, nadie lo diría. Hay docenas de autores que afirman que el secreto de un liderazgo extraordinario es un rasgo específico o una característica determinada. Estos argumentos resultan atractivos para la mayoría de la gente, porque ¿a quién no le gustaría creer que puede llegar a ser uno de esos líderes excepcionales? Sería fantástico, pero las pruebas demuestran que no es cierto. Sin embargo, los libros que hacen tales afirmaciones suelen tener mucho éxito.

Good to Great: ¿por qué algunas compañías dan el salto a la excelencia y otras no? En esta obra, Jim Collins identifica la humildad como la fuerza que nos lleva a alcanzar el «liderazgo de nivel 5».[1] Su argumento está basado en una investigación limitada y en la interpretación de los resultados obtenidos por una serie de compañías. La pequeña muestra de líderes que estudió eran, en su mayoría, hombres blancos y maduros, lo cual hace sospechar sobre la validez de sus afirmaciones y su posibilidad de aplicación a una población más amplia. Críticos como Steven D. Levitt se apresuraron a aplicar medidas para contrastar estas afirmaciones.[2] Levitt hizo un seguimiento del rendimiento bursátil de las compañías que Collins había identificado; lo llevó a cabo en los ocho años transcurridos desde la publicación de su libro, y descubrió que «en general, una cartera [de acciones] de las compañías "que habían dado el salto de buenas a excelentes" al parecer habría tenido un rendimiento inferior al del S&P 500». Si estas compañías estuvieran dirigidas por los mejores líderes, humildes o no, deberíamos esperar verlo reflejado en el rendimiento de sus acciones.

Un año después de salir el libro de Collins, Robert Greenleaf publicó *Servant Leadership: A Journey into the Nature of Legitimate Power and Greatness*. En él habla acerca del éxito.[3] Greenleaf, igual que Collins, propone una forma de entender el liderazgo que contradice la retahíla de libros de finales del siglo XX que ensalzaban la importancia de «liderar desde la primera fila». Su narrativa sobre el liderazgo está basada en su lectura del libro de Herman Hesse *Viaje al Oriente*, que describe a un humilde sirviente cuyo valor como líder no fue apreciado por su grupo hasta que lo hubo abandonado.[4] Es este un concepto excelente del liderazgo no jerárquico que llevó al desarrollo de la idea de que los directores ejecutivos están al servicio de la organización y no al revés. Se han llevado a cabo muchas investigaciones para contrastar con medidas empíricas la afirmación de Greenleaf, pero «han surgido problemas por la escasa claridad del concepto, las malas mediciones y el diseño deficiente».[5]

Los libros de Collins y Greenleaf son fundamentales y dan voz a los típicos líderes menos asertivos, pero igual de eficaces, que logran el éxito con otras formas más sutiles de liderazgo. Estas obras definen el liderazgo en unos términos que resultan más motivadores para las líderes mujeres y los pertenecientes a otras minorías, individuos que han sido históricamente discriminados por no exhibir la agresividad que desde siempre se había considerado propia de los líderes fuertes. Aunque sea por esta razón, dichos libros han sido útiles para convertir el liderazgo en un espacio más inclusivo; aunque habría estado bien que Collins y Greenleaf hubieran subrayado este hecho ellos mismos.

Y es que las obras citadas caen en la misma trampa que impregna desde hace décadas los estudios sobre el liderazgo: dan una relevancia desproporcionada a una única característica. Para Collins es la humildad y para Greenleaf, el servicio. Philip Rosenzweig, en su libro *The Halo Effect… and the Eight Other Business Delusions That Deceive Managers*, subraya este mismo problema: las historias de éxito y fracaso empresarial siempre exageran el impacto que el estilo de su líder y sus prácticas de gestión tienen sobre los resultados de la firma.[6]

En realidad, el liderazgo eficaz es el resultado de muchas más características y rasgos que los que destacan Collins y Greenleaf, y aunque ninguno de estos autores intentaba codificar todos los elementos de un liderazgo extraordinario, su énfasis en estos dos rasgos no está respaldado por pruebas empíricas. Otros investigadores se han dado cuenta de ello también y, poco a poco, han cambiado de forma progresiva sus enfoques. Pero ciertas publicaciones, por desgracia, han ido en el sentido opuesto, y en vez de poner énfasis en un solo rasgo o característica de los líderes han intentado ofrecer complejas descripciones de todo lo que estos podrían hacer. Esto nos lleva a la siguiente trampa.

La segunda trampa: los líderes de éxito hacen *todas* estas cosas

Existe desde hace un tiempo la tendencia a tratar de definir todos los aspectos del liderazgo. Docenas de autores, libros de empresa y periodistas han publicado listas de competencias, hábitos o prácticas que, una vez aprendidos, proporcionarán a cualquier organización todo lo que necesita para prosperar. Stephen Covey afirma que, para ser competente, has de adquirir estos siete hábitos;[7] Glenn Llopis, por su parte, dice que hay quince cosas que hacen todos los líderes de éxito;[8] y Michael Page sostiene que hoy en día solo ocho cualidades definen a un líder eficaz.[9] ¿Cuántas son entonces? ¿Siete…, ocho…, quince… treinta?

La abundancia de estas listas es abrumadora para cualquiera que aborde el estudio del liderazgo, y adherirse a una o más de ellas confundirá al lector. Una revisión atenta debería ayudar a darse cuenta de que la mayoría de estas afirmaciones no son más que opiniones de los autores, respaldadas por poco más que algunos ejemplos seleccionados de empresas o líderes exitosos. Pero, sin datos y estudios rigurosos que respalden estas cualidades o hábitos, deberían considerarse poco más que reflexiones personales. Sin embargo, pocos autores han tratado de analizar de forma empírica estos temas, y quienes lo han hecho sostienen afirmaciones de las que también deberíamos dudar.

«Creemos que todo gerente, director y empresario del mundo debería leer este libro... Podrás crear una empresa visionaria». Esta es una de las afirmaciones que hace Collins, junto con su coautor, Jerry Porras, en su libro de 1994 *Empresas que perduran: hábitos exitosos de las compañías visionarias*.[10] Desde su publicación, se ha convertido en uno de los «libros de negocios más influyentes de nuestra época».[11] Los autores consultaron a mil consejeros delegados —de los cuales apenas una quinta parte respondió— para ofrecer una lista de empresas consideradas «visionarias». A partir de ahí, trabajaron hacia atrás para ver qué patrones podían estar influyendo en ello, e identificaron nueve «hábitos» de estas empresas.

La afirmación central del libro es que, si inculcas tales hábitos en tu propia organización, el éxito te acompañará. El difunto premio Nobel Daniel Kahneman, en su influyente libro *Pensar rápido, pensar despacio*, analiza esta conclusión: «El mensaje básico de *Empresas que perduran* y otros libros similares es que las buenas prácticas directivas se pueden identificar y serán recompensadas con unos resultados óptimos. Bien, ambos mensajes son exagerados. La comparación de las firmas que han tenido más o menos éxito es hasta cierto punto una comparación entre firmas que han sido más o menos afortunadas».[12] Y continúa diciendo: «Por término medio, la diferencia de rentabilidad empresarial y rendimiento de las acciones de las empresas más y menos exitosas que se analizaron en *Empresas que perduran* se redujo prácticamente a cero en el periodo inmediatamente posterior al estudio».

De hecho, un mejor título para el libro habría sido *Empresas creadas para regresar a la media*. Esta misma lente crítica debería aplicarse a cualquier afirmación sobre el éxito y el liderazgo empresarial. En primer lugar, habría que ver si las afirmaciones se ven respaldadas por algún tipo de datos o estudio; este criterio debería eliminar a la mayoría. En segundo lugar, habría que determinar si la calidad de la información y la investigación tienen validez. Dicho de otro modo, las afirmaciones que se toman como referencia deberían ser estables durante largos periodos de tiempo para eliminar la influencia de las fluctuaciones del mercado. Habría que poder probarlas en otras empresas y ofrecer resultados cuantificables y predecibles. Pero lo cierto es que muy pocos libros pueden superar estas dos comprobaciones.

La tercera trampa: para un liderazgo de éxito, sigue la senda de Jack Welch

En las estanterías de libros de negocios proliferan los que describen a líderes similares. La premisa parece ser que estas personas tienen éxito y que, por tanto, si copias lo que hacen y su forma de trabajar, tú también alcanzarás el éxito. Algunas biografías y autobiografías de líderes caen en esta trampa.

Aunque sin duda es posible obtener información útil de la historia de vida de un líder, lo que escriba y la manera que tenga de autodescribirse es única, como lo son los retos y oportunidades a los que tú te enfrentas. En una ocasión nos llamó alguien que pensaba que podría beneficiarse de nuestro trabajo de coaching a ejecutivos. Le preguntamos a quién admiraba, solo para tener una idea de lo que pensaba sobre el liderazgo. Aquella persona fue muy precisa en su respuesta: su ídolo era Jack Welch. «Quiero ser un líder como Jack Welch y creo que puedo conseguirlo. Solo necesito cierta ayuda». La conversación fue breve: «¿Cómo podemos ayudarte a ser la mejor versión de ti mismo? ¿Jack hace de Jack mejor que nadie? ¿Qué tal si logramos la mejor versión de *ti*?». Los líderes de alto nivel son las mejores versiones de sí mismos, pero no todos saben cómo es eso o pueden describirlo en un tono vivo y vibrante. El lenguaje que emplean para autodescribirse suele ser bastante genérico y falto de especificidad: se dibujan con trazos gruesos, cuando un perfil más detallado proporcionaría una narrativa más rica y atractiva. Los líderes que no creen poder describir su mejor versión deberían al menos ofrecer una narrativa más detallada de las características que sí son capaces de describir. Y aquí es donde una evaluación fiable puede ser el mejor comienzo. Es probable que dicha evaluación te describa en términos que quizá ni siquiera consideres puntos fuertes tuyos. Y el tipo de evaluación que presentamos aquí hace justo eso: destaca el talento y el potencial de cada persona para desempeñar los más altos niveles de liderazgo ejecutivo.

Para que una definición de liderazgo sea fiable ha de ser cuantificable y predecible, es decir, científica. Este es un problema difícil de resolver, puesto que, como ya hemos mencionado, los líderes de éxito son muy diferentes entre sí, y cada cual logra el éxito a su manera. Pero ¿y si hubiera similitudes de base que todos los líderes de éxito poseyeran? ¿Una serie de rasgos o características que predijeran de manera fiable quiénes son los mejores? Esta es la cuestión básica que ha pretendido resolver nuestra investigación.

La verdad: los grandes líderes poseen una constelación de talentos

La conclusión de nuestra investigación científica es que el liderazgo excepcional es el resultado de una alta capacidad, junto con una serie de Talentos específicos. Hemos puesto talentos con inicial mayúscula por una razón: en el mundo empresarial actual, el «talento» se emplea en múltiples contextos y con significados muy diferentes. Hay quienes hablan del «talento» para referirse a sus «trabajadores». También, alguien experto en una herramienta o procedimiento determinado se describe como una persona «con mucho talento». Pero ninguna de estas acepciones se ajusta a nuestra definición de Talento. Para nosotros…

> … el Talento es una característica cuantificable e innata que demuestra una persona de forma constante para lograr un alto rendimiento. Los Talentos se definen de forma estricta. Alguien con una puntuación alta en un Talento específico es previsible que rinda mejor en tareas relacionadas con ese Talento.

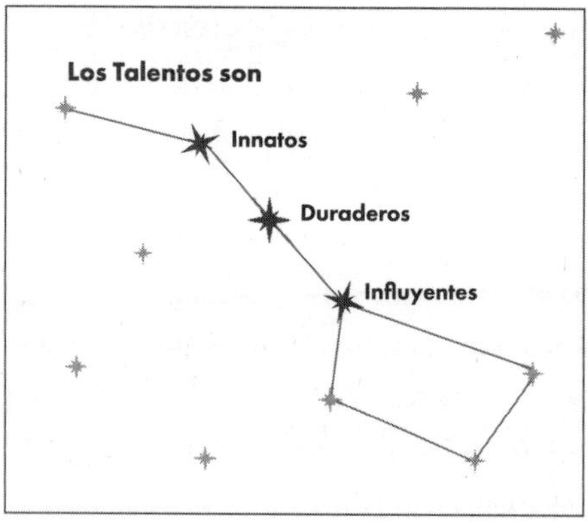

Los Talentos forman parte de quienes somos y de cómo pensamos (innatos), perduran en el tiempo y resisten al cambio (duraderos), y están presentes en nuestro trabajo diario y vida personal (influyentes).

Los Talentos no se pueden aprender o enseñar; no son hábitos, sino características naturales con las que nacemos, a diferencia de las habilidades y conocimientos, que se pueden conseguir con esfuerzo y práctica. La constelación de Talentos única de cada persona es duradera e influyente. El influjo de los Talentos más potentes de alguien es visible en casi todo lo que hace, ya que deja su firma en todos sus logros. Es muy raro encontrar a dos personas que obtengan las mismas medidas de Talento, lo cual ayuda a explicar que estilos de liderazgo muy dispares alcancen los mismos resultados extraordinarios. Así, a través de la lente del Talento, podremos entender los logros del pasado de los mejores líderes y predecir su éxito futuro.

La medición del Talento natural, y las predicciones que hacemos a partir de tales medidas, sustentan el trabajo central de nuestra práctica empresarial. Nuestros clientes nos confían este trabajo. Además de basar sus decisiones de contratación en los resultados de la evaluación —empleándolos para orientarse respecto a quién contratar y para ejercer qué funciones—, utilizan esta información para desarrollar planes de sucesión, evaluando a sus líderes con el fin de ayudarles en su desarrollo profesional.

Por tanto, gracias a la evaluación y medición de los Talentos hemos sido capaces de reducir la incertidumbre asociada a las decisiones empresariales más arriesgadas:

- En las decisiones de contratación medimos los Talentos de cada candidato para saber quién tiene más probabilidades de rendir mejor en un determinado puesto.
- Resolvemos la composición de Talento de los equipos y asesoramos a nuestros clientes sobre cómo afectará un ascenso o un despido a las capacidades del equipo.
- Identificamos los Talentos de los equipos de liderazgo ejecutivo para asesorarles sobre las sucesiones de alto riesgo y los líderes ideales para proyectos significativos.

En la tercera parte del libro, estructuramos nuestro planteamiento para evaluar el Talento de liderazgo en cinco capítulos que describen lo que hacen los líderes de alto rendimiento:

- **Capítulo 5. Marcar el rumbo.** Los mejores líderes cuyo perfil hemos analizado se guían por una visión de futuro positiva a la hora de trazar el rumbo a largo plazo de su organización. Se centran en los objetivos más que en las actividades, y miran hacia delante para anticiparse a los problemas y oportunidades, en lugar de esperar a que estos se presenten. Los líderes con Talento, cuando marcan el rumbo, ayudan a sus empresas a gestionar situaciones complejas y articular un valor que muchos trabajadores hallan motivador y atractivo.
- **Capítulo 6. Aprovechar la energía.** Mientras que el enfoque a corto plazo de los líderes con Talento se dirige hacia dentro, hacia cómo guiar la mejora organizacional, su enfoque a largo plazo es hacia fuera y tiene en cuenta el posicionamiento competitivo, las tendencias del mercado y las influencias externas. Dejándose llevar por una ética del trabajo apasionada, los líderes con Talento son ejemplares. Miden su progreso y eficacia, y reconocen que la mayoría de los trabajadores con Talento que tienen por debajo les reclaman atención y apoyo.
- **Capítulo 7. Ejercer presión.** A los líderes con Talento no les incomoda hablar, inspirar y motivar a grandes audiencias lo mismo que a pequeños grupos y equipos. Siempre están pendientes de servir de guía para el progreso y la mejora, promueven cambios y un pensamiento provocador, y nunca se conforman con la mediocridad. Hacen que su personal se sienta «incómodo» en un sentido positivo, potenciando el compromiso y la responsabilidad. Definen un punto de vista claro y son convincentes en su planteamiento.
- **Capítulo 8. Aumentar la conectividad.** Los líderes con Talento crean un grupo de seguidores eficaces y potentes mediante un comportamiento decidido y ético, y también gracias al cuidado y atención que prestan a su equipo. Forjan relaciones diferentes a las de los líderes mediocres, contradiciendo así la creencia de que los mejores líderes son quienes mantienen las distancias con sus subordinados. Nuestra investigación ha demostrado con claridad que es deseable «estar cerca» de las personas a las que se lidera, pero de

un modo que no comprometa la objetividad del líder al evaluar el rendimiento.

- **Capítulo 9. Controlar el tráfico.** Los líderes de alto nivel entienden cómo funcionan las organizaciones, qué las impulsan y cómo logran un rendimiento óptimo. Controlan los ritmos y la complejidad con una seguridad pasmosa, y recaban datos y pruebas para informar de sus progresos y mantenerse en el buen camino. Los líderes con Talento suelen ser excelentes en labores de planificación, y ello se basa en dos características simultáneas: en primer lugar, la necesidad de establecer protocolos y parapetos que guíen el trabajo y, en segundo lugar, la de ser ágiles y flexibles cuando cambian las circunstancias. Esta combinación no siempre es fácil de lograr, y supone una de las razones por las que los líderes excepcionales logran resultados también excepcionales.

Hemos desarrollado esta estructura a lo largo de varios años de debate, estudio y validación. Para cada individuo que evaluamos, nos aseguramos de que somos capaces de describir sus Talentos dentro de ella. En nuestra base de datos de liderazgo no hay dos líderes iguales, e investigando hemos identificado los diferentes caminos que ha seguido cada cual para alcanzar el éxito. Para cada uno de estos Cinco Talentos, describimos cómo líderes que piensan de forma muy distinta pueden satisfacer tales exigencias y lograr resultados de gran calidad. Es probable que reconozcas tus propias cualidades en alguno de estos capítulos, mientras que otras te resultarán menos familiares.

INDICADORES DEL TALENTO NATURAL

¿Por qué hay personas que son tan buenas en algo concreto? ¿Por qué te inclinas más por unas tareas que por otras? El Talento suele ser el árbitro de estas situaciones. Latentes en el subconsciente, nuestras predisposiciones nos guían para tomar las decisiones que hacen brillar nuestros Talentos. Casi nadie se despierta una mañana y decide que va a ser un genio en eso que tanto le cuesta; lo normal es sentir aversión por las actividades que nos resultan difíciles y, por mucho que nos esforcemos o entrenemos, la cosa no cambiará.

Hablar en público es un ejemplo excelente. A mucha gente le asusta el mero hecho de pensar en intervenir ante una gran audiencia. Se dice que las tres situaciones más estresantes en la vida son la muerte de un ser querido, un divorcio o separación y hacer presentaciones en público. En cambio, quienes son oradores excepcionales están deseando subirse al escenario.

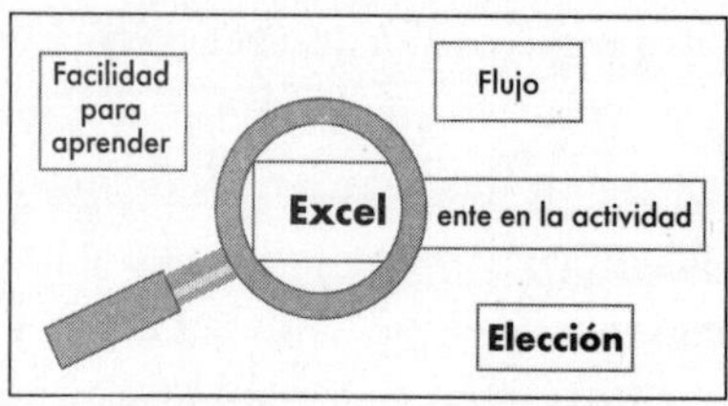

Si prestas atención, verás ciertas pistas que indican qué Talentos naturales hacen única a una persona. Estos representan sus principales oportunidades de desarrollo.

Flujo

La ansiedad y otras emociones negativas que despierta una actividad suponen un buen indicador de que la persona no tiene Talento en esa área concreta; y al contrario: las emociones positivas al plantearse o abordar una actividad son una medida básica del Talento innato. En su libro *Fluir: la psicología de las experiencias óptimas*, Mike Csikszentmihalyi explica su teoría de que la gente es más feliz cuando está en un estado de «Flujo», es decir, un estado de concentración o absorción completa en la actividad o situación en la que se encuentra. Eso es lo que siente la persona y otros ven como un estado de concentración plena.

Csikszentmihalyi describe el Flujo como el hecho de «adquirir un total compromiso con la actividad en sí misma. El ego desaparece. El tiempo vuela. Toda acción, momento y pensamiento surgen, de forma inevitable, de la acción, de los previos correspondientes. Es como estar tocando jazz: todo tu ser está inmerso en la tarea y estás aplicando tus facultades al máximo».[13] Una de sus observaciones clave es que ha de existir un equilibrio entre el reto que supone la tarea y la habilidad de quien la aborda. Sin él, el Flujo no se da. Por ejemplo, si el reto es demasiado fácil, el resultado es la apatía y, en caso contrario, las personas con Talento acaban haciéndolo por inercia, aunque la actividad se ajuste a sus predisposiciones.

Tareas que parecen estar por encima de las capacidades ajenas las completan ciertas personas con un esfuerzo mínimo y mostrando un nivel óptimo de concentración y aplicación. Nuestras conversaciones y entrevistas con líderes de alto rendimiento revelan que en todos los casos han experimentado este estado de «Flujo», unos con mayor frecuencia que otros. A veces, estos líderes pueden predecir cuándo es probable que se produzca un estado de flujo viendo la naturaleza de las tareas que se les presentan. Así, describen una sensación de conexión tal con una determinada actividad que podrían no oír un teléfono sonando o siquiera percatarse de que hay alguien en la habitación. Cuando estas señales se observan en otros, indican que existe un Talento subyacente. Intenta averiguar qué estaba haciendo esa persona cuando tuvo esa sensación de fluir; puede que ahí radique una de sus cualidades naturales.

Elección

Otra forma de descubrir el Talento de alguien es observar lo que hace cuando no está limitada por otras exigencias. Cuando tienen libertad para elegir, las personas no hacen cosas que no le gustan ni asumen actividades en áreas en las que tienen dificultades. Algo sorprendente, que mucha gente tarda en descubrir, es que hay individuos a quienes les encanta hacer cosas que a ti te disgustan. De hecho, no se cansan de hacerlas. Hemos conocido a directivos que odiaban elaborar informes de gastos, pero que descubrieron que a una administrativa le encantaba hacerlo y se sentía muy satisfecha de entregarlos con precisión y a tiempo. Los mejores resultados se obtienen en situaciones en las que una actividad asignada se alinea con las elecciones libres de alguien. Esto conduce a la mejor aplicación posible de los Talentos de una persona.

Facilidad de aprendizaje

Algunas personas son capaces de aprender cosas muy complejas con una facilidad extraordinaria. Esto lo tendemos a ver más en áreas en las que personalmente tenemos dificultades. En esos casos, sus logros nos parecen sobresalientes. Las áreas de aprendizaje rápido pueden ser muy diversas: hemos trabajado con líderes que hablan otros idiomas porque les gustan, y tienen grandes conversaciones de trabajo en esas nuevas lenguas; además, su velocidad y facilidad de aprendizaje son muy superiores a las de la mayoría de la gente. Así pues, con independencia de cuál sea la actividad, el hecho de que seas capaz de adaptarte a un nuevo conocimiento o habilidad indica que ahí hay un Talento.

Excelencia en la acción

Piensa en alguna vez que hayas experimentado frustración porque alguien te dijo cómo hacer algo que ya sabías hacer. Tal vez incluso ya podías hacer esa tarea mejor que quien te ha interrumpido. Esta podría ser una pista para descubrir tus Talentos naturales. Habla con mujeres líderes que hayan sentido esa frustración al tener que oír explicaciones de sus colegas hombres y empezarás a entender de dónde viene el término «*mansplaining*».

Alguien con un Talento natural para un área específica tenderá a rendir a un nivel superior en comparación con el resto de la gente. La excelencia, por definición, solo la consiguen unos pocos. Si una persona destaca constantemente en una actividad, está demostrando su Talento natural. La constancia es importante, porque el alto rendimiento puede estar determinado por innumerables factores externos, pero tras múltiples interacciones la probabilidad de que los resultados sean casuales disminuye, y el Talento emerge como la principal causa del éxito.

La excelencia no debería estar reservada para quienes poseen una amplia trayectoria. Además, no siempre se puede medir; a veces su mejor indicador es un atisbo de algo muy concreto, especial, extraordinario, pero casi siempre fugaz. Se puede manifestar como el potencial que tal vez esté mostrando una persona, algo que capta nuestra atención y nos hace preguntarnos: «¿Hay algo ahí?». Un joven líder emergente y prometedor podría darnos una de estas señales, mostrar Talento en sus fases incipientes de desarrollo. Por tanto, mantenerse alerta a las manifestaciones de la excelencia permitirá tener claro qué tipo de Talento se está identificando.

Si este atisbo es un auténtico indicador del Talento, la realidad emergerá; esa persona buscará y repetirá las actividades que le dan la satisfacción de lograr algo gracias a sus Talentos. Quienes siempre se implican y disfrutan de una actividad específica seguirán haciéndolo, porque sus Talentos les permiten prosperar con facilidad.

¿Hacia qué tipo de trabajo te inclinas? ¿Qué es lo que menos te cuesta aprender? ¿En qué actividades sueles ser mejor? ¿En cuál de ellas se te pasa el tiempo volando? A través de estas sencillas preguntas podrás identificar tus Talentos. La siguiente pregunta que te has de hacer es: «¿Qué hago con mis Talentos?».

CENTRARSE EN LOS TALENTOS AUMENTA LOS LOGROS

Otro error que cometen los gurús del liderazgo es suponer que un líder ha de contar con una buena dotación de cualidades para tener éxito. En este sentido, en muchos libros se afirma que un número *X* de hábitos o cualidades conducen a un alto rendimiento, y que si una persona no los posee tendrá que aprenderlos. Nada más lejos de la realidad. Los mejores líderes no están evaluando de forma continua sus carencias e intentando corregirlas, sino que se lanzan de cabeza a las tareas que hacen brillar sus Talentos. Dicho de otro modo, en vez de concentrarse en sus defectos, buscan asociarse con personas que tengan Talento en otras áreas y así complementarse. Es decir, gestionan sus deficiencias en lugar de concentrarse en ellas.

Volvamos al caso de la falta de Talento innato, y la ansiedad y el nerviosismo que genera en algunas personas hablar en público. Esta negatividad obstaculiza el rendimiento, y no solo durante la actividad. Barbara Fredrickson, en su informe de 2004 «The Broaden-and-Build Theory of Positive Emotions», descubrió que los sentimientos negativos limitan de forma cuantificable el rendimiento en una serie de áreas en las que el individuo antes era fuerte.[14] Por el contrario, el refuerzo positivo conduce a logros elevados en una amplia gama de funciones. Lo que queremos decir con esto es que dedicar el tiempo a actividades que generan sentimientos negativos limita nuestras capacidades y obstaculiza el rendimiento, mientras que dedicarlo sobre todo a áreas en las que nos sentimos bien —las que están alineadas con los propios Talentos— eleva el rendimiento incluso más allá del alcance de dichas áreas.

NO EXISTE EL CASO DE TENER «DEMASIADO TALENTO»

¿Supone algún inconveniente tener Talento? Un mito bastante común que hemos de desmentir es que «nuestras mejores fortalezas pueden convertirse en nuestras peores debilidades».[15] Es asombroso lo generalizada que está esa creencia, teniendo en cuenta que su aplicabilidad es solo superficial. La idea se originó en un artículo que era más un análisis filosófico que un estudio empírico, y fue repetida sin demasiada convicción por Adam Grant y Barry Schwartz en su artículo de 2011 «Too Much of a Good Thing: The Challenge and Opportunity of the Inverted U».[16] Lo que este artículo afirma incumple una de las premisas de la buena investigación, porque presupone su propia conclusión, a saber: «Vemos que la gente se comporta de forma poco óptima, y esto ha de deberse a un punto de inflexión en el cual una cualidad se convierte en debilidad». Esta suposición es una derivación incorrecta de la ley de 1908 de Yerkes-Dobson, que declara que el rendimiento óptimo surge en situaciones en las que se aplica el nivel justo de presión.[17] En cambio, si se ejerce demasiada presión el rendimiento se deteriora; si hay muy poca presión el rendimiento no mejora en absoluto.

La creencia de que las capacidades son, de hecho, debilidades está muy extendida, incluso figura en el reciente libro de Tomas Chamorro-Premuzic *The Talent Delusion: Why Data, Not Intuition, Is the Key to Unlocking Human Potential*.[18] Pero el caso es que aún no hemos dado con ningún ejemplo en el que se sostenga esto, ni siquiera bajo un leve escrutinio. Lo ilustraremos con la historia de Dan Rockwell, autor del blog *Leadership Freak*, que dice así:

> Soy una persona habladora casada con una persona callada… Con los años he aprendido que mi capacidad es mi debilidad. Hablo demasiado. He aprendido que no debo llenar el silencio con el sonido melódico de mi propia voz. También he aprendido que unos pocos momentos de silencio son una invitación para que mi esposa hable, y cuando ella habla yo la escucho. Ella es callada, no es tonta. Cuando empieza a hablar, dice cosas tan inteligentes que la cabeza me da vueltas.[19]

Dan sostiene que «hablar» es al mismo tiempo su cualidad y su debilidad. Su interpretación es que, por el hecho de hablar demasiado, es un orador de talento. Pero ¿es una cualidad hablar mucho? Nosotros diríamos que no. Lo que importa es saber si es un comunicador eficaz. Pero, desde este punto de vista, Dan es mediocre. Deducimos que tiene la capacidad de hablar, pero también la tendencia a acaparar las conversaciones. Es decir, su Talento para la comunicación no es excepcional si comete tales fallos.

Regresemos a la hipótesis original de que el exceso de una cualidad la convierte en debilidad. ¿Podemos llegar a ser «demasiado eficaces» en la comunicación? ¿Ser comunicadores con tanto talento que nadie soporte escucharnos?

¿Y qué decir de alguien que toque el violín de forma excepcional? Los problemas evidentes en el argumento de que «las cualidades son debilidades» se basan en la semántica y en definiciones erróneas de lo que significa una cualidad. En nuestro ejemplo, Dan no define con exactitud su capacidad, ya que combina varias características distintas —la cantidad y la calidad de la comunicación— y las trata como si fueran lo mismo.

En nuestro planteamiento, un Talento es una medida que solo cuenta hacia arriba, de mala a buena. Fuerte y débil son medidas que se sitúan en el mismo continuo: no hay giros en U, no hay peligro alguno en servirte de tus mayores Talentos para alcanzar tu mejor rendimiento. Y te animamos a hacerlo.

¿QUÉ PAPEL JUEGA LA EXPERIENCIA EN EL LIDERAZGO?

Otra creencia común es que los líderes se van forjando a través de las experiencias difíciles que les hacen estar a la altura de las circunstancias y, por ello, liderar. No obstante, si este fuera el caso, elegiríamos a una persona cualquiera y la convertiríamos en líder eficaz diseñando una serie de desafíos adecuados para ella. Bien, a pesar de que al sector de la formación y el desarrollo le gustaría que te lo creyeras, esto es falso. Al contrario, lo que observamos es que quienes poseen Talentos que predicen un liderazgo fuerte son capaces de superar los retos a los que se enfrentan, mientras que quienes no los tienen no lo lograrán. Dicho de otro modo, la experiencia es un añadido para un líder con Talento, e irrelevante para un líder más débil o mediocre.

Casi todos los líderes de alto nivel han perseverado en circunstancias difíciles a lo largo de su carrera, pero atribuir el origen de su eficacia a esas experiencias sería caer víctima del «prejuicio de supervivencia»;[20] muchos otros individuos se enfrentaron a desafíos similares y fracasaron, y no por eso son buenos líderes. Para que la experiencia sea un medio válido de crear líderes de alto rendimiento, tendría que ser fiable y reproducible para una parte cuantificable de la población de líderes. Y no lo es.

Esto no quiere decir que las experiencias no sean relevantes, sino que no son en sí un medio para producir líderes de alto nivel. Las experiencias ayudan a los líderes con Talento a desarrollarse más allá de sus capacidades actuales, pero no a los líderes mediocres a ser excepcionales. Nuestras conversaciones con los mejores líderes de un gran número de empresas nos han ayudado a identificar las experiencias que aparecen de forma constante en muchas de sus carreras. Ofrecemos detalles de tales experiencias en el Capítulo 10, donde subrayamos las vivencias profesionales más esenciales para el desarrollo de un líder.

Cuando se reflexiona sobre el papel de la experiencia de alto nivel en el mundo empresarial, se concluye que suele ser beneficiosa, pero no siempre lo es. La cuestión clave es si un líder es lo bastante consciente de las áreas de potencial caída. Y, según nuestra experiencia, muy pocos lo son. Estos líderes tienden a pensar que son quienes más saben, y se complacen en comunicar esta creencia a los demás. Se podría decir que hay demasiada gente que los escucha con ingenuidad. El siguiente relato demuestra que la experiencia no siempre es lo que parece.

La experiencia aporta un barniz de competencia

Era lunes, 18 de enero de 1977, y yo salía de una conferencia en la universidad cuando me enteré de que el montañero escocés Dougal Haston acababa de fallecer en una avalancha de nieve cuando esquiaba solo en los Alpes suizos. Era un experto escalador, montañero y alpinista; de hecho, uno de los mejores. Había escalado algunas de las montañas más difíciles del mundo. Para un joven escalador como yo, era un auténtico ídolo. Lo había visto en Escocia el invierno anterior, esquiando en los montes Cairngorms, cerca de Aviemore. Tenía una figura y una presencia imponentes, y era el montañero británico más experimentado de la época. Había sobrevivido a algunos de los entornos más salvajes y extremos del mundo. Y, sin embargo, había muerto en una simple avalancha de nieve.

Salió a esquiar en solitario cerca de su casa en Leysin, Suiza. Por la mañana las noticias habían avisado de que existía peligro de aludes. Haston, que en aquel momento dirigía la Escuela Internacional de Montañismo de Leysin, difundió esa misma noticia en su escuela para avisar de los peligros potenciales y que así la gente se mantuviera lejos de la montaña aquel día. Una advertencia que él mismo ignoró.

Pero ¿por qué uno de los más expertos alpinistas del planeta acabó muriendo bajo un alud previsible y del que, además, se había avisado?

Haston era muy consciente del potencial destructivo de los aludes; había pasado su juventud enfrentándose a condiciones extremas en la montaña. Cuando escaló la cara norte del Eiger por una ruta directa, acompañado del americano

John Harlin (que, por desgracia, murió al caerse varios miles de metros cuando se rompió una cuerda que Haston le había dicho que no usara), fue considerado el mayor hito en la historia del montañismo. Yo he intentado trece veces escalar ese pico y nunca lo he conseguido.

Haston debía ser capaz de ejercer su buen juicio para minimizar peligros objetivos como los desprendimientos de hielo y rocas, o avalanchas. Entonces, ¿por qué una persona con tanta experiencia tomó una decisión que tenía tan poco sentido y que acabó con su vida? Tengo tres observaciones al respecto, que suelen aplicarse a los profesionales más experimentados en muchos ámbitos del quehacer humano.

La experiencia alimenta el exceso de confianza

¿Qué es un rato de esquí en solitario para un experto montañero que se ha pasado la vida afrontando retos que otros ven imposibles? El hecho de elegir esquiar justo en la zona en la que se había advertido del riesgo de aludes demuestra, o bien un desprecio absoluto por su propia seguridad, o la creencia de que la noticia no le concernía, porque él era especial; tenía más experiencia que nadie bajo esas condiciones. ¡Pero si incluso era director de una escuela de montaña que impartía clases sobre medidas de seguridad en caso de avalancha! Haston no era un loco irracional, era un individuo tranquilo y calculador. Sin embargo, su extensa experiencia contribuyó a su muerte. Cientos de personas estaban de vacaciones ese día en Leysin, esquiadores con mucha menos experiencia que él, y ninguno falleció. Haston sí.

La experiencia en un área no siempre se transfiere a otras, aunque pienses que sí

Es muy diferente contemplar una montaña con ojos de escalador que con ojos de esquiador. El escalador ha de estudiar cuál es la ruta más fácil y segura para la ascensión, mientras que al esquiador le preocupa más bien la bajada. Cuando Haston escaló el famoso Point Five Gully en el Ben Nevis, la parte más difícil no era la cascada vertical helada de más de 300 metros de altura que había en el barranco, sino sortear las traicioneras pendientes de nieve situadas debajo, en las que un paso en falso podía provocar la caída en una grieta o desencadenar una avalancha. Haston lo sabía y estudió la situación al detalle. Pero esquiar es descender, lo habitual es que a gran velocidad y con poco tiempo para mirar la pendiente desde abajo. En definitiva, las experiencias de Haston se referían justo a lo contrario y contaban menos en ese entorno. Por tanto, su experiencia no se transfirió con éxito.

La experiencia (y los logros de alto nivel que se consiguen con ella) puede llevar demasiado lejos el límite del riesgo.

Existe una estrecha relación entre la experiencia y la autoconfianza, algo comprensible, porque a medida que tu experiencia contribuye a tu éxito también te puede llevar a asumir más riesgos. En lo más alto de la escalera de la experiencia, la línea entre el peligro y la seguridad es tan fina que casi no se ve, el margen de seguridad se reduce al mínimo y, como en el caso de Haston, incluso se invierte. Cuando ese riesgo es una extensión de tu experiencia puede llevarte a lograr cosas espectaculares, como en la carrera de Haston como escalador. Pero también puede hacerte pensar que «soy igual de excelente» en las áreas relacionadas. Así, yo pensaría que, si puedo escalar sobre nieve y hielo, también podré esquiar sobre ellos. Si soy buen ciclista de carretera compitiendo en el Tour de Francia, también «he de ser bueno por necesidad» en ciclismo de montaña; después de todo, se trata de ciclismo. Pero existe una razón por la que la gente no suele mezclar diferentes deportes. En mi caso, me pareció el colmo de la arrogancia cuando el baloncestista estadounidense Michael Jordan, miembro del Salón de la Fama, anunció que iba a pasarse a la Major League Baseball. Aunque el caso de Haston es un poco diferente, altos niveles de experiencia pueden llevar a ciertas personas a sentirse capaces de casi cualquier cosa, pero no es así.

Los tres descubrimientos clave que se pueden extraer de esta historia deberían estar en el núcleo de todas las organizaciones:

1. *La experiencia alimenta la autoconfianza.*
2. *La experiencia en una determinada situación no se transfiere a otras.*
3. *La experiencia puede hacernos subir demasiado el listón del «riesgo».*

Sería deseable que la experiencia fuera un predictor más eficaz de lo que en realidad es del éxito futuro de los líderes ya que, después de todo, las experiencias son tangibles y fáciles de identificar y gestionar. Pero lo cierto es que contribuyen poco a predecir el éxito de un líder. Lo mejor que podemos decir acerca de las experiencias, por significativas o impactantes que sean, es que no son más que «requisitos básicos»; es decir, es bueno tenerlas, pero carecen de valor independiente y predictivo.

DESCUBRE TUS TALENTOS

Al principio de este capítulo hemos subrayado que muchos libros se equivocan al abordar el liderazgo. Algunos han vendido muchísimos ejemplares y han sido muy influyentes en la corriente de pensamiento sobre el liderazgo. Así, no es de extrañar que los líderes que han intentado seguir sus consejos hayan acabado en un mar de confusión y seguido métodos de selección de personal y de diseño organizacional que no aportan un valor real ni contribuyen a los logros de alto nivel que tanto deseaban. Hablaremos más sobre tales fracasos en los próximos capítulos. Nuestra pretensión es que este libro ayude a ordenar ese tipo de pensamientos y razonamientos negligentes mientras vamos esbozando los Cinco Talentos que de verdad importan.

Hasta ahora hemos dado algunas pistas de comportamiento que pueden ayudar a identificar las áreas en las que alguien tiene un Talento natural. Estas pueden resultar útiles para el conocimiento y el desarrollo personal, pero se quedan cortas sin la sólida descripción de los Cinco Talentos.

También hemos tirado por tierra la estúpida idea de que tus puntos fuertes se pueden convertir en tus mayores debilidades. Esta afirmación, tan perjudicial, trata de restar importancia (de manera innecesaria) a las fortalezas humanas. Parecería que la psicología se concentra tanto en la disfunción humana —como la psicosis y demás trastornos— que sus profesionales se mueren de ganas de echar mano a las pocas cosas que los seres humanos hacemos bien y retorcerlas para que coincidan con su pensamiento prejuicioso. Pero este libro no se lo permitirá.

Por último, recomendamos cautela a los responsables de empresas que pretenden obtener un liderazgo de alto rendimiento a través solo de un enfoque experiencial. Aunque resulta tentador creer que las experiencias son fundamentales, en términos de investigación no lo son; han de ser consideradas requisitos esenciales, pero no diferenciadores. Esto se logra confiando menos en los currículos de los candidatos durante las primeras fases de la selección de personal.

Una vez explicado por qué muchos libros sobre liderazgo se equivocan en sus planteamientos, en el próximo capítulo rastrearemos estos errores en empresas y otras organizaciones. No debería extrañar que las compañías que quieren copiar lo que dicen los libros acaben cometiendo los mismos errores; estos influyen mucho en las prácticas de selección de personal, sobre todo en lo que respecta a los altos cargos ejecutivos. Nuestra intención es iniciar la fundamental tarea de corregir tales errores.

CAPÍTULO 2

En qué se equivocan las empresas al seleccionar a su personal

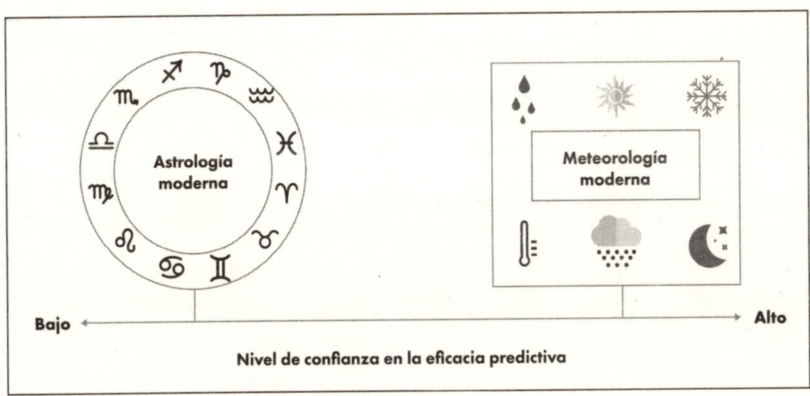

IMAGINA UNA ESCALA QUE MIDA Y CLASIFIQUE LA PRECISIÓN DE LAS PREdicciones. En un extremo tendrías un campo de conocimiento con un valor predictivo elevado, como es la meteorología, donde los pronósticos son casi siempre correctos; en el otro extremo estaría la astrología, que no tiene un valor predictivo demostrable. Ahora piensa en los métodos que emplea tu organización para seleccionar candidatos. ¿En qué lugar de esta escala se situarían?

¿Se trata de procesos coherentes, que predicen con fiabilidad el éxito futuro de los candidatos seleccionados? ¿Son decisiones basadas en los datos?

Si has respondido que sí a estas preguntas, tu organización se halla entre las pocas que se sitúan más cerca de la meteorología, pero según nuestra experiencia lo más normal es que se ubique, como la mayoría, en un nivel donde el valor predictivo de los métodos de selección empleados se asemeje más bien a la práctica de la astrología.

Desde el punto de vista de la investigación, la selección de personal se centra hoy en día, en gran medida, en el desarrollo de pruebas imparciales, válidas y fiables. Los métodos estadísticos siguen mejorando y se han escrito miles de artículos académicos que describen de una forma cada vez más ajustada la psicología del comportamiento. El número de empresas que implementan algún tipo de evaluación de candidaturas para contratar a su personal ha aumentado de forma significativa. Nos gustaría decir que esto ha dado lugar a una amplia mayoría de organizaciones que operan con la misma precisión que los meteorólogos al identificar a los mejores candidatos para cada puesto. Sin embargo, si te han contratado en los últimos 50 años te habrás percatado de que no es el caso.

¿Qué es lo que no ha funcionado?

LA SITUACIÓN DE LA SELECCIÓN DE PERSONAL

Los líderes extraordinarios aportan un valor enorme a sus empresas, porque crean las condiciones necesarias para que el personal se desarrolle y el negocio prospere. Pero, por desgracia, hay muy pocos de este tipo. Los estudios de rendimiento demuestran que solo el 19 % de los líderes empresariales del mundo aportan más del 88 % del valor de su compañía.[1] Un estudio clave de Gallup llevado a cabo en 2013 y que trataba sobre el compromiso en todos los niveles organizacionales demostró que solo el 30 % de los trabajadores estadounidenses se sentía comprometido de forma activa con su trabajo.[2] En 2023, este porcentaje se había incrementado, pero solo hasta el 33 %.[3] Este es un dato que debería alarmarnos.

Tales datos son síntoma de un problema sistémico mayor, cuyos resultados privan a las compañías de cientos de billones de dólares al año. Nosotros creemos que el problema se debe a que las organizaciones toman decisiones de selección de personal equivocadas, y más tarde se niegan a reconocer sus errores y aprender de ellos. Esto es, a pesar de los avances en cuanto a imparcialidad, validez y fiabilidad de las evaluaciones, estas no han demostrado ser muy eficaces para predecir un rendimiento superior en el trabajo.

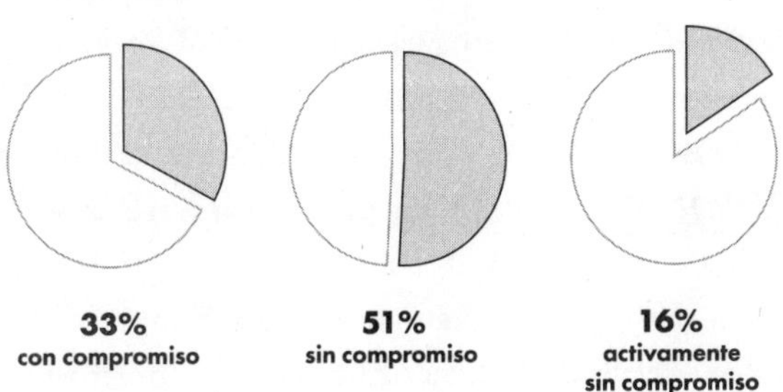

Las malas prácticas de selección de líderes tienen un impacto previsible en el rendimiento de una empresa y en el compromiso de sus trabajadores.[4]

Solo **2 de cada 10** líderes empresariales del mundo

Aportan el **90 %** del valor de su compañía

ENFOQUES ERRÓNEOS EN LA SELECCIÓN DE LÍDERES

Las compañías suelen proclamar lo que debería ser obvio: que contratar a los trabajadores con más Talento es esencial para su futuro. Nosotros estamos de acuerdo y corroboramos que las decisiones sobre a quién seleccionar para puestos de liderazgo es de suma importancia, ya que su influencia llega a cada rincón de la organización y repercute en la experiencia de todas las partes interesadas con las que estas personas interactúan. Cada decisión de selección de personal que toma una compañía es una predicción, pero en vez de centrarse en que esa predicción sea precisa, las empresas cometen una serie de errores (corregibles con facilidad) al seleccionar a sus líderes. Los siguientes son los siete errores clave:

1. Las decisiones de selección de personal se dejan al azar

En una ocasión conocimos a un director general que había fundado su propia empresa hacía 45 años y en ese momento estaba a punto de jubilarse. Su compañía había logrado un gran éxito gracias a sus productos y a la escasa competencia, pero recientemente nuevos competidores habían entrado en juego y se habían apoderado de una buena parte del mercado, con lo cual su empresa tuvo que aprender a atacar y defenderse. Ese cambio en el funcionamiento requería a su vez un cambio en la estructura, sobre todo a nivel directivo.

Los líderes ágiles eran (y son) escasos; eso le explicamos a aquel director general cuando le presentamos nuestra metodología de evaluación. No le entusiasmó. «Yo solo necesito una mano dura y firme. ¡Lo sabré cuando les vea el blanco de los ojos!», exclamó. El puesto de director financiero seguía sin cubrirse tras un año en el que habían pasado por él dos de sus candidatos favoritos. «¿Por qué se marcharon?», le preguntamos. «No estaban a la altura del puesto», nos explicó, sin tener en cuenta el hecho de que ambos eran fuertes y tenían el tono adecuado de blanco en los ojos. Este es un patrón de comportamiento que vemos con bastante frecuencia: decisiones de contratación tomadas por instinto y a base de corazonadas.

Aunque este sea un ejemplo extremo, piensa en los métodos de selección de personal de tu propia organización. ¿Cuántas personas han sido contratadas porque impresionaron a quienes las entrevistaron? Pero ¿una actuación excepcional en la entrevista se traduce en un rendimiento excepcional en el trabajo? ¿Qué sesgos inherentes a las entrevistas pueden impedir que la empresa sea objetiva? A pesar de la buena intención de los líderes por «hacer lo que hay que hacer», lo que hemos visto y analizado a partir de múltiples procesos de selección indica que las empresas suelen tener poca idea de lo que están haciendo. De hecho, sus resultados rara vez son mejores de lo que podría obtenerse por puro azar.

2. Las entrevistas presenciales premian la simpatía

Con frecuencia nos piden ejemplos de empresas que recurren a los mejores métodos posibles para la selección de su personal directivo. La verdad es que las circunstancias de cada empresa son únicas y no hay un modelo que funcione para todas. Algunas son buenas en ciertas partes del proceso de selección —por ejemplo, en la búsqueda de candidatos—, pero nunca nos hemos topado con ninguna que lo tenga del todo resuelto. El mayor impedimento para una selección eficaz es el exceso de confianza en las entrevistas personales, y casi todas las empresas recurren a ellas.

La cuestión es que, sin un objetivo claro, unos criterios de evaluación y un interrogatorio eficaz, las entrevistas personales son una pérdida de tiempo. El factor simpatía, por ejemplo, ejerce un impacto desproporcionado en cómo se percibe a un candidato y se le compara con el resto. Pero, en general, la afabilidad de una persona no presenta correlación alguna con su rendimiento en el trabajo.

Si este tipo de entrevistas son un componente clave del proceso de selección de personal de tu empresa, no debería extrañarte que la plantilla esté formada por personas que podrían tener amistad con los responsables de contratación. Una empresa que se esfuerza por la diversidad solo progresará hacia una representación equitativa cuando sus líderes se den cuenta de que su organización está formada por quienes los responsables de contratación están dispuestos a admitir. ¿Y qué pasa cuando candidatos con más talento y capacidad no se llevan bien con sus entrevistadores? Esto ocurre a menudo, y es un impedimento para las empresas que quieren contratar a los mejores líderes y así lograr un rendimiento excepcional.

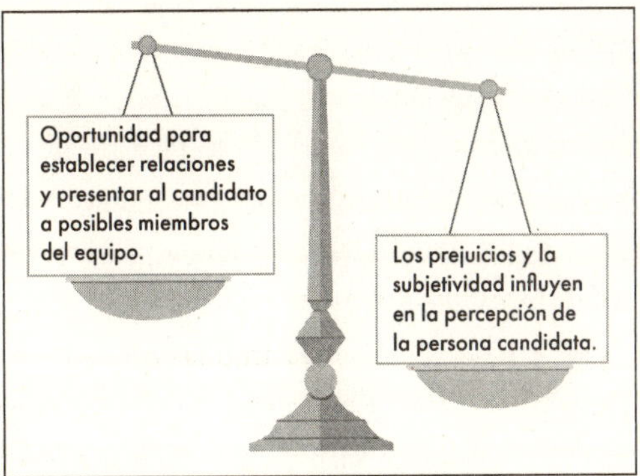

Las empresas deberían sopesar con mucho cuidado los pros y contras de las entrevistas presenciales, y reconocer que los prejuicios —que sin duda influyen en la percepción de la persona— han de ser compensados con pruebas más objetivas, como el cumplimiento de los requisitos del puesto.

3. Las entrevistas no estructuradas tienen poca validez

El problema se agrava cuando las entrevistas no están estructuradas, es decir, no existe un proceso formal a través del cual la persona que hace la entrevista conduce su interrogatorio o evalúa las respuestas del candidato siempre de la misma manera. Cada individuo que se presenta a un puesto tendrá una experiencia distinta en la entrevista, ya que el responsable de contratación se devanará los sesos para hacerles preguntas difíciles y crípticas, creyendo que le ayudarán a decidir si esa persona encaja o no en el puesto. Si alguna vez te han preguntado (en la edad adulta) qué te gustaría ser de mayor o qué te llevarías a una isla desierta, entonces es que has sido víctima de este crimen. Las empresas que mejor deberían saber que esto es un error, como Google, tienen, en cambio, una pésima fama de hacer preguntas extrañas en las entrevistas presenciales. «¿Cuántas pelotas de golf caben en un autobús escolar?», es solo una de esas innumerables preguntas estúpidas. En cualquier caso, y con independencia de lo que en Google piensen que pueden sacar en claro de las respuestas a tales preguntas, podemos garantizar que el resultado no va a ser predictivo en términos de rendimiento.

Es imposible que las entrevistas no estructuradas predigan el rendimiento futuro, porque se basan en opiniones e interpretaciones subjetivas de ambas partes. Por su propia definición, esta clase de preguntas introduce tal variabilidad en el proceso de selección que no es posible hacer una predicción fiable del rendimiento futuro de esa persona.

Algunas empresas tratan de estructurar su proceso de selección de personal, y para ello elaboran baterías de preguntas que se ajusten mejor a los requisitos del puesto. Sin embargo, por bien intencionadas que sean estas preguntas, suelen fracasar en dos frentes:

> *Primero*: no es habitual hacer una exploración fiable de la variedad de respuestas con las que se puede topar quien hace la entrevista, y cuáles de ellas son más predictivas del rendimiento en el trabajo. De hecho, cualquier respuesta que suene bien en el momento puede impedir que se formulen otras preguntas fundamentales sobre las características de la persona candidata.

Segundo: la formación para hacer entrevistas de selección es inconsistente y está mal orientada, y muchos directivos creen que no la necesitan, pero se equivocan. Los responsables de las entrevistas introducen sus propios prejuicios al interpretar las respuestas de un candidato. Por esto no hay dos entrevistadores que interpreten una interacción de la misma manera, y las recomendaciones que siguen se ven empañadas por juicios erróneos.

En consecuencia, las entrevistas no estructuradas aportan muy pocos datos que sirvan a las empresas para mejorar sus decisiones de selección de personal. Y el problema empeora cuando optan por incluir a más entrevistadores en el proceso, haciendo entrevistas tipo «todos contra todos» durante varios días o incluso semanas. Las personas candidatas se presentan a los ejecutivos y miembros del consejo directivo, y sus opiniones y evaluaciones se digieren, como por arte de magia, de forma superficial y subjetiva. El proceso rara vez se lleva a cabo de forma colectiva, y la falta de preparación y de criterios de selección consensuados es asombrosa.

4. Inducir a error a los candidatos suele dañar el nombre de la compañía

Las entrevistas cara a cara suelen tener el efecto no deseado de inducir a error a las personas candidatas no susceptibles de ser seleccionadas para el puesto. Nuestro deseo natural de tener interacciones sociales positivas hace que las entrevistas sean conversaciones amigables y positivas. Las empresas quieren que los aspirantes sientan que se les valora y que son importantes a lo largo del proceso de selección, pero esto puede llevarles a error y que desarrollen una visión de sus posibilidades más optimista de lo que está justificado.

Pero, más allá de la falta de valor predictivo de este tipo de entrevistas, una mala gestión de este proceso de selección de personal perjudica tanto a la persona candidata como al buen nombre de la empresa. Y es que muy pocas organizaciones se preocupan en serio por el resultado de sus decisiones de selección de personal, en particular por la experiencia de las personas cuya candidatura ha sido rechazada. Las empresas que se equivocan en esta parte del proceso, olvidándose de quienes han rechazado, están perjudicando sus futuros esfuerzos para seleccionar a un candidato despechado.

En el Capítulo 10 ofrecemos, además de otras herramientas para mejorar el proceso de selección de tu empresa, una «Carta de Selección»; se trata de una nota que se envía a los diferentes candidatos y en la que se exponen con claridad las expectativas del proceso en el que van a participar. Una herramienta como esta puede reducir en gran medida la confusión e inseguridad a la que se enfrentan estas personas. Las compañías que han empleado cartas similares a esta han logrado asegurarse de que su marca sea considerada justa y transparente, tanto por los individuos finalmente contratados como por las personas a las que se ha descartado.

5. Las evaluaciones 360 son subjetivas en el mejor de los casos, tendenciosas en el peor

Una evaluación 360 requiere que colegas, subordinados directos, colaboradores o supervisores califiquen a un líder en una serie de características predefinidas. La investigación al respecto ha demostrado con claridad que tales evaluaciones son, en el mejor de los casos, subjetivas, y que en general estas puntuaciones no sirven de nada.[5] Zenger-Folkman, una empresa cuyo modelo de negocio se basa en las evaluaciones 360, declaró que miden ante todo el nivel de compromiso actual de un líder y su equipo.[6] Además, tienen un historial significativo de refuerzo de los prejuicios que causa problemas de diversidad: cada vez son más numerosos los estudios que indican que las evaluaciones 360 dan lugar a juicios injustos sobre las mujeres y otras minorías.[7]

En cualquier caso, estas evaluaciones carecen de la capacidad para predecir de manera fiable el rendimiento futuro, motivo suficiente para no incluirlas en ningún proceso de selección de personal. Además, plantean problemas a los aspirantes, en especial a quienes se presentan para puestos ejecutivos, cuando el compromiso de confidencialidad les impide revelar a su empresa actual la búsqueda de otras oportunidades profesionales donde se exigirían estas evaluaciones 360. Violar dicho compromiso puede afectar al buen nombre de la compañía contratante y provocar la renuncia de aspirantes que podrían ser excelentes.

Sorprende que, a pesar de todos los inconvenientes mencionados, las evaluaciones 360 sigan siendo un componente clave del proceso de selección de personal de algunas organizaciones. El motivo de que se sigan usando es que las empresas de cazatalentos pretenden tener una visión rápida y fiable de su experiencia y personalidad.

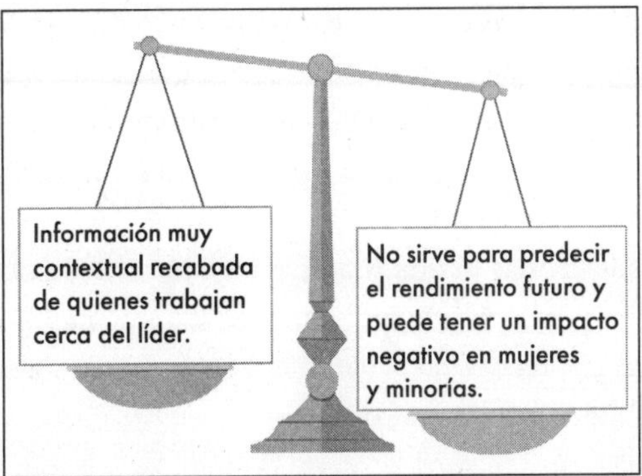

Las evaluaciones 360 son una herramienta útil para el crecimiento y desarrollo de un líder, pero no un indicador o predictor eficaz del rendimiento.

6. Incentivos que no se ajustan a las empresas de cazatalentos tradicionales

Las empresas de cazatalentos tradicionales son un monstruo en el reino de la selección de personal, sobre todo en el nivel directivo. Ejercen una influencia y un control enorme sobre quienes merecen su defensa y apoyo. En los últimos 20 años, su papel en las decisiones de selección de personal se ha ido ampliando más allá de la mera identificación de posibles candidaturas y su recomendación a la empresa contratante. Muchas de estas empresas de cazatalentos, sobre todo en el nivel ejecutivo, han adquirido herramientas de evaluación para poder ofrecerse como un «servicio completo» de selección, relevo y asesoramiento. Por lo tanto, buscan candidatos, los examinan y, en función de ello, hacen recomendaciones a sus clientes.

Pero existe un fallo preocupante en este modelo. Las empresas de cazatalentos que identifican candidatos y determinan sus capacidades mediante sus propios servicios de evaluación son culpables de un grave conflicto de intereses que aún no se ha abordado de forma eficaz. Tales empresas son más rentables cuando son capaces de recomendar con rapidez a aspirantes para un puesto, asegurar su comisión y pasar al siguiente puesto. Por lo tanto, se les incentiva de forma implícita para proponer a personas que ya están en sus listas, en vez de identificar a nuevos solicitantes que podrían tener mejores capacidades para el puesto.

En definitiva, sus evaluaciones deben ser lo bastante amplias para que cualquier persona que propongan encaje en algún puesto cuanto antes. A diferencia del sector de la evaluación —que ha de cumplir una serie de estrictos requisitos de fiabilidad, validez e imparcialidad—, el de la búsqueda de talentos carece en gran medida de regulación y solo está sujeto a códigos de conducta voluntarios. Las evaluaciones de las empresas de cazatalentos carecen, así, de valor predictivo, puesto que casi nunca miden el rendimiento a largo plazo de sus recomendaciones. No conocemos, de hecho, ninguna empresa que publique este tipo de datos.

En alguna ocasión tenemos la suerte de trabajar con personas muy profesionales y cualificadas que, casualmente, proceden de una empresa de selección de personal. Se distinguen de sus colegas por centrarse de forma exclusiva en las necesidades de su cliente y no en las candidaturas ya existentes en sus listas. Cuando un cazatalentos se transforma en alguien que defiende a ultranza a un candidato pierde toda objetividad, y lo hace de forma que perjudica su credibilidad y no es útil ni para los aspirantes ni para las compañías que pagan sus honorarios. Según nuestra experiencia, las empresas contratantes deberían fijar por norma que la búsqueda de candidaturas y la evaluación de las mismas se harán de forma independiente desde el inicio de su relación con la empresa de cazatalentos.

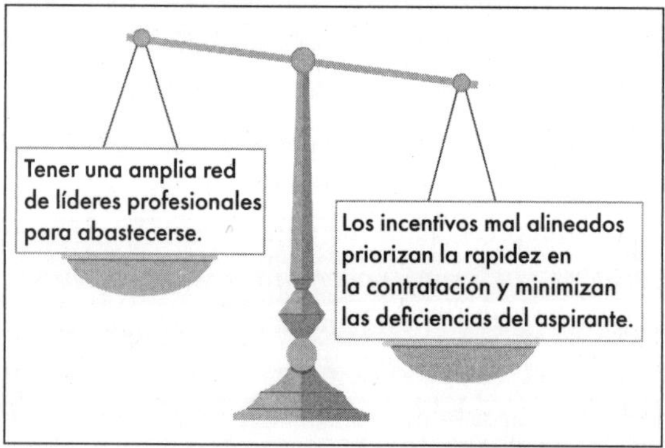

Las empresas de cazatalentos casi nunca miden los resultados a largo plazo de las personas a las que recomiendan. El personal directivo debería ser más concienzudo al evaluar la profesionalidad de las empresas de búsqueda y selección de candidaturas que le ofrezcan sus servicios.

Acabar con el control que tienen las empresas de cazatalentos en la identificación y evaluación de aspirantes

Afirmamos con rotundidad que las empresas tradicionales de cazatalentos ejercen demasiada influencia en todos los aspectos del proceso de selección de personal directivo, y que pocas compañías lograrán transformar su estructura organizacional «consumiendo el menú» que tales empresas ofrecen. En su excelente informe sobre el uso de las evaluaciones psicométricas en el proceso de búsqueda de candidatos, la Asociación de Búsqueda de Ejecutivos y Consultores de Liderazgo (AESC) olvidó destacar la necesidad de esta clara separación.[8] La tensión que existe entre las empresas de cazatalentos y quienes ofrecen evaluaciones de forma independiente es real y perfectamente entendible: cada una evalúa las candidaturas a través de una lente distinta, y esta tensión es esencial para obtener el mejor resultado posible, tanto para los aspirantes como para las empresas que contratan.

La pericia de los cazatalentos radica en identificar a aspirantes que parecen tener las habilidades y la experiencia necesarias para el puesto en cuestión. Quienes evalúan pueden, entonces, calcular de forma objetiva quién tendrá más probabilidades de éxito. Así pues, al separar la captación de candidatos y su evaluación, el conflicto de intereses queda resuelto y la empresa puede confiar en que se contratará al mejor aspirante para ese puesto, y no a la primera persona que aparezca.

Antes de establecer relación con una empresa de cazatalentos, aconsejamos a las compañías en búsqueda de personal que recaben la siguiente información respecto a ella:

- ¿A qué normas jurídicas se adhiere en el cumplimiento de sus obligaciones?
- ¿Qué datos puede aportar sobre su eficacia pasada en funciones similares y en este sector?
- ¿A qué porcentaje de aspirantes recomendados se ha contratado?
- ¿Cuánto han durado estas personas en la empresa que las contrató? Es decir, ¿cuál ha sido su intervalo medio de permanencia?
- ¿Qué porcentaje de los candidatos contratados alcanzó un rendimiento de cuartil superior?

- ¿Qué porcentaje de candidatos contratados ha decidido marcharse tras lograr un puesto para buscar otras oportunidades?
- ¿A qué porcentaje de candidatos contratados se ha despedido con posterioridad? ¿En qué plazo de tiempo?
- ¿Qué datos, informes o auditorías sobre la eficacia de su trabajo pueden proporcionar?
- ¿Comunica a las empresas de la competencia con las que trabaja qué candidatos «están vetados»?
- ¿Qué cuadro de mando de rendimiento empleará para comprobar la eficacia de este compromiso?

Unas respuestas detalladas y contrastadas a estas preguntas deberían ayudar a las compañías contratantes a distinguir entre las empresas de cazatalentos que añadirán valor a su proceso de selección y las que no.

7. Las comprobaciones de referencias confidenciales no son fiables

Todas las personas de perfil ejecutivo que han fracasado en una empresa, tanto si se les ha despedido por bajo rendimiento como por infracciones éticas, encabezaban en un momento dado las listas de recomendaciones de una empresa de cazatalentos, y obtuvieron referencias elogiosas de quienes afirmaban conocerles bien y poner la mano en el fuego por ellas. ¿Por qué fracasaron entonces?

En el punto anterior hemos enumerado las limitaciones de las empresas de cazatalentos, de modo que sus fracasos son bastante fáciles de comprender una vez captado su modelo de negocio. Pero ¿cómo puede ser que se cometan tantos errores en las comprobaciones de referencias? ¿Cómo es posible que alguien que da referencias, es decir, que es capaz de arriesgar su reputación por defender a un candidato, se equivoque tanto? La razón es simple y ya la hemos dado: a los seres humanos no se nos da especialmente bien elegir a otras personas, ni siquiera a las que conocemos en profundidad. ¿Por qué iba a ser diferente con un «árbitro profesional»? ¿Por qué deberíamos presuponerles a ciertas personas poderes que nadie posee?

Tener una estrecha relacional laboral con alguien no te otorga especiales capacidades de evaluación. Tal vez trabajes con una persona muy de cerca durante diez años y la conozcas mejor que nadie —salvo quizá su pareja—, pero tu experiencia y tu evaluación se centrarán en un conjunto particular de circunstancias en un único puesto. Y a lo mejor esa persona ha destacado a tu lado o bajo tu dirección. Las características que observa un cazatalentos pueden ser exclusivas de ese puesto y esas circunstancias, y quizá no se transfieran a un puesto superior, en una empresa nueva, con un jefe distinto, expectativas diferentes y sistemas y procedimientos únicos, por mucho que lo creas posible.

Piensa por un momento en la pérdida de tu experiencia y contribución que va a suponer el cambio: no es fácil de describir y te costará tenerlo en cuenta. ¿Qué cantidad del éxito de esa persona se debe a tu influencia… por el mero hecho de estar ahí, dándole un empujoncito en el momento adecuado y haciéndole sugerencias que de otro modo le podrían haber pasado desapercibidas? En general, los cazatalentos no tienen más capacidad que otras personas para evaluar a alguien, y deberías dejar de dar tanta importancia a su punto de vista.

Las pruebas de lo que decimos están por todas partes. No se requiere una gran cantidad de informes técnicos para demostrar que los individuos de quienes creemos saber más —es decir, nuestros propios aspirantes internos— siguen fracasando en puestos más altos, y con unos niveles de fiasco impresionantes. Si la proximidad profesional fuera tan buena y fiable como mucha gente cree, entonces no deberíamos ver tanto fracaso. Y, sin embargo, todo el mundo conoce muchos casos recientes; y cada directivo de cualquier empresa es seguro que ha visto a mucha gente fracasar a lo largo de su vida.

En su artículo de 1998 «La validez y utilidad de los métodos de selección en la psicología personal: implicaciones prácticas y teóricas de 85 años de investigación», Frank Schmidt y John Hunter revelaron que comprobar las referencias tenía la mitad de validez en la predicción del rendimiento laboral futuro que las evaluaciones hechas a partir de entrevistas estructuradas.[9] En el mismo artículo, ofrecieron resultados que apoyan la idea de que la experiencia en el puesto de trabajo —que suele contar mucho para la mayoría de las empresas de cazatalentos— también tenía la mitad de validez respecto al resultado de una entrevista. Pero la ignorancia de estos resultados por parte de la mayoría de las compañías resulta asombrosa. Las empresas de cazatalentos prosperan, las comprobaciones de referencias se siguen haciendo, pero unas y otras ofrecen un escaso rendimiento de la inversión y añaden poco valor a las decisiones de selección de personal.

¿De qué sirve, pues, comprobar las referencias de alguien? ¿Tiene alguna utilidad? En este punto te parecerá que nos contradecimos, pero aguarda y presta atención. Lo que creemos es que la comprobación de referencias debería abordarse siempre de una forma concienzuda, pero con esta advertencia: si cuanto oyes de alguien son elogios sin reservas, no te lo creas; es imposible. Quien lo dice no está hablando de forma objetiva (ni la mayoría de la gente, de hecho). Esto también es aplicable a las referencias que mencionan como «crítica» al aspirante que él o ella «trabaja demasiado y nunca sabe cuándo parar», o cuando lo peor que dicen de alguien es que «no le gusta atribuirse el mérito de tantos logros». Sabes a qué nos referimos, ¿no? Ignora todas esas cosas cuando tengas que decidir; y lo mismo con casi todas las comprobaciones de referencias. No obstante, si te llegan referencias negativas —siempre respaldadas por pruebas—, entonces sí, tómatelas en serio y dales más peso en tus consideraciones. Por desgracia, sabemos por experiencia que esto ocurre muy pocas veces. Acepta que la mayor parte del esfuerzo que supone comprobar las referencias sobre alguien será una pérdida de tiempo.

Una última peculiaridad de las referencias y el papel de las empresas de cazatalentos: muchas ofrecen la posibilidad de que seas tú quien compruebe las referencias; es decir, que hagas el trabajo que ellas prefieren evitar. Nuestro consejo es que nunca externalices esta tarea; hazla siempre tú. ¿Tenemos que explicar por qué? En nuestra opinión, no hay nada como contrastar de primera mano las referencias, y no que una tercera persona que patrocina a un candidato te las cuente filtradas.

EVALÚA EL PROCESO DE SELECCIÓN DE PERSONAL DE TU EMPRESA

Para corregir estos errores, las organizaciones han de auditar y evaluar su proceso de selección de personal. El objetivo que nos marcamos para nuestros clientes es aumentar de forma cuantificable la capacidad predictiva de las decisiones de selección respecto al buen rendimiento futuro. A veces esto implica incorporar nuestras herramientas de evaluación a las ya existentes;

otras, supone un cambio completo del método de selección de la empresa. Cada situación es única, pero nuestra estrategia es siempre lógica: se basa en incluir herramientas y procesos para guiar las decisiones de contratación, sucesión y promoción hacia una estructura definida y con resultados cuantificables.

El primer paso con cualquier cliente es evaluar de forma realista los procesos y resultados de la empresa. Recomendamos tener en cuenta estas cuestiones al examinar los métodos de contratación de la organización:

- ¿Los resultados de las entrevistas presenciales marcan las decisiones de selección de personal?
- ¿Se trata de entrevistas estructuradas o abiertas?
- ¿Se puntúan en las entrevistas características relevantes del puesto?
- ¿Cómo es el rendimiento posterior de los aspirantes seleccionados por una empresa de cazatalentos frente a quienes seleccionaron otras fuentes?
- ¿Se mide con objetividad la eficacia de nuestras decisiones de selección de personal?

Desde luego, resulta difícil examinar de forma honesta la situación real de un proceso de contratación. En una gran empresa, por ejemplo, puede haber muchos enfoques dispares para una misma selección. En cambio, una organización más pequeña tal vez solo tenga una directriz general y vaya improvisando en cada caso. Si tu empresa es como la mayoría, su proceso de selección se compondrá de medidas en su mayor parte subjetivas, y no controlará su propia validez, fiabilidad o eficacia. Esto conduce a un nivel de eficacia en las decisiones de contratación no mayor que el puro azar. Pero todas las empresas pueden mejorar su proceso de selección de personal y que llegue a ser tan fiable como la meteorología. En la última parte del libro, describimos herramientas útiles para modificar y transformar los métodos de selección de personal de una organización.

En la base de un proceso de selección de personal eficaz y con capacidad predictiva está una evaluación validada que ayude a identificar a las personas más capacitadas para el puesto que se está considerando. El primer paso para detectar a las personas con Talento que se han de convertir en líderes de primera categoría —tanto si se trata de un proceso de desarrollo profesional como de un relevo o de una selección inicial— es estudiar a quienes ya son los mejores líderes. Esta es la tarea que iniciamos hace 20 años, y cuya metodología describimos en los siguientes capítulos: cómo diseñamos nuestra Evaluación del Liderazgo Ejecutivo, las rigurosas pruebas y validaciones que llevamos a cabo, y cómo interpretamos los resultados. Nuestro deseo es que un gran número de empresas se beneficie de los profundos conocimientos que hemos obtenido con este trabajo.

SEGUNDA PARTE

CÓMO ELABORAR UNA EVALUACIÓN PREDICTIVA

CAPÍTULO 3

Analizar a los mejores líderes

PARA CORREGIR LOS MÚLTIPLES ERRORES QUE COMETEN LAS EMPRESAS AL seleccionar a sus líderes había que desarrollar una forma adecuada de evaluar los Talentos que de verdad importan. En lugar de centrarnos en una sola cosa o intentar medirlo todo, necesitábamos definir y evaluar los Talentos específicos que exhiben los mejores líderes. Pretendíamos hallar un medio fiable para predecir qué individuos son capaces de ser líderes de alto rendimiento. Queríamos hacer una predicción meteorológica. La dificultad surgió cuando tuvimos que determinar cómo lograrlo. ¿Qué datos estarían disponibles de forma sistemática para cada aspirante al que quisiéramos evaluar? ¿Cómo sabríamos cuáles de esos datos serían significativos y relevantes?

Los líderes son únicos y logran sus éxitos a través de sus propios métodos idiosincráticos. ¿Qué datos emplearíamos para comparar a unos y otros? ¿Cómo definiríamos la excepcionalidad de los líderes que ocupan cargos totalmente distintos? ¿Existen en realidad líderes excepcionales? Estas preguntas constituyeron la base de nuestra investigación y debíamos obtener las respuestas pertinentes antes de plantear cualquier tipo de experimentación.

Para alcanzar nuestro objetivo de desarrollar un instrumento de evaluación capaz de predecir el rendimiento de los líderes de más alto nivel habríamos de pasar por una serie de fases de investigación y ensayo:

- Primero, definir unos criterios de rendimiento claros: una manera de determinar quiénes son los mejores líderes.
- A continuación, hallar a suficientes líderes que cumplieran tales criterios. Fijamos como objetivo examinar a cien como mínimo.
- Luego, evaluar a estos líderes al detalle con el fin de descubrir lo máximo posible sobre sus características y Talentos de liderazgo. Para ello tuvimos que definir qué era común y qué exclusivo de cada cual.
- Más tarde, plantear un modelo de sus Talentos y formular preguntas que nos permitieran contrastarlo. Esto se pondría a prueba con los líderes de los que no conocíamos nada (prueba a ciegas) para determinar si nuestra evaluación sintética (es decir, nuestro prototipo de evaluación) tenía algún potencial predictivo.
- En las pruebas sintéticas tuvimos que plantear muchas más preguntas de las que serían necesarias en la evaluación final, porque sabíamos que algunas no funcionarían: las respuestas de los líderes a ciertas cuestiones no aportarían evidencia alguna de un alto rendimiento.
- Tras las pruebas sintéticas, podríamos dar la forma final a un modelo que registrara los diversos Talentos que exhiben los líderes de mayor rendimiento a partir de la muestra de estudio, junto con las preguntas que nos ayudarían a predecir la probabilidad de que los futuros líderes que evaluemos superen sus logros o fracasen en el intento.

Desde que iniciamos esta investigación, hace ahora 20 años, hemos generado una enorme base de datos con más de 58.000 líderes empresariales de todo el mundo, sobre todo de grandes empresas. Tuvimos que ser pacientes y persistentes para acumular tal cantidad de información, así como convencer a muchas personas para ayudarnos a alcanzar esta enorme cifra. Tras un esfuerzo inicial inmenso, seguimos incorporando nuevos líderes a la base de datos, a un ritmo de unos 2000 al año.

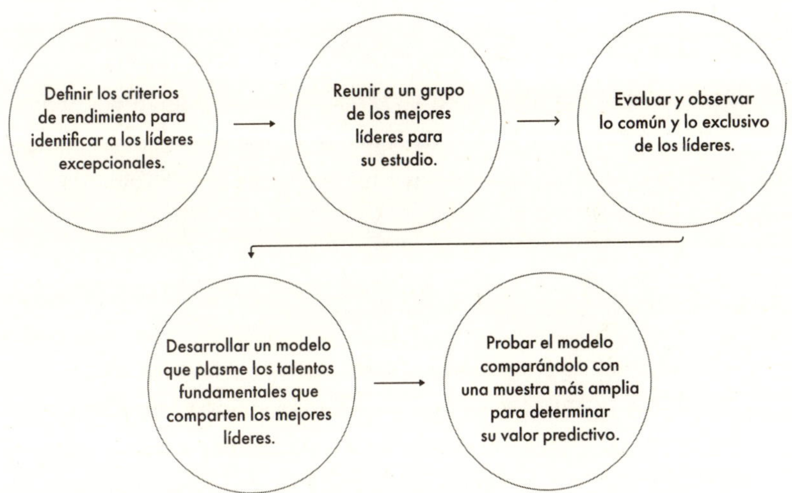

Nuestro modelo de evaluación refleja la variación natural que existe incluso entre los líderes de mayor rendimiento, y predice con una precisión del 80 % las probabilidades de éxito de una persona.

Esta base de datos incluye a numerosos directores generales y gerentes de pequeñas y grandes empresas; también a un gran número de personal de alta dirección que depende de los gerentes, lo que nos permite describir interesantes perfiles con Talento de líderes comerciales, directores generales, ejecutivos de marketing, jefes de recursos humanos, directores jurídicos, directores de operaciones y muchos otros puestos técnicos y comerciales. Asimismo, incluye a mandos intermedios que rinden cuentas a estos altos directivos, a quienes suele considerarse para un ascenso y están, con frecuencia, en las listas de posibles relevos. Conforme nuestra base de datos crece, se va reforzando su representatividad en cuanto a funciones y puestos, lo que permite desarrollar análisis más profundos y predicciones más exactas.

A medida que aumenta la representación geográfica, por países y por puestos, también lo hace el número de registros que incluyen al menos seis años de datos completos de rendimiento: en la actualidad, más de 19.000 de estos líderes. Esto nos permite monitorizar de una manera continuada el impacto, la imparcialidad, la fiabilidad y la validez de nuestra evaluación. Podemos determinar cuán eficaz es sobre la marcha, lo que nos asegura que nuestra afirmación de que los Talentos son duraderos y consistentes sea verificable. La calidad de los datos incrementa la confianza en las predicciones a partir de la Evaluación del Liderazgo Ejecutivo en relación con los aspirantes externos, y proporciona una medida sólida con la que comparar a los equipos de liderazgo existentes y a las personas cuyas empresas las describen como de «alto potencial».

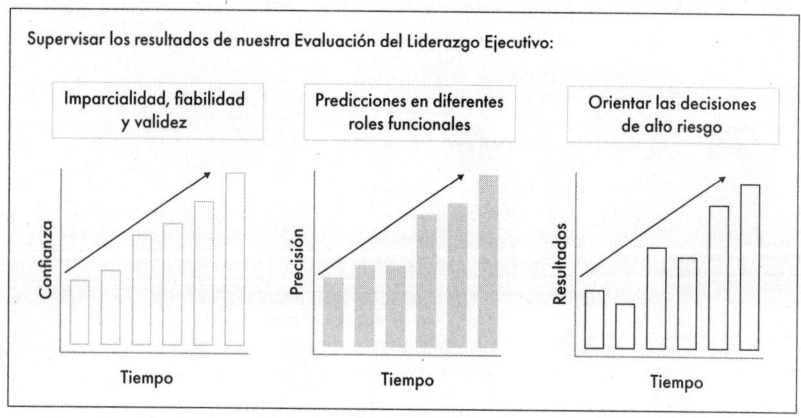

Ahora bien, los 58.000 líderes que hay en nuestra base de datos no son todos excepcionales. Para entender qué quiere decir esto hemos de definir qué es un líder excepcional.

DEFINICIÓN DEL RENDIMIENTO EXCEPCIONAL

Empezamos preguntándonos cuáles eran los indicadores del liderazgo excepcional. ¿Qué medidas resultaban fundamentales? Comentamos este punto con los líderes a quienes estábamos examinando y, si bien no obtuvimos una respuesta uniforme, las que nos dieron nos ayudaron a acotar nuestro enfoque. Más que reflejar todos los indicadores que podrían ser interesantes, lo que queríamos era contar con los más importantes. Este trabajo no resultó tan sencillo como pensábamos, porque en realidad cada líder y cada empresa expresaban sus medidas y expectativas de rendimiento de una manera distinta.

Al final identificamos tres criterios que, en nuestra opinión, definían el liderazgo excepcional, y los comentamos hasta la saciedad internamente y con nuestros socios externos. Estas conversaciones raras veces llegaban a un consenso, pero sí nos ayudaron a entender por qué creemos en lo que hacemos. Esto dio forma a nuestro enfoque de investigación y nos proporcionó los parámetros necesarios para identificar a un grupo suficiente de líderes que exhibieran los siguientes criterios:

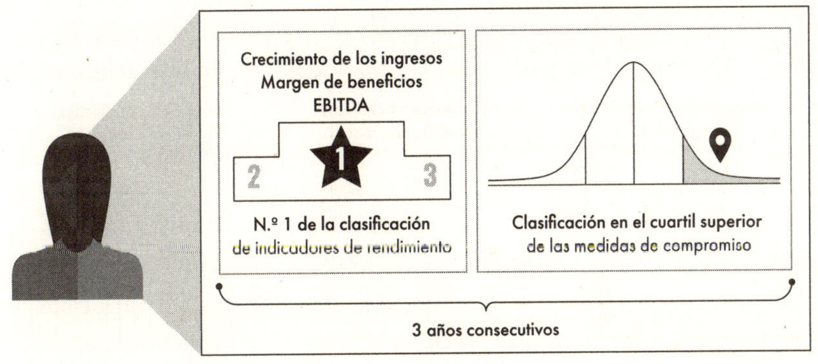

Los líderes excepcionales consiguen resultados excepcionales a pesar de los ciclos económicos cambiantes. Solo quienes son capaces de hacer crecer su negocio de forma constante y, al mismo tiempo, tratar bien a su personal fueron considerados para nuestro estudio.

Criterio 1: alcanzar el número uno en la clasificación de rendimiento (en comparación con las empresas de su sector) en tres indicadores independientes de finanzas o de procesos/funciones dentro de la empresa

Encontrar a individuos que ocuparan el primer puesto en tres indicadores de la empresa fue muy difícil, pero seguimos insistiendo. Descartamos a quienes eran primeros en dos de ellos y segundos en el tercero; tenían que encabezar las tres clasificaciones. Pero ¿qué tipo de medidas financieras, de procesos y funcionales puntuaban? Tuvimos en cuenta la ejecución presupuestaria, los márgenes operativos, el crecimiento global de los ingresos, los beneficios por acción (BPA), el EBITDA (siglas que se traducen como Beneficio antes de Intereses, Impuestos, Depreciación y Amortización), etc. Estos indicadores financieros resultan útiles para comparar empresas, ya que se trata de fórmulas estandarizadas.

Por su parte, las medidas de procesos/funcionales son más variadas, puesto que vienen determinadas en gran medida por el negocio de cada empresa. Sin embargo, las de calidad son comunes a todas las empresas y suelen expresarse en términos del coste de la mala calidad. Asimismo, los elementos de la cadena de suministro y distribución son especialmente ricos en datos. Adoptamos un enfoque empresa por empresa, considerando en cada caso qué era lo crucial para una en particular al describir su rendimiento excelente. Aprendimos de ello que estas medidas tenían un diseño similar, pero reflejaban la singularidad de las prioridades de cada empresa.

Estábamos analizando a líderes de alto nivel y sabíamos que estas medidas más generales eran buenos indicadores de su rendimiento. Sin embargo, nos topamos con un problema: las empresas no solían clasificar a sus líderes en función de estos indicadores, por lo que terminamos haciendo nosotros mismos gran parte del trabajo. En el transcurso de esta labor aprendimos mucho sobre la orientación al rendimiento (o su falta) de estas empresas. Al final, las compañías aprovecharon gran parte de nuestra investigación y sus resultados para redefinir sus sistemas de gestión del rendimiento. Por ejemplo, gracias a ese trabajo pudieron corregir el problema de la falta de objetividad en las evaluaciones individuales.

Criterio 2: lograr una puntuación de cuartil superior en un indicador fiable y global del compromiso de los trabajadores (no solo del propio equipo, sino en un nivel funcional general)

Nos contaron muchos casos de líderes «abusones» que presionaban a los miembros de su equipo para que generasen resultados en condiciones de semiesclavitud. Estas personas apenas podían expresarse con libertad y, por supuesto, no se sentían nada comprometidas con la empresa. Con esto en mente, decidimos que otro parámetro relevante a medir respecto al liderazgo eficaz era el compromiso de los trabajadores bajo la organización funcional de un líder, es decir, en un equipo o departamento.

Midiendo el compromiso de sus departamentos pretendíamos prescindir de líderes cuya toxicidad resulta incongruente con una definición aceptable del liderazgo. Elegimos el cuartil superior en este criterio porque una puntuación media no implica excelencia. Y, de manera general, usamos los datos de compromiso que ofrecen organizaciones fiables, como Gallup, y los tuvimos en cuenta para comprobar cómo habían mejorado con el tiempo.

Criterio 3: cumplir los criterios 1 y 2 tres años consecutivos

Hacer un seguimiento a los líderes que habían cumplido los dos primeros criterios durante tres años consecutivos hizo que nuestra investigación se prolongara mucho más de lo que nos habría gustado. Mucha gente cumplió tales criterios un año y fracasó en los siguientes. Los peores casos fueron los que cumplieron los criterios dos años, pero fallaron en al menos uno de ellos el tercer año. A veces era desesperante, pero nos mantuvimos firmes en el respeto a nuestras normas. El plan era contar con cien candidatos.

Para mejorar el proceso de selección tuvimos en cuenta a líderes que cumplían estos criterios el año en que los conocimos y luego echamos la vista atrás para analizar su rendimiento en los dos años previos. Esto nos permitió identificar a nuestros elegidos en el momento, en vez de esperar tres años.

Pero ¿por qué imponernos una medida tan estricta? ¿Añade en realidad algún valor? Bien, nuestro razonamiento era sencillo: las condiciones generales del mercado, junto con la dinámica interna de una empresa, pueden propiciar un entorno favorable para que ciertos líderes «destaquen» en un año concreto, pero si tales circunstancias empeoran los siguientes dos años algunos líderes no conseguirán adaptarse y ya no ofrecerán un rendimiento de alto nivel como el del primer año. Además, queríamos reducir al mínimo la posibilidad de que su rendimiento fuera resultado de la suerte. Nos esmeramos mucho en medir la consistencia de nuestras afirmaciones para asegurarnos de que nuestros hallazgos no fueran aleatorios, un efecto de regresión a la media.

Queríamos garantizar que los líderes que identificábamos como excepcionales pudieran avanzar por la curva de rendimiento y que este fuera superior durante los ciclos cambiantes de la empresa. Y persistimos —a pesar de lo exigente que era este criterio y del dolor de cabeza que nos daba— porque sabíamos que nos permitiría distinguir entre los líderes que destacan año tras año y quienes lo hacen solo una vez.

REPRESENTACIÓN DEMOGRÁFICA

Estos criterios no fueron nuestras únicas consideraciones; también queríamos que la muestra de investigación incluyera una representación demográfica razonable. Ya que sigue habiendo una representación inferior de los grupos minoritarios en altos cargos, éramos conscientes de que sería casi imposible lograr una representación estadística de la sociedad en su conjunto, pero al menos queríamos que nuestra muestra fuera representativa de las organizaciones de procedencia de estos líderes.

Nos comprometimos, pues, a validar a conciencia la evaluación en la fase de pruebas sintéticas, en la que podíamos reflejar mejor unas proporciones más representativas. Teniendo en cuenta la mayor presencia de varones blancos en la muestra de estudio, prestamos especial atención a las medidas de validez del impacto adverso. Tuvimos la suerte de que los cien primeros líderes cualificados constituían una representación demográfica más variada de lo que esperábamos, aunque distaba mucho de ser la ideal. Entonces distribuimos a las empresas en cuatro categorías de tamaño en función de los ingresos, los activos bajo gestión (AUM) y el número de trabajadores:

Grandes (>12.000 millones de dólares en ingresos o ≥50 millones de dólares de AUM y ≥50.000 trabajadores ETC): 12

Medianas-grandes (>6000 millones de dólares en ingresos o ≥25 millones de dólares de AUM y ≥20.000 trabajadores ETC): 66

Medianas-Pequeñas (>800 millones de dólares en ingresos o ≥10 millones de dólares de AUM y ≥5000 trabajadores ETC): 11

Pequeñas (>200 millones de dólares en ingresos o ≥5 millones de dólares de AUM y ≥500 trabajadores ETC): 11

En una muestra de 100 líderes:

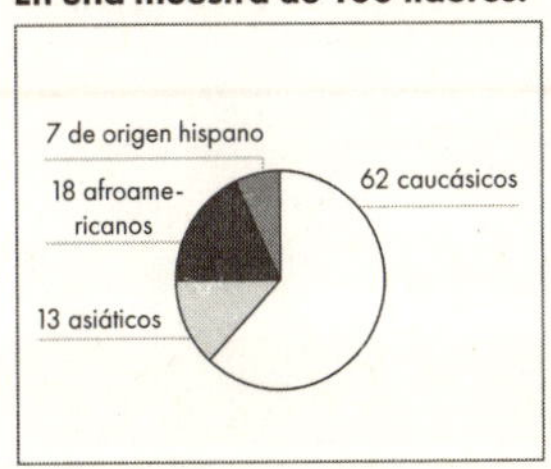

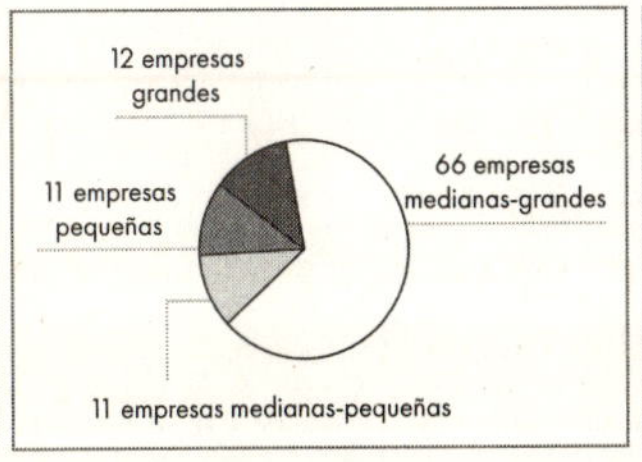

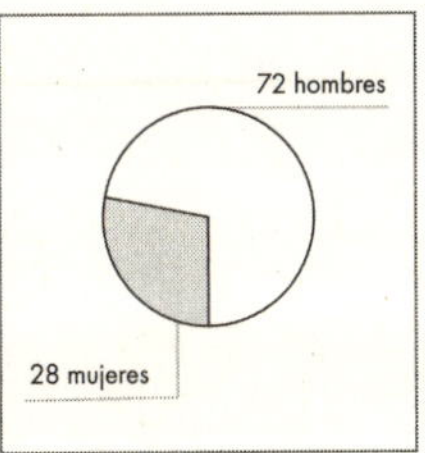

Por tanto, la muestra de 100 líderes estaba formada por 72 hombres y 28 mujeres —en comparación con la proporción de mujeres directoras generales en las empresas de la lista Fortune 500 en 2023, que era solo del 10,4 %—.[1] Asimismo, la muestra contaba con 62 líderes blancos (caucásicos), 18 negros y afroamericanos, 13 asiáticos y 7 hispanos.

Estas muestras no son en modo alguno perfectas y no pretendemos que la manera en que las hemos formado tenga mucha relevancia, pero necesitábamos categorías coherentes para abordar el análisis posterior. En nuestra muestra de estudio predominaban las empresas medianas-grandes. Además, no era muy representativa, porque pertenecían a muchos sectores diferentes, pero sabíamos que en la fase de pruebas sintéticas podríamos revalorarlo y validarlo:

- Sector industrial: 2
- Sector minorista (excluyendo artículos de lujo): 9
- Servicios financieros y seguros: 11
- Automoción: 6
- Artículos de lujo (excluyendo minoristas): 10
- Hostelería: 18
- Medios de comunicación/TV: 9
- Sanidad: 15
- Tecnologías de la información: 18
- Construcción: 1
- Transporte: 1

Conscientes de nuestros exigentes criterios de clasificación, esperábamos toparnos con ciertas lagunas en la representatividad de la muestra.

Por ejemplo, en algunos sectores, como el de la distribución y la logística, no teníamos a nadie entre nuestros cien líderes iniciales. El objetivo, igual que con la representación demográfica, era resolverlo mediante una cuidadosa selección en la fase de pruebas sintéticas. Es decir, conocer los sesgos en nuestro grupo nos permitió planificar con eficacia la rigurosa validación que necesitaríamos y confiar en nuestras conclusiones.

Ahora que ya teníamos a nuestros cien líderes, los mejores entre miles, había llegado el momento de averiguar todo lo posible sobre su liderazgo superlativo.

EXAMINAR A LOS MEJORES BAJO EL MICROSCOPIO

Una vez que disponíamos de los datos de rendimiento de nuestros líderes a lo largo de varios años, necesitábamos generar una imagen mucho más detallada de quiénes eran estas personas. Con este fin, les entrevistamos y examinamos sus currículos y trayectorias profesionales; recuperamos sus calificaciones académicas y sus promedios; les observamos en situaciones laborales típicas; entrevistamos a otras personas con las que habían trabajado; hicimos evaluaciones 360 y les administramos una serie de pruebas de personalidad, pensamiento crítico, razonamiento verbal, comprensión, y orientación numérica y espacial. Todos los líderes de la muestra cumplimentaron las mismas pruebas para poder comparar de forma adecuada los resultados.

Acabamos conociendo muy bien y sabiendo muchos detalles sobre estas personas, pero teníamos que reducir la complejidad a la que nos enfrentábamos para identificar patrones a través de una lente algo más amplia. Empleamos esa gran cantidad de datos recopilados sobre cada líder en grabaciones de entrevistas, notas de observación, medidas de rendimiento e informes de los trabajadores, e intentamos sintetizar definiciones temáticas más amplias que siguieran siendo descriptivas sobre la persona en cuestión. Este proceso era un tanto abstracto, por lo que tuvimos mucho cuidado de reducir al máximo la influencia de nuestras ideas preconcebidas sobre el liderazgo.

Con este objetivo, un miembro del equipo generaba la síntesis de un líder al azar, asegurándose de que el resultado fuera anónimo. A continuación, un grupo de colegas intentaba emparejar esa descripción con el líder que, en su opinión, mejor encajase. El equipo asignó de forma correcta al líder 86 veces de las 100. Esto nos dio la confianza de que, aunque hubiéramos simplificado en parte la complejidad de estos líderes, se les seguía describiendo de un modo que reflejaba, razonablemente, sus rasgos y características.

Una vez reducida la complejidad inicial del grupo de líderes, nos propusimos responder a la pregunta: «¿Qué patrones observamos que marcan la diferencia?». Nuestro primer descubrimiento —al que ya hicimos referencia al hablar del Talento— fue que incluso los mejores líderes eran muy diferentes entre sí; en algunos casos, completamente diferentes. Pensándolo bien, esto tiene mucho sentido si se tienen en cuenta las diversas formas en que se presenta el liderazgo en el mundo, pero aun así fue un hallazgo clave.

Nuestra principal preocupación era que no hubiera forma de clasificar las características de los líderes para poder predecir su rendimiento, y nos diéramos cuenta de que tales características son siempre únicas y aleatorias. Pero nos empecinamos en identificar patrones y, al final, detectamos expresiones de cualidades similares entre líderes muy distintos. Con el tiempo, empezamos a definir categorías generales a las que correspondían estas cualidades, así como definiciones más claras de las subcategorías que las componían.

LA ELABORACIÓN DE NUESTRO MODELO DE LÍDERES CON TALENTO

La estructura que surgió de este proceso fue una definición general del liderazgo. Esta se fue perfeccionando con los años, pero incluso en su forma inicial ya podía emplearse para describir a cada líder de la muestra. Descubrimos los Cinco Talentos que de verdad importan en el liderazgo excepcional. Analizaremos con detalle esta estructura en la tercera parte del libro. Esta es la tesis:

> A partir del estudio de un grupo de cien líderes excepcionales, hemos aprendido que los mejores poseen una variedad de Talentos que les permiten triunfar al más alto nivel. Organizamos, pues, estos Talentos en una estructura que es capaz de explicar nuestras observaciones. En

la base de dicha estructura están los Cinco Talentos que de verdad importan.

Estos amplios Talentos definen ámbitos de comportamientos y características, y nos ayudan a describir *lo que* hacen los líderes. Cada cual contiene un número de elementos descriptivos más reducido: son categorizaciones más pequeñas de las tendencias de conducta que nos ayudan a describir *cómo* logran su éxito los líderes dentro de cada uno de los Cinco Talentos.

Las descripciones detalladas de los comportamientos de los líderes que hemos obtenido son un resultado singular de nuestra investigación.

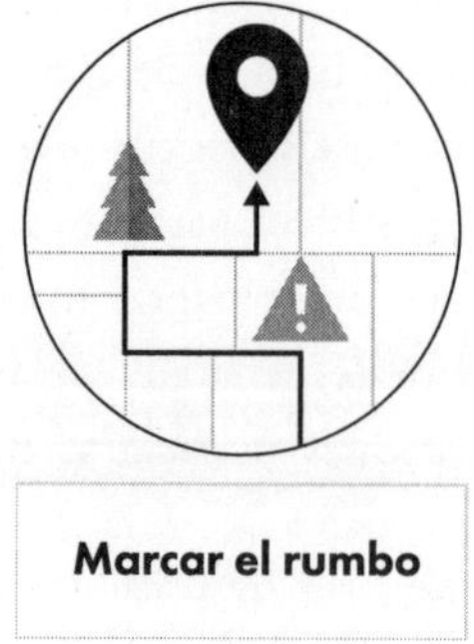

Marcar el rumbo: cómo evalúan los líderes los objetivos y las oportunidades, cómo deciden qué hacer y de qué manera trazan el camino a seguir.

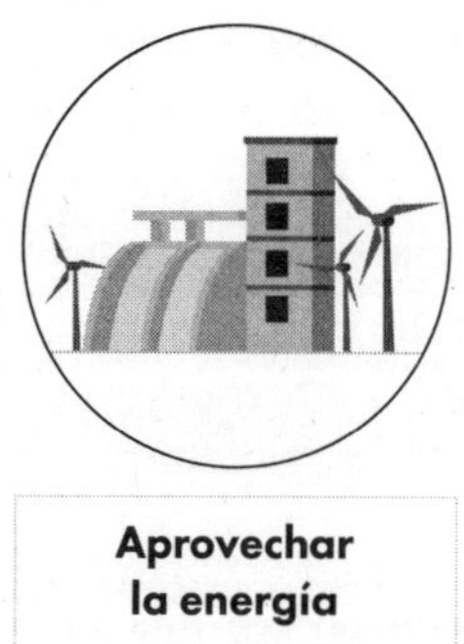

Aprovechar la energía: qué motiva a los líderes a autoexigirse tanto y exigir tanto a los demás.

Ejercer presión

Ejercer presión: cómo consiguen los líderes que la gente actúe y se comprometa en la dirección correcta.

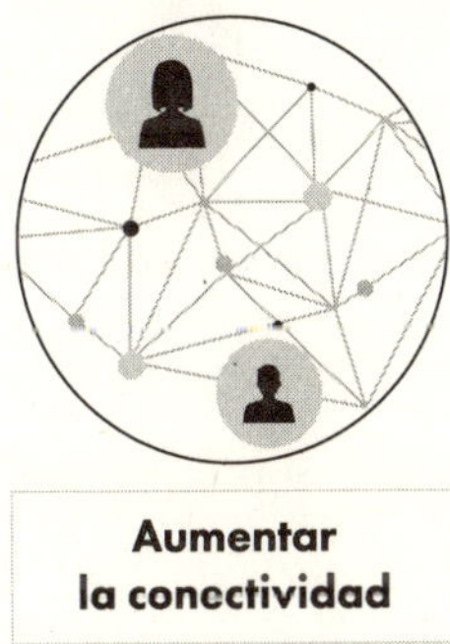

Aumentar la conectividad

Aumentar la conectividad: red básica de conexiones que cultivan los líderes para asegurarse de que el trabajo esencial se haga.

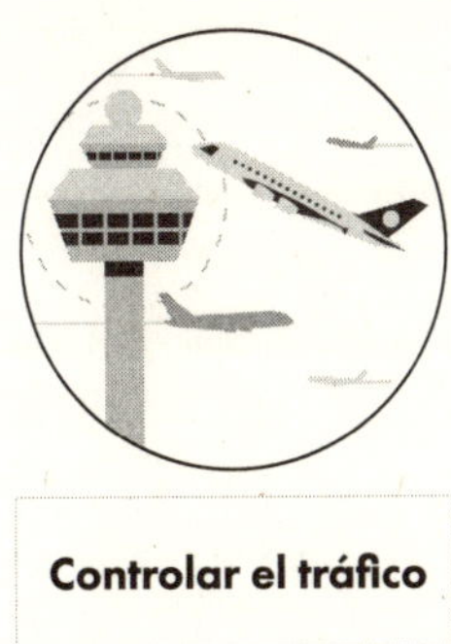

Controlar el tráfico

Controlar el tráfico: cómo elaboran los líderes los sistemas y procesos para asegurarse de que el trabajo esté bien organizado, desarrollado y gestionado.

Pero primero hablemos de los profesores

A principios de los noventa, conocí en Inglaterra a un grupo de docentes de bachillerato. Ostentaban diversos cargos, pero en su mayoría contaban con un alto nivel de experiencia y muchos años en el puesto. Había entre ellos gente muy inspiradora, otros no lo eran tanto.

En general, se quejaban del nivel insuficiente de quienes empezaban en la profesión.

Cuando les pedí que me explicaran el motivo de sus quejas, me dijeron que no sabían con seguridad que a los aspirantes con los que trataban les gustaran los niños. No es que les disgustaran, sino que no sentían una especial afinidad para tratar con la infancia; era como que les faltaba entusiasmo para interactuar con la variedad de alumnado que hay en cualquier clase.

Busqué cuáles eran las preguntas típicas que la dirección de una escuela solía hacer a los aspirantes a un puesto, y la más común era: «¿Te gustan los niños?». Si bien la cuestión parece ir al meollo del problema, se trata en realidad de una pregunta bastante pobre y que, sin duda, tuvo mucho que ver con el bajo rendimiento de parte de las personas que fueron contratadas. Y es que ¿acaso alguien iba a responder que no le gustan los niños? Hasta el individuo más incapaz para un puesto docente vería la trampa. Seguro que había una pregunta mejor.

Tras múltiples entrevistas con personal docente y observaciones directas de sus prácticas, se me ocurrió cuál podría ser esa pregunta. Lo mejor para comprobarlo es preguntar: «¿Hay ciertos niños o niñas a quienes no te gusta enseñar?». La respuesta a esta excelente pregunta tiende a polarizar a los candidatos sobre la cuestión que los directores intentaban aclarar. Dicho de otro modo, a las personas pacientes y eficaces, que ven el aula como un lugar para el aprendizaje en grupo, les gustan todos los niños, incluso los más problemáticos. Después de todo, que un niño sea problemático suele ser indicativo de una mente curiosa. Por tanto, su respuesta a la pregunta era un no rotundo.

Los líderes impacientes, en cambio, esas personas que se enfadan con los niños que se portan mal, consideran esta pregunta un reflejo de la realidad de la vida. Los seres humanos somos imperfectos, piensan. En la sociedad hay gente mala, así lo demuestra el hecho de que las prisiones estén a rebosar. Optan, pues, por presentarse como personas realistas, y responden con el argumento que todo el mundo conoce: hay gente mala; por lo tanto, también hay niños malos. «Sí, hay niños a los que no me gusta enseñar», responderán. Una respuesta afirmativa a esta pregunta es una señal de que, si se les contrata, no sabrán tratar los conflictos que surjan en el aula y, por tanto, su rendimiento será bajo y fracasarán.

«¿Hay niños a los que no te gusta enseñar?» es, de hecho, una pregunta muy reveladora, pero no existe ni una sola cuestión que se pueda plantear en una entrevista y que sea definitiva para discriminar quién será un docente de primera categoría y no de un nivel mediocre. Me di cuenta de que solo a través de una batería de preguntas estructuradas —cada una de las cuales contribuye estadísticamente a la definición de la enseñanza eficaz— se pueden predecir las diferencias en el comportamiento y el rendimiento de los profesores. Y fue la aplicación de este pensamiento lo que influyó en mi enfoque del cuestionario predictivo en el ámbito de la selección de personal.

EL DISEÑO DE NUESTRO PROTOTIPO DE EVALUACIÓN

No fue fácil elaborar una serie de preguntas que pudiéramos probar en nuestro prototipo de evaluación. A través del análisis de los cien mejores líderes, habíamos identificado y clasificado sus Talentos fundamentales; ahora necesitábamos preguntas que probaran de forma eficaz si una persona ajena al grupo poseía uno o más de esos Talentos, y si contaba con suficiente Talento para predecir su éxito. Una buena pregunta sería aquella que los líderes de alto rendimiento respondían siempre de una manera y los de peor rendimiento de otra. Sabíamos que, si formulábamos más de cien preguntas de este tipo, podríamos tener una evaluación que funcionara.

La siguiente es una de las preguntas que elaboramos, y que predice con éxito el Talento de una persona en lo que respecta al pensamiento estratégico, definido como el proceso de generar y evaluar múltiples ideas posibles:

«¿Qué tipo de reunión prefieres?»

a. ¿En la que presentas ideas y planes?
b. ¿En la que pones en marcha una acción?
c. ¿En la que se escuchan todas las voces?

Cada respuesta es plausible y deseable. ¿Por qué no disfrutar de una reunión que lleva a emprender una acción? ¿Quién piensa que no es algo bueno escuchar todas las voces? Imagina lo ideal que sería una reunión si solo consiguieras «b» y «c». No obstante, en las pruebas sintéticas de nuestra evaluación hallamos que los líderes de alto rendimiento prefieren la opción «a» antes que las otras dos, aun siendo estas más atractivas. Y es que las ideas son tan importantes para estas personas, y disfrutan tanto dándoles vueltas y comentándolas, que anteponen esta opción a cualquier otra. Los líderes que no son extraordinarios rara vez eligen esta opción, porque les preocupa más hacer cosas y lograr que la gente se sienta a gusto con el proceso.

Al final, acumulamos más de cien preguntas que clasificaban a la gente según sus características intrínsecas. Eran cuestiones que versaban sobre los rasgos detallados que descubrimos en los Cinco Talentos de nuestro modelo: Marcar el rumbo, Aprovechar la energía, Ejercer presión, Aumentar la conectividad y Controlar el tráfico. Sabíamos que la evaluación que habíamos desarrollado no consideraría todo lo que hace un líder, solo los aspectos clave que predicen el liderazgo excepcional. De hecho, nadie obtuvo resultados muy buenos en los Cinco Talentos; más bien demostraron tener la dosis suficiente de cada uno como para alcanzar el éxito.

COMPROBACIÓN DE NUESTRO PROTOTIPO DE EVALUACIÓN

Para que un método de evaluación funcione, es decir, para que proporcione los resultados que predice, ha de ser probado primero en candidatos «ciegos»: esto es lo que se denomina «pruebas sintéticas». Para ello teníamos que hallar una muestra de aspirantes lo bastante grande y que fuera «ciega» para nosotros, es decir, no debíamos saber nada sobre sus capacidades o su perfil. Sabíamos, eso sí, que algunos de esos líderes gozaban de muy buena consideración por parte de sus respectivas empresas, mientras que a otros se les consideraba más problemáticos por su comportamiento o rendimiento.

Para que las pruebas sintéticas fueran eficaces y la evaluación válida, necesitábamos que sus resultados se correspondieran al menos con los descriptores de rendimiento de estos aspirantes proporcionados por sus empresas. ¿Los individuos que obtuvieron las puntuaciones más altas en las pruebas sintéticas eran también los de mayor rendimiento según sus empresas, y viceversa?

Diseñamos nuestra Evaluación del Liderazgo Ejecutivo para trazar un dibujo de las capacidades innatas de una persona (dicho de otro modo, su constelación de Talentos). Esta medida acumulativa tenía dos finalidades:

> La *primera* era determinar si la persona tenía alguna probabilidad de ser líder de alto rendimiento. ¿Existen pruebas suficientes, en todos los elementos medidos, de que cumple los elevados criterios de éxito en términos estadísticos?
>
> La *segunda*, y teniendo en cuenta que cada líder logra su éxito de una manera única, era determinar qué combinación específica de capacidades exhibe cada cual. ¿Cómo le ayuda su constelación de Talentos a cumplir con las expectativas de su puesto? ¿Y de qué manera podrían surgir obstáculos?

Trabajamos con muchas empresas e identificamos a 4074 participantes para poner a prueba nuestro prototipo de evaluación. De ellos, 2412 resultaron ser líderes sobresalientes y 1662 más débiles, según los estándares de sus empresas. Tuvimos mucho cuidado al asesorar a estas empresas sobre cómo combinar las variables demográficas y funcionales antes mencionadas para representar mejor a la población general. Cuando llegó el momento de administrar las pruebas sintéticas, cada empresa se limitó a facilitarnos una lista de nombres, y programamos sus evaluaciones.

ANÁLISIS DE RESULTADOS

Al final de la fase de pruebas sintéticas, las empresas participantes nos facilitaron los resultados de rendimiento de sus líderes y supimos entonces quiénes tenían un nivel más alto y más bajo. Comparamos esta información con la puntuación obtenida en nuestra evaluación. El primer paso en el análisis de los resultados fue eliminar las preguntas que no eran útiles, es decir, que no mostraban una diferencia estadísticamente significativa entre los participantes. De las 164 preguntas formuladas en un principio eliminamos 61; quedaron los resultados de las 103 preguntas que mostraron la mayor variación entre los participantes de mejor rendimiento y los de peor.

Los resultados de las pruebas sintéticas corroboraron nuestras hipótesis. Al final de la fase de recopilación de datos podíamos afirmar, con total seguridad, que el rendimiento de los líderes se puede predecir y que nuestro instrumento de evaluación era capaz de hacerlo. En los años transcurridos desde entonces hemos seguido añadiendo registros a la base de datos, lo que ha consolidado aún más nuestras conclusiones iniciales y reforzado la confianza estadística de nuestras afirmaciones. El análisis llevado a cabo reveló lo siguiente:

- La puntuación obtenida en la evaluación correlacionó con el rendimiento de alto nivel casi ocho de cada diez veces (r = 0,78).
- La puntuación obtenida en la evaluación correlacionó con un rendimiento bajo nueve de cada diez veces (r = 0,91).
- Cuanto más alta era la puntuación de un aspirante, más probabilidades había de que su rendimiento fuera de alto nivel.
- Cuanto más baja era la puntuación de un aspirante, más probabilidades había de que su rendimiento fuera de bajo nivel.
- Nuestra herramienta de evaluación era válida en cuanto a los criterios de rendimiento previstos.

Desde que descubrimos los Cinco Talentos que de verdad importan, hemos usado el instrumento de Evaluación del Liderazgo Ejecutivo para mejorar de forma global los procesos de selección de personal de nuestros clientes, con el fin de incrementar las probabilidades de éxito de las contrataciones y reducir las de fracaso. En cualquier caso, esta evaluación no es el único instrumento de medida que emplean nuestros clientes, y nunca abogamos por que lo sea, pero sí es un indicador fiable en el proceso de toma de decisiones. Esta fiabilidad ha sido uno de los elementos que nuestros clientes han destacado como positivos. En su opinión, ser capaces de incrementar la probabilidad de éxito respecto a una de sus mayores responsabilidades —la contratación de los mejores líderes posibles— es una ventaja añadida.

Imparcialidad

Por supuesto, no basta con que un instrumento de evaluación sea válido, también ha de ser imparcial. La imparcialidad consiste en determinar si una evaluación está sesgada hacia un grupo de personas en detrimento de otro. Es, por tanto, una medida crucial para comprobar si se puede confiar en un modelo o herramienta.

Determinar la imparcialidad en la selección de personal va más allá de calcular el impacto de los resultados de la evaluación en los distintos grupos demográficos. Por ejemplo, se ha de tratar a los candidatos con equidad a lo largo de todo el proceso, a cualquiera se le han de dar las mismas oportunidades de presentarse y responder a las preguntas, y deben pasar por cada parte del proceso de selección en el mismo orden y de la misma manera. Juzgar la imparcialidad del proceso en su conjunto requiere que cada fase del mismo sea justa, y eso aplica sobre todo a las evaluaciones. Hay que decir que muchas empresas no superan esta prueba.

Por otra parte, es de suma importancia considerar si una evaluación da lugar a un impacto adverso. Por ejemplo, supongamos que una de las preguntas te pide determinar cuál es el elemento atípico de la siguiente lista:

- Monumento a Lincoln
- Monumento a Washington
- Monumento a la guerra de Corea
- Estatua de la Libertad

Hacer esta pregunta fuera de Estados Unidos podría ser injusto, ya que, aunque casi todo el mundo los reconoce como monumentos fundamentales de ese país, es menos probable que sepan que tres de ellos están en Washington DC y uno en Nueva York. Incluso formular esta pregunta en Estados Unidos puede ser conflictivo, porque no todo el mundo ha alcanzado el mismo nivel educativo o ha residido en el país el tiempo suficiente para saberlo.

En la última década las migraciones se han multiplicado de forma exponencial y muchos países han visto aumentar su población de diversos orígenes. Por tanto, para que las evaluaciones sean imparciales habría que tener en cuenta esta creciente diversidad. Anthony J. Kunnan, en su artículo de 2001 «Test Fairness», propone un esquema de cinco puntos para determinar si las pruebas de evaluación son lo bastante inclusivas:[2]

- Validez
- Ausencia de sesgos
- Accesibilidad
- Administración
- Consecuencias sociales

Vale la pena analizar cada punto, porque todos pueden aportar mucha luz al tema de la falta de imparcialidad. Es un esquema útil porque obliga a adoptar un enfoque global de la imparcialidad que contempla todas las fases de un proceso de selección (a pesar de que no fue diseñado de forma específica para la selección de personal). Se basa en destacar que los sesgos pueden infiltrarse hasta en las fases más inocuas de cualquier proceso, y que prestar atención a este riesgo garantiza que se establezcan las medidas de prevención adecuadas.

Impacto adverso

En el desarrollo de nuestra evaluación tuvimos mucho cuidado de evitar cualquier forma de impacto adverso. En este sentido, seguimos las directrices de la Comisión para la Igualdad de Oportunidades en el Empleo (EEOC son sus siglas en inglés) respecto a la regla de los cuatro quintos: esta exige que, como mínimo, las puntuaciones del grupo menos puntuado en la evaluación (normalmente definido por cuestiones demográficas) no sean inferiores a 4/5 de la puntuación del grupo más puntuado. Así, si la puntuación media de las mujeres en una evaluación es de 50, entonces la de los hombres no debería ser inferior a 40 para cumplir esta norma, que, en nuestra opinión, es bastante laxa. En realidad nuestro objetivo era que no hubiera ninguna diferencia discernible.

En el caso de la muestra a la que administramos las pruebas sintéticas, la puntuación media de los hombres fue de 37,7 y la de las mujeres de 37,6. En términos estadísticos, son consideradas idénticas, lo cual es ideal. En el caso de la etnia, todas las evaluaciones tienden a reportar una variación mayor, aunque parte de ello se debe a las cifras bajas de algunos grupos (en las que, desde el punto de vista estadístico, cabría esperar una mayor variación). En cuanto a las designaciones raciales, descubrimos una variación ligeramente mayor, pero que seguía cumpliendo con creces las directrices de la EEOC.

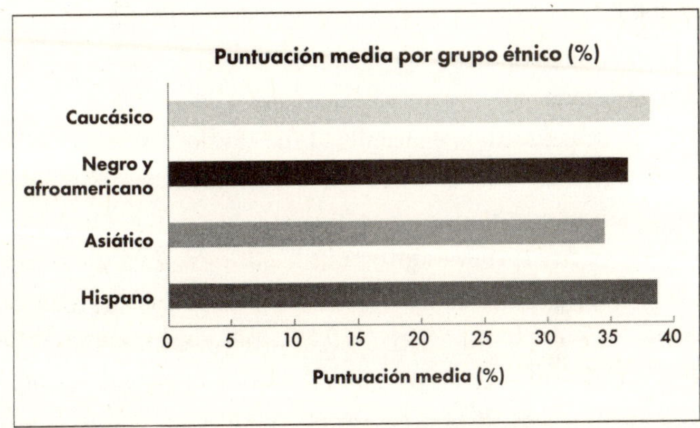

Caucásicos (población blanca, no hispana o latina): 38,2 % (98,7 % del grupo de puntuación más alta).

Negros y afroamericanos: 36,4 % (94,1 % del grupo de puntuación más alta).

Asiáticos: 34,5 % (89,2 % del grupo de puntuación más alta).

Hispanos o latinos: 38,7 % (grupo de puntuación más alta).

En el transcurso de los años, desde que establecimos estos valores para el grupo de pruebas sintéticas, estas diferencias se han mantenido muy estables.

Podemos concluir, pues, que nuestra herramienta de evaluación es justa para todos los grupos demográficos, por lo que es capaz de eliminar los sesgos inherentes al proceso de selección que perpetúan la homogeneidad organizacional. Es posible ver tales diferencias en nuestro propio trabajo con nuestros clientes. Cuando las medidas objetivas son un componente básico de la selección, se controla el riesgo que supone la subjetividad de las entrevistas cara a cara, y se designan como «cualificados» a aspirantes con mayor diversidad y más talento.

Fiabilidad

Nuestra herramienta de evaluación es válida y justa, pero también ha de ser fiable.

La fiabilidad es una medida de la confianza. En el caso de un instrumento de evaluación, describe si proporciona los mismos resultados cada vez que se administra, en el mismo entorno y con el mismo tipo de personas. ¿Se obtienen los mismos resultados a partir de los mismos inputs? La fiabilidad, en nuestro caso, no es el número de fracasos registrados, sino la coherencia de los resultados a lo largo del tiempo. Y ayuda a dar validez a un sistema de evaluación.

Nuestra principal medida de fiabilidad fue el valor test-retest de la herramienta de evaluación.[3] Se trataba de ver si los resultados obtenidos por un individuo en un momento dado eran similares al cabo de un tiempo. Esta medida resultaba clave para garantizar que lo que estábamos probando representaba características innatas y permanentes, y no el carácter cambiante de una persona. Se midió en una escala de 0 a 1, en la que los valores más próximos a 1 representaban un resultado casi idéntico a lo largo del tiempo. Para calcular esta medida los participantes tenían que responder al cuestionario en diferentes intervalos de tiempo, en condiciones idénticas a las de la evaluación inicial, algo que nos resultó muy difícil. Pero el cálculo en sí fue sencillo: era la correlación entre los dos resultados. Nuestros datos arrojaron las siguientes correlaciones test-retest para los participantes que seleccionamos:

A los dos años: 0,91

A los tres años: 0,89

A los cuatro años: 0,88

A los cinco años: 0,86

Empleamos, además, una segunda medida de fiabilidad, el coeficiente alfa de Cronbach, que mide la coherencia interna del instrumento.[4] Este índice estadístico ayuda a determinar si una serie de escalas o cuestionarios miden siempre la misma característica, y sus valores oscilan entre 0 y 1. Cuando los grupos de preguntas o ítems de un cuestionario pretenden medir el mismo concepto (como un tema o dimensión), un alto grado de respuestas similares en estos ítems indica que hay coherencia, que las medidas son fiables y que, por tanto, los ítems miden la misma característica. En cambio, que los valores sean bajos sugiere falta de coherencia en las respuestas, lo que significa que los ítems o preguntas no miden el mismo concepto.

¿Qué coeficiente alfa de Cronbach es aceptable? En el caso de las evaluaciones psicométricas, el valor típico aceptable está entre 0,7 y 0,9. Se considera que un instrumento de evaluación que esté dentro de este rango tiene una fiabilidad interna excelente. El valor del coeficiente alfa de Cronbach de nuestra herramienta de Evaluación del Liderazgo Ejecutivo es de 0,84.

Así pues, tales resultados indican que nuestro sistema de evaluación es fiable en la medición de los Cinco Talentos que de verdad importan.

A partir de la creación de una herramienta de evaluación predictiva, la comprobación y validación del prototipo inicial, y su puesta en práctica en empresas reales, seleccionando a líderes reales, hemos podido reunir una base de datos con más de 58.000 líderes de todo el mundo. Las preguntas que más hemos hecho son: «¿Qué has aprendido?», «¿Qué has descubierto sobre el Talento de los líderes a partir de esta fuente de información?» y «¿Cómo pueden explotarla las organizaciones?». Son preguntas que también nos hemos hecho a nosotros mismos y, antes de entrar de lleno en la descripción del Talento ligado al liderazgo, queremos destacar algunos de nuestros aprendizajes.

Parte de las conclusiones que expondremos a continuación te sorprenderán, sobre todo las referidas a los prejuicios en las entrevistas y la selección de personal. En el momento actual, casi a mediados del siglo XXI, deberíamos preguntarnos por qué se ha avanzado tan poco en el desarrollo de los Talentos humanos. Sacando a la luz estas conclusiones no pretendemos avergonzar a organizaciones y líderes, sino que esperamos incitarles a adoptar las medidas adecuadas, muchas de las cuales se explican al final de este libro.

CAPÍTULO 4

¿Qué hemos aprendido?

TRAS HABER EFECTUADO MÁS DE 58.000 EVALUACIONES A LÍDERES DE todo el mundo, nuestro análisis no se ha limitado a esos líderes y a hacer predicciones sobre su rendimiento futuro, sino que nos hemos planteado muchas preguntas sobre nuestra base de datos y, en ocasiones, hemos obtenido respuestas interesantes y a la vez preocupantes.

LAS SIGUIENTES SON 18 IDEAS EXTRAÍDAS DE LAS 58.000 EVALUACIONES

Las puntuaciones de las mujeres que ocupan altos cargos son bastante más altas que las de sus homólogos hombres

En nuestra base de datos de 58.000 directivos de todo el mundo, la puntuación media de la evaluación es de 37,7 para los hombres y de 37,6 para las mujeres, lo que se considera idéntico desde el punto de vista estadístico. Sin embargo, la puntuación media de liderazgo para quienes son propuestos para cargos directivos en un proceso de selección competitivo es de 42,2 para los hombres y 45,1 para las mujeres. ¿A qué se debe esta diferencia? A primera vista, parece que a ellas se les exige más que a ellos. Dicho de otro modo, para ser propuestas para un cargo las mujeres deben demostrar una mayor capacidad que los hombres. Esto no sorprende en absoluto a las mujeres que ocupan altos cargos; en cambio, a los hombres no solo les sorprende, sino que la mayoría lo niega.

También observamos que el rango de puntuaciones de los hombres elegidos para altos cargos es mucho más amplio que el de las mujeres, lo que sugiere que es más fácil que sean nombrados hombres con menos talento que mujeres, si se tienen en cuenta otros factores como la experiencia o la inteligencia. La consecuencia práctica es que más hombres con puntuaciones mucho más bajas en la evaluación de liderazgo son elegidos para cargos directivos para los cuales predeciríamos que no tienen el Talento suficiente y, por tanto, presentan más probabilidades de generar un rendimiento insatisfactorio. En cambio, las mujeres no parecen gozar de la misma indulgencia.

Las puntuaciones de los miembros de una minoría étnica que ocupan altos cargos ejecutivos son más altas que las de sus homólogos blancos (caucásicos)

Esta conclusión se contradice con lo que mucha gente cree sobre la pertenencia étnica y el liderazgo. Ya hemos destacado que los líderes de origen hispano o latino son, en nuestra base de datos, el grupo étnico que mayores puntuaciones obtiene, seguido de los blancos caucásicos, luego los negros y afroamericanos y, por último, los asiáticos. Esto desmiente la opinión generalizada —pero rara vez expresada— de que los aspirantes de minorías étnicas carecen de la capacidad de liderazgo necesaria. Nuestros datos sugieren que no hay razones para creerlo. El problema al que se enfrenta la mayoría de las empresas es la falta de candidatos de minorías étnicas a quienes seleccionar, sobre todo en el caso de las mujeres de dichas minorías. Hemos descubierto, sin embargo, que incluso cuando se da con ellos y se evalúa a esta clase de aspirantes, se les suele seleccionar por motivos no relacionados con su capacidad de liderazgo. Hay quien sostiene que esto se debe a la persistencia del racismo y los prejuicios subliminales. Y son descubrimientos de este tipo los que alimentan el término «racismo institucional». Esta cuestión, desde luego, exige una respuesta.

El personal directivo con puntuaciones más bajas en la evaluación del liderazgo no solo trabaja peor que sus homólogos con puntuaciones más altas, sino que tiende a seleccionar a individuos más débiles para su equipo

Pregúntale a un líder si su intención es seleccionar siempre a los mejores candidatos para su equipo y te dirá que sí. Insístele un poco más y pregúntale si busca gente que sea mejor que él o ella, y te dirá que sí. Pero los datos no corroboran ninguna de estas dos respuestas. En nuestra investigación hemos analizado los resultados de la evaluación del liderazgo en diferentes niveles de múltiples organizaciones. En algunas de las más grandes, en las que había centenares de directivos, el patrón es claro, coherente y generalizado: los líderes más débiles perciben, sin duda, una amenaza por parte de los más fuertes y rechazan seleccionarlos. De hecho, ponen muchas excusas creativas para no hacerlo; entre ellas, la preocupación por sus propias posibilidades profesionales, o tener una fuerte tendencia de control que podría ser cuestionada por los miembros más fuertes del equipo. Se trata de un problema crucial que, sin embargo, pocas compañías exploran o siquiera abordan.

Nos gustaría ver pruebas de que los líderes más fuertes tienen más probabilidades de seleccionar a individuos más fuertes para sus equipos; aunque hayamos visto algunos casos, son muchos menos de los que esperamos o deseamos. Al parecer, incluso los líderes fuertes con puntuaciones más altas en la evaluación del liderazgo no son inmunes a las habilidades sociales y la simpatía a la hora de seleccionar candidatos.

En los casos en los que pudimos evaluar a un líder y a su equipo, solo el 37 % de tales líderes tenía en su equipo a una persona con una puntuación superior a la suya. Y solo el 17 % tenía a dos miembros de su equipo con una puntuación superior a la suya. Esta es una receta segura para la mediocridad, y solo una de las razones por las que tantas empresas luchan por marcar distancias, en materia de rendimiento, con la competencia. Y provoca que los intentos de trazar planes de sucesión eficaces queden en agua de borrajas. Sin embargo, hay un rayo de esperanza: una vez que formamos a los líderes con puntuaciones altas en la manera de efectuar una selección eficaz, sus prácticas de contratación cambian por completo: se concentran más en hallar a aspirantes con puntuaciones más altas, y ponen más énfasis en este aspecto en sus prácticas de selección. Es decir, para los mejores líderes esto se convierte en una prioridad a la que ya no renuncian.

Cualquier líder, sea más fuerte o más débil, prefiere seleccionar a candidatos con características similares a las suyas, aunque afirman hacer lo contrario

Pregúntale a cualquier líder si elige a propósito a líderes parecidos a él o ella, y te dirá que no, que prefiere a gente diferente. Está claro que esta es la respuesta «correcta» a la pregunta, pero nada más lejos de la realidad. La mayoría de los equipos que hemos examinado tienen tanta diversidad de Talentos como la diversidad genética que hallarás en un pueblo remoto del oeste de Nebraska (con perdón de los habitantes del oeste de Nebraska).

Uno de los grandes logros de los que puede presumir la mayoría de los líderes es haber conseguido la autorreproducción: en vez de pretender y lograr la diversidad de Talentos, la han erradicado casi por completo. A lo largo de más de 50 años, los profesionales de la psicología han comprobado e informado que la mayoría de los líderes seleccionan a los miembros de sus equipos a su imagen y semejanza (a veces incluso se parecen en los rasgos físicos). Un indicador bastante cruel de la falta de eficacia de nuestra inversión en recursos humanos es que casi nada ha cambiado, a excepción de unos pocos valores (atípicos) sobresalientes.

También aquí la situación es distinta cuando hablamos de líderes con puntuaciones altas que han recibido formación en selección y desarrollo de los trabajadores. Una vez se han formado, reconocen la importancia de la diversidad de Talentos clave. Al parecer, concienciarse y haber cumplimentado nuestra herramienta de evaluación del liderazgo anima a los líderes de alta puntuación a emprender acciones en la dirección correcta; porque reciben información precisa y tienen una buena disposición para actuar en función de ella. Por el contrario, no observamos cambio alguno en las prácticas de selección de personal de los líderes con puntuación más baja, ni siquiera cuando se les proporcionan las herramientas adecuadas.

La mayoría de las organizaciones presentan un déficit considerable de líderes con pensamiento estratégico y orientación al crecimiento, lo cual suele ser consecuencia de la mala selección inicial del personal directivo de primer y segundo nivel

«¿Dónde están los estrategas?», se lamentaba un consejero delegado, cliente nuestro. Y tenía razón. Un análisis efectuado en los tres niveles superiores de su compañía reveló la ausencia absoluta de personas con perfil de estrategia creativa. Pero nuestra evaluación no fue necesaria para confirmar lo que era evidente: una mentalidad comercial deficiente, multitud de proyectos fallidos, una ejecución descoordinada y una cartera de productos y servicios más iterativa que innovadora. La respuesta a su pregunta no fue la que esperaba.

Ya habíamos implementado algunas de nuestras herramientas de selección de personal en niveles inferiores de su organización, y habíamos descubierto que disponían de una adecuada cantera de estrategas, pero algunos no continuaron allí el tiempo suficiente y en otros casos no llegaron a puestos directivos. Quienes se fueron lo hicieron, o bien porque no sentían que se les valorase lo suficiente, o bien porque sus jefes, con una mayor orientación a la actividad, les despidieron enseguida. Esta gente, de perfil más intelectual, no rendía bien en niveles inferiores, donde lo que importa es la rapidez y cumplir con lo que te digan que hagas. Además, muchos mandos intermedios veían las preguntas complejas que estos individuos les planteaban como una señal de insubordinación o de torpeza, por lo que en muy pocos casos lograron acercarse lo suficiente al equipo de líderes para recibir su protección y apoyo, y a la mayoría se le dejó marchar.

En la mayor parte de las empresas, la respuesta a esta deficiencia estratégica es interna, pero, incluso sabiéndolo, muchos directivos no tienen la paciencia suficiente para resolver un problema que requeriría entre cinco y diez años de atención, por lo que acaba escalando hasta ser mucho más grave. De este modo, cualquier esperanza de que las entrevistas presenciales que suelen llevar a cabo estas empresas sean capaces de detectar el pensamiento estratégico que buscan no es más que una ilusión.

Un gran número de mujeres elegidas para puestos de liderazgo presentan los rasgos y comportamientos más estereotípicos de los hombres

El estereotipo de líder masculino no es difícil de describir, y hay mucho que admirar y apreciar en algunas de sus cualidades. Pero supone un problema elevarlas a valores y comportamientos deseables para todo el mundo. Es agotador enseñar una y otra vez a los líderes que no existe un modelo único (uno que cumpla el estereotipo masculino) que prediga el éxito en el liderazgo. El liderazgo eficaz se basa en el compendio de Talentos descritos en este libro y, sin embargo, se siguen valorando, buscando y exigiendo comportamientos agresivos y asertivos. Incluso cuando estos comportamientos se pasan de la raya, a menudo se excusan y toleran, sobre todo si los lleva a cabo un hombre de «alto rendimiento».

Hay muchas personas inteligentes que intentan desarrollar su carrera en el mundo empresarial, y estas lecciones se ven y se aprenden enseguida. Las características de quienes muestran tales comportamientos se recompensan con el ascenso, y cuando quienes ocupan niveles jerárquicos inferiores hacen lo mismo también se les recompensa con feedbacks positivos y reafirmantes. Al evaluar a las mujeres que ostentan cargos directivos, comprobamos que más del 80 % exhibe idénticas características agresivas. Y no es que estas mujeres no tengan éxito, porque casi siempre lo tienen; es que a las mujeres con capacidades diferentes —como la estrategia creativa (con rasgos y disposiciones más «suaves», si se quiere llamar así)— les resulta muy difícil destacar en positivo, y es más fácil que pasen desapercibidas.

Siempre que empezamos a trabajar con un cliente, preguntamos a los responsables de recursos humanos qué datos han recopilado sobre este tema, si es que han detectado ya el problema. En muchos casos nos confiesan que es la primera vez que oyen hablar del asunto.

Las mujeres líderes, como sus homólogos masculinos, procuran mantener el techo de cristal cerrado e impenetrable

La queja (justificada) de muchas mujeres de que el techo de cristal existe y sigue siendo impenetrable es un problema muy serio. Sin embargo, y a pesar de que el número de mujeres ejecutivas se ha incrementado muy poco en la última década, muchas de estas mujeres que ya han logrado un ascenso son tan reacias como sus homólogos masculinos a nombrar a mujeres para puestos directivos. Es decir, en lugar de defender la causa de las mujeres a las que representan, los datos confirman que las eligen para cargos superiores en proporción similar a la que lo hacen los hombres, aunque en realidad proclaman hacer lo contrario.

En todos los roles y puestos se prefiere y desea a líderes con una fuerte orientación a la acción, incluso cuando es el consejo el que selecciona al consejero delegado

Como dijo Marshall Goldsmith, «lo que te trajo hasta aquí no te llevará allá».[1] Se refería con ello a que las características que hacen que alguien ascienda en la jerarquía corporativa le llevan hasta un cierto nivel, pero para pasar a uno superior necesitará otras cualidades más esenciales. Bien, pues es asombrosa la cantidad de líderes que no lo entienden. Ya hemos hablado del problema de la falta de pensamiento estratégico en los altos cargos de muchas empresas; es una consecuencia directa de que los líderes valoren más la reactividad y la orientación a la acción.

Y no es de extrañar que estas cualidades sigan siendo tan valoradas, a expensas de formas de pensar más globales. Hay gente que asiste a las reuniones de equipo y se aburre cuando se presentan ideas, porque lo único que piensan es: «¿Cuándo vamos a *hacer* algo?».

Hemos analizado a numerosos equipos de liderazgo de muchas empresas y hemos comprobado que su rasgo más claro es una gran predisposición a la acción, casi siempre a expensas del pensamiento conceptual, estratégico y comercial.[2] Y no estamos diciendo que la orientación a la acción no tenga valor, sino que en los equipos existe sobrepoblación de miembros que priorizan sobre todo la orientación a la acción. El desequilibrio es evidente, y muy pocos equipos son conscientes de esta tendencia o muestran interés en corregir algunos de sus muchos errores en este sentido.

Los líderes con puntuaciones más altas suelen tardar más en cubrir las vacantes que quienes obtienen puntuaciones más bajas

Algunos departamentos de recursos humanos consideran un indicador clave de su rendimiento «la duración del proceso de contratación». Esto es casi tan contraproducente como pensar que en los centros de atención al cliente la velocidad de respuesta del operador es un mejor indicador de éxito que resolverle el problema al cliente. Contratar con rapidez a una persona de bajo rendimiento no tiene ninguna ventaja; pero, por supuesto, nadie cree estar contratando a alguien de bajo rendimiento, porque su proceso de selección no lo mide de forma adecuada.

Gracias a nuestro trabajo hemos descubierto dos virtudes comunes de los líderes que obtienen puntuaciones altas en la evaluación que les administramos:

La *primera* es que siempre están buscando talento: ampliando sus redes, estableciendo nuevas relaciones y conexiones, y vigilando a la competencia. Cuando localizan a personas con potencial, les administran nuestra evaluación para conocerlas más y ver si su interés inicial está justificado. Si es así, se las ingenian para crear una vacante: se traslada a un miembro más débil del equipo y se incorpora a otro mejor. Si esto te parece una medida que denota insensibilidad e indiferencia, tal vez no tengas las cualidades adecuadas para ser líder.

La *segunda* es que saben que es mejor esperar a la persona adecuada que arriesgar el Talento. Esto parece imposible de aprender para los líderes más débiles, porque su listón ya está bajo, por lo que siempre darán con aspirantes más cualificados. Nosotros tenemos la suerte de trabajar con un equipo reducido de profesionales de recursos humanos que entienden esta idea, pero la mayoría no lo consigue. El tiempo que se tarda en contratar es un parámetro pésimo a tener en cuenta; es mucho mejor el de «calidad de la contratación», que en la mayoría de los departamentos de recursos humanos les cuesta mucho medir.

Los líderes con puntuaciones más bajas tardan bastante más en despedir a los miembros de su equipo con bajo rendimiento (y muchas veces ni siquiera llegan a hacerlo) que quienes tienen puntuaciones más altas

Esto no quiere decir que los líderes con puntuaciones más altas en nuestra evaluación tengan un carácter impetuoso e impaciente, sino que se imponen unos plazos más estrictos en los planes de mejora del rendimiento (PMR) y no permiten que las personas con dificultades sean formadas para siempre. Estas decisiones no deberían aplazarse durante años, cosa que sí ocurre con los líderes de puntuaciones más bajas. Se suele pensar que estos planes de ayuda prolongada son útiles para las personas con dificultades, pero rara vez lo son.

Cuando alguien no encaja en un puesto, lo mejor para todas las partes es que la decisión se tome de forma rápida y respetuosa. No hemos conocido aún a ningún líder que sintiera haber actuado demasiado rápido en tal situación; al revés, casi siempre sienten haberla prolongado demasiado. Además, la persona despedida casi siempre agradecerá al líder que haya tomado esa decisión y la haya liberado de un puesto en el que no encajaba.

Este es uno de los costes ocultos que supone para las empresas tener en su seno a líderes débiles (pero con capacidad técnica y simpatía).

En todas las organizaciones hay líderes sobresalientes (la mayoría mujeres y miembros de minorías) ocultos entre sus estructuras; estas personas están siendo retenidas, debilitadas, suprimidas y, en general, mal gestionadas por líderes más débiles que, en general, son hombres

Nos hemos topado con este problema en casi todas las empresas analizadas y, sin embargo, todas lo niegan. «No, aquí no pasa», dicen. La razón es clara: la mayoría de las opiniones del personal directivo sobre el Talento vienen determinadas por quienes tienen por debajo (mandos intermedios), y estas personas son, en ocasiones, las que les bloquean pensando que negar las habilidades de liderazgo de sus subordinados con alto potencial redunda en su propio beneficio. También observamos que muchos procesos de planificación de sucesión no profundizan lo suficiente, y existe cierto rechazo a ascender a líderes más jóvenes que podrían así «saltarse» puestos en el escalafón. La aversión al riesgo es tremenda.

Incluso cuando vemos que los equipos directivos planifican el relevo, observamos falta de rigor al fijar tales expectativas en los niveles más profundos de la organización. Por consiguiente, los directivos más débiles sobreviven, mientras que los más fuertes, ocultos en medio de sus equipos, nunca reciben el oxígeno que merecen. El relevo en el liderazgo es un problema mucho más grave de lo que imaginan los consejeros delegados y la alta dirección de muchas empresas. La verdad es que nuestro trabajo de evaluación de las «tripas» de las empresas es uno de los más apasionantes y gratificantes que existen. Demasiadas veces nos hemos topado con líderes que no conocen bien a su gente.

Demasiados líderes (casi siempre quienes obtienen puntuaciones más bajas) afirman fomentar el debate en sus equipos, pero les cuesta manejar las discrepancias

En tres estudios independientes hallamos que los líderes que poseían rasgos y disposiciones desafiantes, que decían lo que pensaban y se enfrentaban a otros líderes por tomar estos malas decisiones, recibían casi siempre evaluaciones de rendimiento peores que otros más «dóciles», aunque sus medidas objetivas de rendimiento decían lo contrario. Dicho de otro modo, los líderes con puntuaciones más bajas, pero más complacientes en las relaciones, a quienes a sus superiores les costaba poco manejar, obtenían siempre mejores evaluaciones de rendimiento.[3]

Por supuesto, hay una fina línea entre discutir y tener afición a las discusiones, entre hacer valer un punto de vista y resultar prepotente. Los líderes con mucho Talento reconocen estas distinciones y las saben gestionar por el bien general. En cambio, los más débiles ven estas características como una amenaza a su autoridad, y les cuesta dirigir a quienes las poseen. Hemos de destacar también que las mujeres líderes que poseen estas características parecen tener muchas más dificultades para ser evaluadas con eficacia y precisión por otros líderes más débiles —lo habitual es que sean hombres— que las dirigen.

Con ciertas excepciones, la mayoría de los directivos de las empresas nombran a sus candidatos basándose en sus habilidades sociales y simpatía, sin tener en cuenta sus puntuaciones en la evaluación

A muchos líderes les cuesta no «enamorarse» de determinados individuos que son muy simpáticos y tienen grandes habilidades sociales. Luego, una vez establecida esta relación inicial (llámalo «química» si quieres), les cuesta contrastar su perspectiva con pruebas como la puntuación en la evaluación. Los estudios al respecto demuestran que valoramos más a una persona si pensamos que está de acuerdo con nosotros, y creemos que por estar capacitada para un ámbito lo está también para otros muchos.[4] Todas ellas son señales de peligro en un proceso de selección, pero justo quienes son más susceptibles a este tipo de prejuicios niegan que les ocurra. Estos líderes excusarán una puntuación baja en una evaluación diciendo que es una excepción o que está dentro del posible margen de error de cualquier instrumento. Pero ¿cuál es la probabilidad de que tales líderes posean dones especiales de adivinación fuera del alcance del resto de mortales?

Los líderes con Talento y puntuaciones altas tienen 5,6 veces más probabilidades —respecto a quienes tienen menos talento y baja puntuación— de ascender a alguien joven y con Talento saltándose varios niveles en la jerarquía

Los trabajadores más jóvenes que poseen un gran Talento natural, pero que no cuentan con experiencia, tienen más probabilidades de ser apoyados y promocionados por líderes con puntuaciones altas. En nuestros años de investigación (con una muestra de más de 58.000 directivos) hemos detectado solo a unos pocos líderes con puntuaciones más bajas que contaran con la preparación suficiente para asumir este riesgo. El análisis longitudinal del rendimiento indica que tales riesgos estaban en gran medida justificados y que esos ascensos dieron lugar a buenos resultados de rendimiento y a sucesivos ascensos posteriores.

Los consejeros delegados y directivos negros o afroamericanos tienen más tendencia a elegir candidatos de su mismo grupo étnico que a candidatos blancos, asiáticos o latinos

Los directivos y consejeros delegados negros y afroamericanos parecen tener pocas dificultades para encontrar y designar a candidatos de su mismo grupo étnico (de cualquier rango de puntuación) para puestos de alta dirección; candidatos o aspirantes que, para sus homólogos blancos, no existen o son difíciles de encontrar. Sin embargo, aquel mismo personal directivo parece tener dificultades para nombrar a hispanos, latinos y asiáticos, a pesar de que obtengan puntuaciones más altas en la evaluación.

Entre los líderes asiáticos, los de puntuación más baja tienen ocho veces más probabilidades que los de puntuación más alta de seleccionar a candidatos asiáticos que de otros orígenes étnicos

Además, los líderes asiáticos seleccionados tendían a serlo por su supuesta experiencia más que por su Talento, y obtenían puntuaciones por debajo de la media en la evaluación del liderazgo. Por otro lado, los líderes asiáticos con puntuación más baja tienden a seleccionar en menor medida a personas negras y afroamericanas que a las de cualquier otro grupo étnico.

Los candidatos para quienes el inglés es su segunda lengua puntúan más alto haciendo la evaluación en inglés que en su propio idioma

La puntuación media de quienes no son ingleses nativos, pero hacen la evaluación en inglés, es más alta que la de personas inglesas no nativas que deciden hacer la evaluación en su propio idioma.

Esto desafía la lógica, pero en realidad carece de valor causal. Una explicación posible es que los líderes que no hablan inglés como primera lengua y eligen hacer la evaluación en este idioma se tienen que concentrar más en las preguntas o reflexionar más sobre sus respuestas.

En todas las organizaciones en la que hemos evaluado a personas con alto potencial, los resultados se han ajustado a una curva de distribución normal... y no debería ser así

Casi todas las empresas, lo admitan o no, publiquen los detalles o no, tienen una lista de líderes de alto potencial: personas con un talento excepcional y que pueden ocupar puestos elevados. De hecho, figurar en una de estas listas se considera un logro en muchas empresas. Sin embargo, cuando evaluamos a estos líderes sus resultados se ajustan a una curva de distribución normal, que es lo contrario a lo que se debería esperar.

Aceptando, eso sí, que la coincidencia entre la clasificación en esta lista y la puntuación de la evaluación nunca será perfecta, nuestra herramienta de evaluación sitúa a casi el 20 % de estas personas de «alto potencial» en el cuartil inferior de nuestra base de datos. ¿Por qué? ¿Qué explica esta total desconexión?

La primera explicación es sencilla: en realidad, estas listas no muestran comparaciones externas, sino internas. Es muy probable que sigan el rastro del potencial real definido en la empresa, y esto indicaría que el listón se ha puesto bastante bajo. Por tanto, es la consecuencia de unas prácticas de selección mediocres a lo largo de muchos años. Lo que nos enseña es que las empresas han elaborado una definición bastante limitada de la excelencia.

La segunda explicación es una cuestión ya tratada en este libro: tales listas las componen personas «simpáticas», pero no necesariamente los líderes más eficaces. Cuando les pedimos a las empresas pruebas objetivas para incluir a los candidatos en la lista nos solemos enfrentar a un maremágnum de comentarios subjetivos sobre su simpatía. Sin duda, son buenas personas, y sus jefes les adoran, pero según nuestras evaluaciones en su destino no está ocupar puestos de alta dirección.

Lo mejor de todo es que las empresas no siempre siguen nuestros consejos, y cuando ascienden a esos líderes de su lista con puntuaciones más bajas, que se considera que poseen un alto potencial de liderazgo, estos fracasan nueve de cada diez veces. Según esta definición, «fracasar» sería la incapacidad para lograr un rendimiento de cuartil superior en comparación con sus homólogos. Son muchos los líderes que obtienen resultados medios, y muchas también las empresas que consideran esto aceptable. Pero su nivel de Talento no es ni de lejos lo bastante alto.

EL LÍDER QUE APRENDE

Podemos decir que siempre estamos aprendiendo de nuestros datos, y desde luego los ejemplos expuestos aquí no son más que una muestra de las problemáticas que nos hemos ido encontrando. Pero tanto a las organizaciones como a sus líderes les cuesta admitirlos. No es fácil reconocer nuestros defectos y, al fin y al cabo, ¿no es la parcialidad algo que caracteriza más o menos a todo el mundo?

La parte más emocionante de este libro es la que viene a continuación, porque el principal descubrimiento que hicimos fue el de las características que predicen el liderazgo eficaz: los Cinco Talentos que de verdad importan. Al final del libro sabrás cómo hacer nuestra evaluación y averiguar más sobre ti. Hasta entonces, aprenderás más manteniendo la mente abierta, leyendo acerca los Talentos y concentrándote en tu autoconocimiento.

Al leer sobre los Cinco Talentos que de verdad importan conocerás las características que definen el liderazgo de alto rendimiento, que es a lo que aspira cualquier líder. Hemos desglosado la descripción de cada Talento en una serie de actitudes, valores y comportamientos que captan la variabilidad observada en los mejores líderes. Insistimos en que no hay dos líderes iguales, y es crucial que pienses en cómo dicha variabilidad incluye aspectos de tu liderazgo y ayuda a describir tus cualidades y capacidades.

Aún no hemos hallado al líder perfecto (aunque había quien creía serlo), así que ten por seguro que tú tampoco lo eres. Ten en cuenta que nuestra descripción de cada Talento te puede ayudar a identificar los puntos fuertes y débiles de tus capacidades; hemos desglosado los Cinco Talentos para ayudarte en esta tarea. Cada descripción empieza con una definición, seguida de ciertos detalles extraídos de nuestra investigación, tanto la inicial como la de seguimiento: compara esas descripciones con tus Talentos de liderazgo. Para quienes busquen una ayuda más precisa, al final del libro presentamos nuestra Evaluación del Liderazgo Ejecutivo.

En mi caso, siempre he sabido (aunque de joven no tenía el vocabulario para describirlo) que me costaban las relaciones. El problema se debía, en parte, a que era demasiado crítico con los demás y excesivamente competitivo, pero sobre todo era culpa de mi insensibilidad. No es que no me preocupara por otras personas, sino que no quería demostrar mi preocupación. Así que, por mucho que me hubiera gustado ser buen jefe, nunca lo fui.

Ahora que he confesado mi gran defecto en las páginas de este libro, ¿crees que podrás seguir leyéndolo aplicándote el mismo nivel de autoconocimiento? Si eres capaz de hacerlo, tu viaje de liderazgo será largo y productivo, pero si no, en realidad no necesitas leer las páginas que quedan, porque ya has alcanzado la perfección y todo el mundo debería aprender de ti.

TERCERA PARTE

LOS CINCO TALENTOS QUE DE VERDAD IMPORTAN

CAPÍTULO 5

Marcar el rumbo

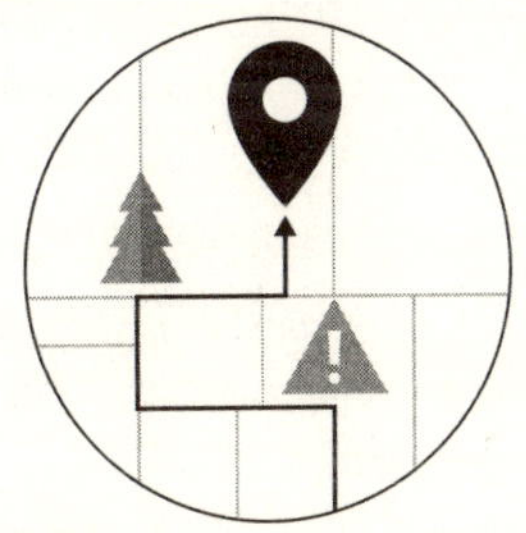

DE NIÑO, EN LAS RARAS OCASIONES EN QUE VIAJABA EN COCHE *(nunca tuvimos uno propio), me fascinaban los mapas. Era una aventura emocionante repasar con el dedo las líneas y símbolos de esos mosaicos coloridos, descifrar carreteras y señales, y anticipar con ansia el próximo desvío. Luego, ya de adulto, me he dedicado a coleccionar los mapas de todos los lugares que he tenido la suerte de visitar; son de carreteras, pero sobre todo de montaña, y me ayudan tanto a orientarme por los senderos como para hacer escalada. De este modo me convertí en experto en orientación con mapa y brújula, y los errores que cometía solían deberse a que no tenía en cuenta la variación magnética de la aguja de la brújula; en especial con niebla me tenía que esforzar por recuperar el rumbo en una carrera de alta montaña. El hecho de trazar un itinerario y leer las indicaciones hace el viaje muy*

productivo, pero si cometes un error puedes tardar varios kilómetros en darte cuenta y corregirlo. La tecnología GPS nos ha privado de esa habilidad para la orientación, pero también ha evolucionado hasta tal punto que no solo nos ayuda a llegar a destino, sino que nos hace gestionar mejor el viaje. Por ejemplo, el GPS de mi coche me sugiere restaurantes y cafeterías, según la hora del día, y me señala las gasolineras más próximas cuando me queda poco carburante; también comprueba el nivel de tráfico y ofrece rutas alternativas teniendo en cuenta el tiempo y la distancia. El sistema GPS es, pues, cada día más inteligente, ya que los datos históricos de otros usuarios le permiten predecir con mayor exactitud las pautas de tráfico y el comportamiento de diferentes conductores. Y cada mañana, cuando meto a mis perros-lobo irlandeses en el coche, el GPS ya me está informando de cómo llegar a nuestra cafetería favorita, aunque no estoy seguro de por qué lo hace.

A partir de esta analogía podemos deducir que el liderazgo consiste en algo más que marcar un destino: la magia reside en gestionar el viaje y mantener a todo el mundo a salvo a bordo. Por tanto, los mejores líderes son quienes miran hacia delante y anticipan lo que va a ocurrir, como lo hace el GPS; recopilan datos para prever las dificultades y reajustan sus acciones sobre la marcha. Intentan evitar costosos retrocesos, aunque sea a lugares de interés relevantes. A veces se desvían a una «carretera secundaria» más lenta, porque la importancia de la velocidad es relativa y una interrupción de la ruta que habían planteado dejaría a sus acompañantes (su equipo) frustrados por la falta de progreso. Así pues, los mejores líderes están siempre revisando el estado del motor, la disponibilidad de combustible y el compromiso de sus pasajeros. Es decir, mantienen al personal y al vehículo en el estado adecuado.

Hay dos asuntos fundamentales que cualquier líder ha de tener en cuenta para planificar su viaje:

> El *primero* es que el destino ha de ser un lugar al que valga la pena ir, uno que emocione a quien emprenda el viaje. Al terminar producirá una sensación de logro, sobre todo si ha ido bien, pero el destino en sí debe valer la pena.

> El *segundo* es que la elección de la ruta ha de ser interesante: un viaje agradable, con escalas atractivas y visitas a lugares relevantes. Aceptamos pasar por refinerías de petróleo y horrorosas zonas industriales

porque sabemos que después habrá desfiladeros, puertos de montaña o campos floridos. Quizá también nos vayamos alternando al volante para involucrar al resto de la gente.

Una tarea esencial de los líderes es prestar atención al dónde y al cómo del viaje. A continuación, explicamos el modo en que los líderes excepcionales hallan respuestas a estas preguntas, pero en general lo consiguen por su manera de definir el sentido y el propósito, y por cómo comunican las prioridades; en definitiva, por su forma de responder a las preguntas del dónde y el porqué. El equilibrio entre el pensamiento y la acción garantiza que tales respuestas sigan siendo pertinentes. Al potenciar la reflexión y evitar las trampas cognitivas en las que caen tantos líderes, los de alto rendimiento garantizan que la estrategia y la ejecución estén alineadas. Dicho de otro modo, determinando con claridad objetivos y metas, y haciendo las concesiones (trade-off) esenciales, garantizan que la toma de decisiones sea eficaz.

Marcar el rumbo implica...

Comunicar lo importante

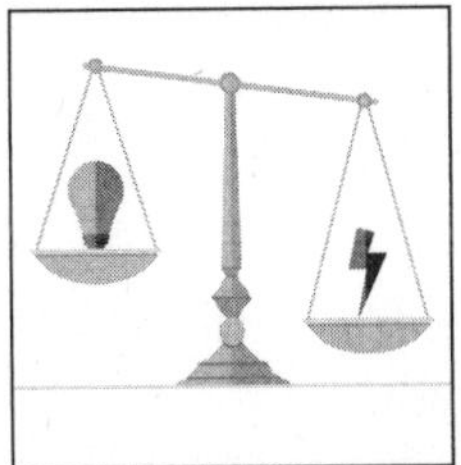

Equilibrar el pensamiento y la acción

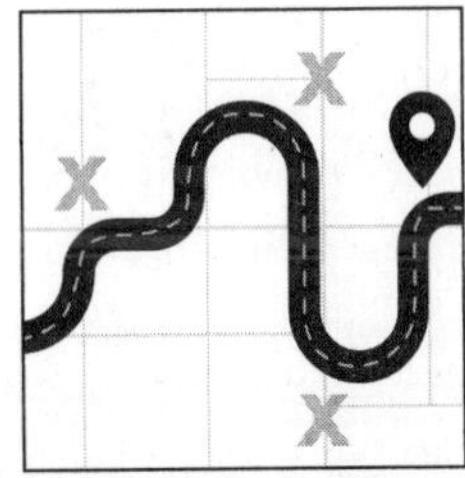

Fijar objetivos y hacer concesiones (trade-off)

DEFINIR EL SENTIDO Y EL PROPÓSITO

Definición de la investigación: los líderes de alto rendimiento ven el futuro con claridad y muestran una imagen atractiva de cómo se genera valor y cómo el rol de cada persona y líder contribuye a la eficacia de la organización.

Establecer una dirección (un sentido), incluso un destino específico, sirve para alinear a las personas con su líder y desarrollar un compromiso compartido, crucial para todo el equipo. La articulación de una visión tiene el poder de marcar la diferencia de un líder y su organización respecto a los demás. Y es que con tantas empresas compitiendo en los mismos mercados, con productos y servicios similares, la dirección y el destino específicos pueden ser los dos únicos elementos que te distingan del resto.

Una dirección firme en el liderazgo de una organización crea cohesión en la orientación hacia el futuro; esto atrae al tipo de personas que no trabajan en una empresa solo por motivos económicos o por satisfacer alguna necesidad técnica o de experiencia, sino porque creen en lo que la compañía defiende e intenta conseguir. Es decir, su trabajo tiene un significado real. Y el papel de los líderes es fomentar y desarrollar esta actitud.

Llevar a un hombre a la Luna

Cuando el presidente Kennedy visitó la NASA en Cabo Cañaveral en 1962, se fijó en un trabajador que estaba barriendo hojas. Como persona que nunca dejaba pasar una oportunidad, se acercó a él y se presentó con una pregunta: «¡Hola!, soy Jack Kennedy. ¿Qué estás haciendo?». Cualquiera que trabaje en aviación te dirá que la presencia de restos en las proximidades de las aeronaves puede ser muy destructiva. La potencia de los motores puede arrastrar los residuos a su interior y provocar un fallo catastrófico. Esta era la respuesta más obvia y lógica a la pregunta del presidente, pero aquel humilde empleado miró a Kennedy y le dijo: «Formo parte del equipo que va a llevar a un hombre a la Luna».

Cuando Gallup diseñó su investigación sobre el compromiso de los trabajadores, plasmó en sus preguntas lo mismo que había pensado JFK ante la respuesta de aquel hombre: «¿La misión y el propósito de tu empresa te hacen sentir que tu trabajo es importante?». Al formular esta pregunta, en Gallup se dieron cuenta de que no es el conocimiento sobre la misión y el propósito de la organización lo que resulta clave (aunque sí es un buen punto de partida), sino el que los trabajadores puedan expresar este conocimiento a través del valor que depositan en su propia labor.[1] Sí, aquel empleado de la NASA estaba solo barriendo hojas, pero su valor era mucho mayor; él mismo consideraba que su tarea era fundamental para aquella misión, y lo único que hacía era contribuir a ella.

Pero ¿qué tuvo que pasar para que aquel empleado respondiera así? Pues fue necesario que los líderes, empezando por los de más alto rango, articularan los valores y la misión de la organización de tal manera que cada persona comprendiera por qué su trabajo tenía un verdadero valor y significado. Y este es, sin duda, un reto difícil. Muchas veces los líderes prestan más atención a la comunicación táctica, es decir, al qué, el cómo y el dónde. Lideran y gestionan tareas, proyectos y actividades. Valoran más a las personas que están ocupadas, creyendo que eso les hace ser productivas.

Lo que ocurre es que no conocen la psicología de la motivación humana. Esta excesiva atención a proyectos y tareas deja sin responder algunas preguntas fundamentales: «¿Por qué estoy aquí y no en otro sitio?». «¿Se valora y se nota mi contribución?». «¿Estoy cambiando algo?». «¿Es nuestro trabajo significativo para otras personas?». Los líderes excepcionales se aseguran de responder a estas preguntas de manera que aumente el compromiso de su equipo. La gente quiere seguir a líderes así.

Los interrogantes sobre el sentido del trabajo no son nuevos. Ya cuando Karl Marx escribió sobre la alienación en el ámbito laboral, enumeró tres ingredientes para llegar a ella: la ausencia de una voz o influencia, la falta de adaptación de la persona al puesto, y la falta de sentido del trabajo.[2] Esto no difiere mucho del resultado de la investigación sobre los beneficios del compromiso de los trabajadores (la otra cara de la alienación). Muchas de las medidas más comunes de dicho compromiso hablan de la necesidad de que el personal halle sentido a su trabajo aportando un valor real, tanto a sí mismo como a su empresa o a la sociedad en general.[3] Vaya, parece que los líderes empresariales que defienden los beneficios del compromiso de sus trabajadores sean en realidad marxistas encubiertos. ¿Quién lo hubiera dicho?

Comunicar lo importante

Queremos destacar cinco principios relevantes, derivados de nuestra investigación, sobre el sentido y el propósito desde el punto de vista del liderazgo. Estos principios establecen un marco de comunicación con los trabajadores que les motive y entusiasme, y que armonice sus contribuciones laborales con un bien mayor que consideran que tiene relevancia y sentido. Los líderes de alto rendimiento siguen y defienden estos cinco principios:

1. La dedicación total a su labor o a actividades al servicio de los demás es una prueba de que el líder sabe expresar una propuesta de valor clara

para lo que hacen en el trabajo. Un aspecto fundamental de este principio es la creencia de que hacer las cosas en beneficio de los demás lleva a que la gente sienta que su vida es más rica y tiene más valor.[4] En una época en la que tanto se escribe sobre la necesidad de una actividad profesional con más propósito y sentido, este principio está cobrando especial importancia.

2. Tener unos valores claros, coherentes e inmutables sobre la ética, la integridad y la forma correcta de tratar al personal hace que ese sentido sea evidente en las interacciones cotidianas; se ha mantenido desde los comienzos de la gestión moderna y es lo que sigue diferenciando a las mejores empresas hoy en día.
3. Piensa en las razones por las que otras personas acuden a ti en busca de consejo y asesoramiento: ¿te plantean solo cuestiones de trabajo o se desahogan contigo? Mientras reflexionas sobre ello ten cuidado de no definir tu papel y tu posición con una afirmación contundente que te aleje de quienes diriges. En nuestra investigación hemos visto a muchos líderes que se saltan esas barreras artificiales y se acercan todo lo posible a los miembros de su equipo para apoyarlos.
4. Es clave implicar a los demás con una narrativa eficaz y convincente que dibuje imágenes en su mente. Muchas veces los líderes olvidan que la «visión» tiene menos que ver con metas y objetivos que con lo que puedes ver y sentir. De hecho, al final de tu carrera no te recordarán por los objetivos agresivos que fijaste y las empresas que dirigiste, sino por el consejo y apoyo que diste. Por encima de todo, se tendrá en cuenta lo bien que has hecho sentir a la gente.
5. Esfuérzate para asegurar que, tras cada reunión e interacción, las personas se marchen con una sensación más positiva, con mayor compromiso y motivación que cuando llegaron.[5] ¿De qué manera influyes en los miembros de tu equipo o en otros líderes cuando les hablas? ¿Se van con energía o llevando el peso del mundo a cuestas? Solo hay una respuesta correcta a esta pregunta.

A lo mejor eres de los que creen que los líderes ya tienen mucho trabajo, o que a la gente se le paga por trabajar y no deberíamos hacer un esfuerzo adicional para ayudarles a darle sentido a su labor. Bien, pues si piensas eso te equivocas. Si no eres capaz de expresar y reconocer el propósito y el valor del trabajo que hacen los miembros de tu equipo, acabarán marchándose adonde sí lo hagan.[6] Los líderes de alto rendimiento son muy conscientes de esto, porque es lo que les ha ayudado a mantener su propio compromiso y motivación a lo largo de su carrera.

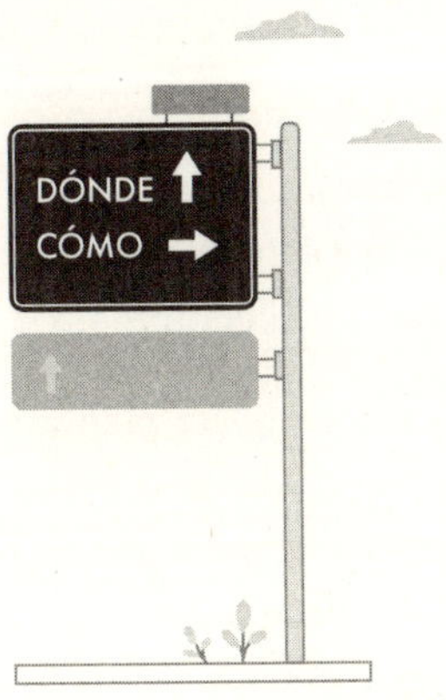

Cinco principios para inspirar sentido y propósito:

1. Dedicación plena al trabajo que beneficia a los demás.
2. Creencias inquebrantables sobre la ética y la integridad.
3. Inversión en relaciones cercanas y significativas.
4. Ayudar a los demás a ver y sentir lo que es posible.
5. Hacer que cada interacción cuente.

EQUILIBRAR EL PENSAMIENTO Y LA ACCIÓN

Definición de la investigación: para frenar la típica tendencia a avanzar con rapidez hacia la acción y la práctica, con todas las inexactitudes y frustraciones que esto conlleva, los líderes de gran Talento piensan de forma contingente (en función de las circunstancias) y configuracional (en función de la estructura) sobre la oportunidad o el problema al que se enfrentan; sopesan riesgos y buscan oportunidades ocultas antes de decidirse.

Los líderes más eficaces trabajan como los GPS más avanzados para planificar su viaje, tratando de equilibrar la rapidez con la eficacia, teniendo en cuenta la información y las opciones disponibles. Es evidente que hay líderes que al conocer su destino confían en su intuición y, o bien creen que no necesitan el GPS, o se pasan todo el viaje discutiendo con él y contradiciendo sus indicaciones. Son esa clase de personas que creen que pueden prescindir de las instrucciones para montar los muebles y al cabo de unos meses se les empiezan a desmontar.

«¿Qué tipo de reuniones te gustan más: esas en las que se comentan ideas, posibilidades y planes, o aquellas en las que se hacen cosas?» Con frecuencia hacemos esta pregunta a los líderes y muy pocos nos dicen que prefieren comentar ideas... El encanto de la acción lo envuelve todo. A los seres humanos nos gusta la sensación de logro que da ver que las cosas se hacen y se progresa. El sufrimiento por la deliberación y el exceso de análisis es relativamente raro. El problema está en hacer evaluaciones rápidas y suposiciones vagas para luego descubrir que el camino ideal es cualquier cosa menos eso.

Equilibrar y gestionar con eficacia la reflexión profunda y la acción rápida es la capacidad que mejor define a quienes serán líderes de alto nivel frente a quienes se quedan en mediocres. Cuando Marshall Goldsmith y Mark Reiter publicaron su libro *Lo que te trajo aquí no te llevará ahí*, estaban haciendo una observación similar.[7] Llega un momento, una vez que asciendes en la jerarquía del liderazgo, en que todo el esfuerzo y la perseverancia que te llevaron a ese punto empiezan a contar menos en el siguiente peldaño. En los niveles superiores de liderazgo, la calidad de tu pensamiento importa más que tu nivel de ocupación y actividad.

Demasiada reflexión errónea

El concepto de pensamiento racional, que en cierto momento fue la creencia dominante sobre el razonamiento humano, es bastante curioso. En realidad, los seres humanos no somos para nada racionales, y esto se sabe desde el siglo XVII, cuando el filósofo italiano Baruch Spinoza señaló por primera vez que las emociones controlan el cerebro.[8] Y este no solo se rige por las emociones, sino que es, además, el órgano más perezoso del cuerpo. No es, pues, la combinación ideal si tu preferencia es el pensamiento racional.

Pensar es difícil, por eso tantas personas recurren a un razonamiento más instintivo.

Gran parte de ello es el resultado directo de nuestro pasado evolutivo, de los tiempos en los que era mucho más crucial para el pensamiento contribuir a la supervivencia que actuar de forma «correcta» en cualquier sentido del término.[9] Oír pasos detrás de ti mientras caminas por una calle poco iluminada por la noche en Baltimore no es algo sobre lo que debas reflexionar demasiado..., seguro que lo mejor es huir de esa situación lo antes posible. Al hacerlo, sobrevives. En definitiva, vivimos para procrear, y los genes asociados a ese comportamiento tienen más posibilidades de «fijarse» en la población.

Otro atajo cognitivo para profundizar en el pensamiento y el análisis es el reconocimiento de patrones, cosa que a los seres humanos se nos da muy bien.[10] Por ejemplo, somos mucho mejores reconociendo rostros familiares en medio de una aglomeración, o cuando las imágenes están borrosas o incompletas, que reconociendo rostros desconocidos.[11] Ponemos etiquetas a casi todo, lo que nos proporciona una taquigrafía visual y experiencial que nos ayuda a desenvolvernos bastante bien en situaciones complejas.

Una de las conclusiones más dañinas para los líderes empresariales es que la gente es menos propensa a reflexionar sobre una situación si le resulta familiar y ya se ha topado antes con algo similar.[12] Categorizamos los problemas por tipos y, si hemos tenido un experiencia previa de ese tipo, ya disponemos del recuerdo de qué acciones emprender para abordar ese problema concreto. Pero no todos los problemas de un tipo determinado presentan las mismas características, por lo que las «soluciones» preferidas a menudo son erróneas. Pero nuestro perezoso cerebro no lo ve. Una de las frustraciones más frecuentes en el ámbito laboral son las consecuencias imprevistas, es decir, cosas que se deberían haber pensado de antemano, pero no se hizo, lo que da lugar a la ejecución imperfecta, a dar pasos atrás y a soluciones ineficaces.[13]

Los recursos cognitivos que podrían atajar estos fallos son difíciles de conseguir, y nuestro juicio intuitivo sobre lo que es posible y factible no resulta tan fiable.[14] El cerebro humano es muy fácil de engañar y, además, muy resistente a comprometerse del todo. Esto hace que los líderes empresariales sean más propensos a poner en práctica ideas que se les ocurren con facilidad.[15]

Mark Twain escribió la famosa frase: «Es más fácil engañar a la gente que convencerla de que ha sido engañada». Por su parte, el científico Richard P. Feynman dijo: «El primer principio es no autoengañarte, y tú eres la persona más fácil de engañar». Asimismo, Nassim Nicholas Taleb, en su libro *El cisne negro: el impacto de lo muy improbable*, afirmó que los seres humanos estamos siempre engañándonos, construyendo relatos poco sólidos del pasado y creyéndonos que son verdad.[16]

En los últimos 40 años se ha identificado un buen montón de limitaciones y prejuicios cognitivos que afectan al razonamiento humano.[17] Parece que, incluso cuando reflexionamos mucho, no lo hacemos bien. De hecho, el cerebro no es demasiado flexible, y si nos concentramos en una tarea concreta es menos probable que veamos algo específico y potencialmente importante. Al cerebro le resulta difícil alternar entre tareas cognitivas exigentes, de la misma manera que a alguien que se concentra demasiado en su trabajo a veces le cuesta distraerse. Esto se agrava si la tarea es exigente desde el punto de vista físico, ya que los problemas de razonamiento se producen cuando diferentes partes del cerebro compiten por los recursos.[18]

Al emitir un juicio es más probable que creamos en los argumentos que lo defienden, aunque sean infundados.[19] Una de las conclusiones más chocantes de nuestra investigación es lo que se denomina «efecto de fijación», que es lo que ocurre cuando datos a veces erróneos muestran una relación estadísticamente significativa con las decisiones que toma la gente.[20] Y es que tenemos la tendencia a establecer una coherencia lógica entre eventos/problemas no relacionados. Si estamos de buen humor, es menos probable que nos dediquemos a reflexionar en profundidad y más que tomemos decisiones basadas en la facilidad cognitiva. Y al contrario: en momentos de estrés tendemos a prestar más atención y somos capaces de identificar mejor los errores; pero entonces, al concentrarnos en esos problemas, nos olvidamos de otros factores clave.

Conocemos investigaciones concluyentes que sugieren que repetir afirmaciones falsas es lo único necesario para que mucha gente las crea.[21] En el momento de escribir este libro, las declaraciones (que se han probado falsas) hechas en 2020 por el expresidente Trump sobre unas «elecciones robadas» son respaldadas y creídas por el 71 % de votantes republicanos, a pesar de que incluso muchos funcionarios estatales de tendencia republicana y el propio fiscal general de Trump afirmaran que no había evidencia alguna de ello.

Esta ilusión también podría ser resultado de otro hallazgo fiable: que las cosas que se repiten muchas veces se acaban viendo desde una perspectiva más positiva.[22] Por ejemplo, un consejero delegado, amigo mío desde hace años, se deshacía en elogios hacia su equipo directivo, hasta el punto de que llegó a convencerse de que era el mejor con el que había trabajado nunca; eso a pesar de considerar que la mayoría de sus miembros eran personas disfuncionales que no confiaban las unas en las otras.

Otra situación que nos lleva a una mayor propensión a creer mentiras y falsedades flagrantes es que se nos distraiga con otras tareas cognitivamente exigentes.[23] El psicólogo Solomon Asch descubrió, en este sentido, el «efecto de primacía», que demuestra que la primera palabra o imagen de una serie predice cómo pensará o sentirá alguien a quien se le muestra esa serie.[24] Para su experimento elaboró una lista de palabras descriptivas sobre una persona cualquiera: «inteligente, diligente, impulsiva, crítica, obstinada, envidiosa». A continuación, elaboró otra lista de palabras para describir a otra persona cualquiera: «envidiosa, obstinada, crítica, impulsiva, diligente, inteligente».

Lo que halló fue que la gente percibía a la primera persona como «alguien capaz que posee ciertos defectos que, sin embargo, no eclipsan sus méritos». En cambio, consideraban a la segunda persona como «alguien problemático, cuyas capacidades se ven obstaculizadas por sus serias dificultades».[25] Asch también demostró lo susceptibles que somos las personas a las opiniones del grupo cuando estamos en minoría, algo que la mayor parte de los líderes niega, aunque ocurra con frecuencia.[26]

Con respecto a un proceso de contratación, si alguien genera una buena primera impresión es más probable que nos caiga bien, y aunque sepamos muy poco de esa persona es mucho más probable que le atribuyamos muchas cualidades positivas que no hemos observado.[27] En el caso de nuestros colegas de trabajo, es mucho más probable que creamos en su capacidad para una amplia gama de tareas si les hemos visto desempeñar una bien. También está el problema del trato con quienes afirman saber cosas que no saben, lo que se conoce como el «efecto Dunning-Kruger»:[28] parece ser que la gente prefiere hacer ver que es lista a quedar mal ante los demás, y por eso miente o tergiversa sus capacidades. Esto es similar a la tendencia de algunas personas a creer que los prejuicios afectan a los demás, pero no a sí mismas.[29]

Seis trampas cognitivas a evitar

1. **Precaución**: cuidado con confiar demasiado en la resolución de problemas pasados y el reconocimiento de patrones.
2. **Intuición**: puede moldear las percepciones de lo que es posible y factible.
3. **Concentración excesiva**: puede llevar a pasar por alto detalles y errores críticos.
4. **Alerta**: el buen humor puede disminuir la vigilancia.
5. **Repetición**: hay una mayor susceptibilidad a creer en las mentiras que se repiten.
6. **Ten cuidado**: existe una falsa sensación de inmunidad a los prejuicios.

El cerebro vago es un auténtico problema.[30] Muchos de los ejemplos aquí expuestos se han extraído del libro del difunto Daniel Kahneman *Pensar rápido, pensar despacio*, y las conclusiones de su investigación han sido reproducidas por muchos otros psicólogos que estudian la heurística y la toma de decisiones.[31] Si tenemos en cuenta la totalidad del trabajo de Kahneman, el porcentaje de personas susceptibles a estos sesgos se sitúa entre el 75 y el 88 %, lo cual es una cifra notable. Esto quiere decir que muchos líderes y sus equipos estarían también limitados por estos prejuicios cognitivos, algo que confirman los resultados de nuestro trabajo. Sin embargo, las estadísticas sugieren que entre el 12 y el 25 % de la población gozaría de una resistencia natural a estos sesgos, y este es el grupo que nos interesa a quienes estudiamos el liderazgo.

Así, por muy crédula e influenciable que parezca la inmensa mayoría, ¿cuáles son las características de esa minoría que se resiste? ¿Qué les libra de estos efectos? Por desgracia, no sabemos si se trata de personas protegidas de forma especial contra todos los prejuicios. Podría darse el caso de que todo el mundo fuera susceptible a ciertos prejuicios, pero no a todos. No obstante, lo que hacen algunas personas para evitar los peores efectos de los prejuicios llama la atención, y a continuación presentamos algunas perspectivas que otros líderes podrían imitar. Como ya hemos dicho, pensar es difícil.

¿Qué podemos hacer, pues?

Aprender a pensar mejor

Exploremos ahora los tres elementos que contribuyen a un proceso de pensamiento más eficaz: la amplitud de perspectiva, el pensamiento configuracional y contingente, y el análisis de ventajas y oportunidades.

La amplitud de perspectiva

¿Qué parte de su mundo tiene en cuenta un líder? ¿Cuán amplia es su perspectiva?[32] Esto se parece bastante a un fotógrafo eligiendo la mejor lente antes de tomar una fotografía: un teleobjetivo es excelente para captar el detalle, pero obvia todo lo que queda fuera de su alcance focal; es selectivo y excluyente. Por su parte, un objetivo macro hace lo contrario e ilumina con sumo detalle, allí donde el ojo humano carece de capacidad para procesar toda la información disponible; por ejemplo, con un objeto cercano como los diminutos folículos del envés de la hoja de una planta, tan críticos para la fotosíntesis, aunque en ese caso la hoja es lo único que está a la vista. Un gran angular sería la opción preferida para captar paisajes y vistas panorámicas, donde los pormenores son menos importantes que la imagen global; es menos selectivo y más inclusivo, pero carece de detalle. Del mismo modo, para ampliar su perspectiva, los líderes tienen primero que seleccionar objetivos de gran angular, ya que han de captar la imagen global en toda su extensión.

En el mundo de la empresa empleamos la expresión «pensar en grande» para referirnos a este atributo. Hemos de tener una visión de conjunto con el fin de evitar que un enfoque muy cercano nos lleve a tomar decisiones sin evaluar sus consecuencias. Pero esto no es fácil. En muchas organizaciones, la clave del pensamiento es que nos guía hacia lo que hay que hacer. Así, mucha gente abandona la visión de conjunto y se preocupa solo por las actividades y su ejecución. De este modo, al aferrarse a los aspectos prácticos que impulsan la acción, se alejan de la visión de conjunto, desde arriba, y descienden al nivel del suelo.

En algún momento, la analogía de la lente del fotógrafo se viene abajo porque «la visión de conjunto» no está bien definida o no es del todo visible. Incluso puede no ser en realidad tal visión: a lo mejor estamos percibiendo solo el 60 % de la realidad, y esperamos que el cerebro rellene los huecos. Y lo hace, vaya si lo hace, solo que no se preocupa de que la imagen global resultante sea correcta.[33] Por eso los líderes tienen que esforzarse por mirar más allá o considerar más información, en algunos casos alguna que si siquiera saben que existe. Para ello han de modificar su forma de pensar sobre lo que ven y saben a lo que no saben y no pueden ver.

Un importante beneficio para los líderes es recordarse la importancia de la amplitud de pensamiento y perspectiva. Para ayudarles en este reto solemos pedirles que expliquen qué leen y dónde buscan información que podría ampliar su visión global. Y es que la mayoría de los líderes no lee lo suficiente, y tiende a obtener la información de una gama, por desgracia, reducida de fuentes, limitadas además a las que predominan en su puesto o sector.[34] Sería más beneficioso que se expusieran a ideas y formas de pensar muy diferentes a las suyas; una lectura de ese tipo no solo ayuda a completar la visión de conjunto, también tiene el poder de cambiar su composición. Nuestra recomendación profesional es que los líderes lean al menos una revista científica de prestigio como *Nature* (el *National Geographic* no cuenta).

El pensamiento configuracional y el contingente

Si en el mundo empresarial hay tantos estrategas como personas que afirman serlo, ¿cómo es posible que tan pocas empresas hayan sabido superar a sus competidores y crecer más que ellos? La mayoría de las compañías se enfrenta a retos sistémicos de carácter estratégico,[35] es un inevitable. Pero ¿qué es la estrategia? ¿Y qué relación tiene con estos dos tipos de pensamiento?[36]

El primer error suele ser suponer que la estrategia es «una cosa». Solemos oír preguntas que lo dan por hecho: «¿Cuál es tu estrategia?». Pero una estrategia no es una cosa, sino un proceso, una forma de pensar, y es muy rara. Para simplificar, resulta útil contemplar el pensamiento estratégico como un continuo.

En un extremo están el pensamiento creativo y el análisis de oportunidades; esto sería la estrategia configuracional o en función de la estructura del problema. En este extremo se sitúan las personas que saben convertir un gran número de partes en algo mucho mejor; sin cambiar mucho los componentes, desarrollan y añaden funcionalidad y capacidades, o simplifican y reducen la complejidad operacional: pretenden modificar, mejorar y crear. En ocasiones se trata de mejoras cuantitativas, pero en general son bastante significativas.

En el otro extremo del continuo de la estrategia está el pensamiento contingente o en función de las circunstancias.[37] Su característica principal es la capacidad de mirar hacia delante y planificar cambios a los que otros solo pueden reaccionar. Estos individuos juegan con la ventaja del tiempo y la habilidad de prepararse. Cuando oyes hablar a la gente de «predecir el futuro», en realidad se están refiriendo a la habilidad para el pensamiento contingente.

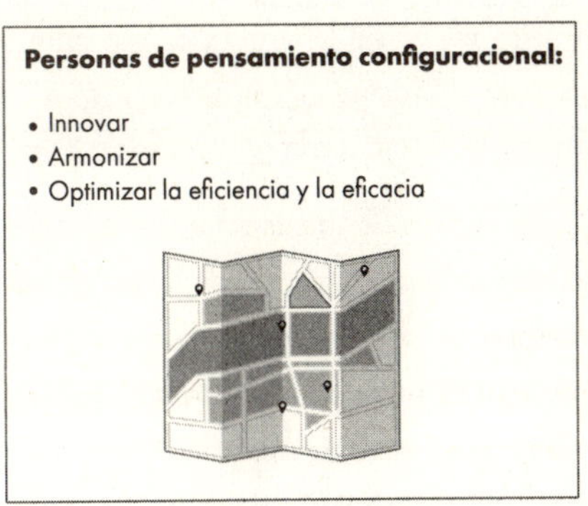

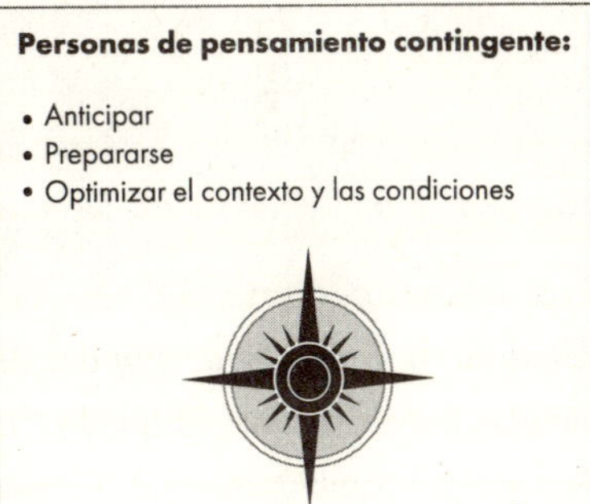

Los mejores estrategas nunca carecen de ideas. La estrategia es un proceso y un modo de pensar, más que una cosa o un plan concreto.

Nunca hemos conocido a un estratega serio que para desarrollar nuevas ideas pensara en limitar sus opciones. Pero, mucho más que plantear escenarios alternativos, las personas que son estrategas contingentes…

- diseñan planes de respaldo (de contingencia) que se puedan poner en marcha cuando cambian las circunstancias; para ello habrá que anticipar los posibles obstáculos;
- suelen ser excelentes limitando el riesgo, ya que intentan imaginar lo que puede salir mal y se ponen en lo peor; y
- se les dan muy bien los cuadros de mando numéricos, porque les ayudan a estimar el futuro y planificar los cambios que se avecinan.

El valor de esta forma de pensar debería ser obvio, pero existe una variable que suele impedir al buen estratega una contribución del todo eficaz: el tiempo. Una persona estratega contingente no siempre es rápida en evaluar las situaciones a las que se enfrenta, y su enfoque analítico suele requerir más tiempo para llegar a un plan o a una respuesta. En cualquier caso, y desde nuestra experiencia, no está claro si la urgencia que tantas empresas promueven y esperan está justificada. Ante la disyuntiva de elegir entre esperar o quedarse con una respuesta inmediata —que podría ser un cara o cruz en términos de probabilidad de éxito—, la mayoría de las organizaciones se arriesgarían, sin ver el beneficio de sacrificar dos días más para alcanzar una probabilidad de éxito del 70-80 %. Son las reglas de la urgencia. Cuando a los líderes se les pregunta si prefieren actuar de forma «lenta pero certera» o «rápida, pero no certera», suelen responder que les gustaría ser rápidos y certeros. Bien, pues buena suerte con esto.

El análisis de ventajas y oportunidades

Hay un tercer aspecto del pensamiento estratégico aún más raro que los que acabamos de describir. A pesar de lo deseable que es el crecimiento, muy pocas personas saben crear y desarrollar una plataforma para crecer. Dicho de otra manera, tienen tanto miedo al fracaso que no piensan que el riesgo merezca la pena.

En este punto tenemos que decir que la descripción del análisis de ventajas y oportunidades que ofrecemos aquí se interpreta a veces, por error, como similar a la investigación de Carol Dweck publicada en su libro *Mindset: la actitud del éxito.*[38] Sin embargo, no hemos hallado pruebas convincentes que respalden este trabajo, y otras investigaciones recientes han llegado a conclusiones similares a las nuestras.[39] Decimos esto para replicar a cualquiera que afirme que una mentalidad de crecimiento es una elección, que se puede enseñar. Y no, no se puede. Dweck engaña a sus lectores.

En nuestra definición, el análisis de ventajas y oportunidades es una forma de pensar que se define más bien como el equilibrio productivo entre la aceptación del riesgo y el valor de la oportunidad que ocurre de forma natural; es decir, no se trata de una elección. Cuando Kahneman y Tversky descubrieron que los seres humanos fallamos en el cálculo de probabilidades, fue su trabajo sobre la aversión al riesgo lo que resultó pionero.[40] Recurriendo a juegos de azar y simulaciones, comprobaron que la gente hacía apuestas muy arriesgadas desde posiciones perdedoras (donde podían perder aún más) y otras muy conservadoras desde posiciones positivas o ventajosas (donde podían ganar más). Y esto no tenía ningún sentido matemático.

Continuaron describiendo el caso práctico de una empresa en la que a la gente se le pedía que eligiera sobre la intención de abrir una oficina en otro país. El coste de la inversión, para ambas opciones, ascendía a 60 millones de dólares:

- La **opción A** garantizaba 20 millones de dólares, un tercio de la inversión del primer año.
- La **opción B** ofrecía un 30 % de probabilidad de ganar 60 millones de dólares, lo que supondría recuperar la inversión total del primer año.

¿Cuál elegirías? La inmensa mayoría de quienes respondieron sentía tanta aversión al riesgo que prefirieron asegurar 20 millones de dólares a enfrentarse a un riesgo de dos tercios de perderlo todo. Y es esta aversión al riesgo —generalizada en nuestra base de datos de líderes— la que hace que el pensamiento orientado a la ventaja y la oportunidad sea tan poco frecuente. Esto no quiere decir que este tipo de pensamiento consista simplemente en aceptar el riesgo que otros consideran inaceptable, sino que el riesgo forma parte de un juicio calculado que se construye a partir de la amplitud de perspectiva de la que hemos hablado antes. Es decir, identificar y esclarecer tantas variables como sea posible de las que puedan afectar a la situación que se pretende aprovechar permite equilibrar el riesgo inherente a continuar con la opción preferida.

Las personas que piensan de una forma más limitada y práctica se concentran demasiado en los aspectos concretos y utilitarios de la situación; para todas las ideas que tienen ante sí ven todas las razones por las que no elegirlas, y prefieren las que intuyen que son más fáciles de implementar. Al no tener visión de conjunto, no saben equilibrar o mitigar el riesgo. Esta descripción incluye a la mayoría de los líderes y es la razón por la cual a tantas empresas les cuesta crecer.

El análisis de las ventajas y oportunidades que lleva al crecimiento no es solo oportunismo empresarial y buen juicio comercial. Los líderes con estas características poseen también buen sentido y conciencia de las condiciones que deben darse para que se produzca el crecimiento.[41] Entre ellas, es básico tener en cuenta las características fundamentales del Talento, es decir, las disposiciones y los rasgos innatos y duraderos que permiten a una persona destacar en su puesto.[42] Hay que poner de relieve dos elementos cuantificables que observamos en líderes que se orientan al crecimiento:

> El *primero* es que reconocen sus puntos fuertes y sus limitaciones, y se obsesionan por encontrar a personas capaces de complementar sus capacidades.
>
> El *segundo* es que seleccionan para su equipo a gente con más capacidad técnica y de liderazgo que ellos. No sienten ninguna amenaza por parte de los individuos con Talento, sino que prosperan gracias a ellos.

Los líderes que tienen una orientación a las ventajas y oportunidades dedican una cantidad considerable de tiempo y energía a la selección y el desarrollo del personal. Son muy conscientes de que las personas con Talento dan con la manera de obtener resultados pese a la existencia de retos y limitaciones que podrían ser demasiado para otros. Frente a quienes creen que el esfuerzo y la determinación son lo único imprescindible para triunfar, estos líderes saben que la solución es mucho más matizada, y reside en los Talentos y capacidades naturales de la persona.

Corregir la falsa intuición

Acabamos de describir los tres atributos que amplían la perspectiva y expanden el pensamiento sobre lo que se puede alcanzar; atributos que mejoran el sentido de la orientación del líder. El problema es gestionar nuestra orientación a la acción para cuestionar las propias suposiciones y generar más ideas sobre adónde ir y qué hacer. Porque para comprometerse con una línea de acción no basta con asumir o creer que se tiene razón.

El término «fiabilidad superficial» describe el estado que se alcanza cuando la autoconfianza supera la percepción del riesgo y alguien cree con seguridad que tiene razón. Los estudios al respecto confirman que, si somos capaces de crear una narrativa convincente sobre una situación, tenderemos a pensar que esa historia es cierta y la repetiremos como si lo fuera.[43] Pero, en demasiadas ocasiones, las decisiones basadas en esta autoconfianza se vuelven en contra si abundan los obstáculos y errores. Resulta que no habíamos pensado en profundidad las cosas, que no pusimos a prueba nuestras suposiciones, que no sometimos las propias ideas a suficiente tensión... y acabamos equivocándonos, o acertando solo en parte. Nuestro pensamiento parecía fiable, pero era superficial.

Existen formas eficaces de evitar los peligros de la fiabilidad superficial, pero ninguna de ellas es fácil, incluso pueden llegar a ser imposibles de poner en práctica para algunos líderes. A continuación te presentamos algunas maneras de que los líderes generen una autoconfianza justificada:

- Acepta la idea de que puedes equivocarte y compártela con los demás para que te pongan en duda.[44] Deja claro a tu equipo y tus colaboradores que no hay valor más importante que el de proporcionar datos, pruebas o argumentos que refuten tu pensamiento.
- Una de las conclusiones menos sorprendentes de los estudios de viabilidad es que casi ninguno da lugar a un veredicto nulo y una recomendación de no proceder.[45] Hay una explicación muy sencilla para esto, y es que la gente inteligente puede dar justificaciones para casi todo.[46] Por tanto, define con claridad las pruebas que demuestren que te equivocas y búscalas con ahínco.[47]
- Fomenta el desacuerdo, la discusión y la discrepancia.[48] El desacuerdo es un primer paso, porque anima a la gente a exponer sus razones contra una propuesta o a favor de otra. Quien no está de acuerdo dice: «No voy a hacer esto», «No voy a cumplirlo», «No lo apoyo». En cambio, sin discrepancia terminamos con un compromiso de cumplimiento tapando las grietas con una capa de fino papel.
- Demasiadas veces se observa que la mejor idea no es la primera, una realidad expuesta con claridad por el neurocientífico David Eagleman.[49] Así, en lugar de preguntar: «¿Qué deberíamos hacer?», promueve la generación de ideas más plurales preguntando: «¿Qué podríamos hacer?». Inténtalo con este enfoque y verás dos efectos:

la otra persona generará más ideas y posibilidades, y a la vez se sentirá menos apegada a un único enfoque preferido.

- Nunca te dejes llevar del todo por las ideas y recomendaciones de profesionales fiables, pero consúltales siempre y valora sus puntos de vista, sobre todo si contradicen los tuyos.[50] Ten el mismo cuidado al pedir consejo a la gente que dice ser experta pero no lo es. No sería buena idea, por ejemplo, plantear cuestiones sobre física cuántica a Deepak Chopra.[51]
- Comprueba y pon en duda las suposiciones, ideas y sugerencias que surjan.[52] Cuando alguien del equipo te haga una sugerencia y la justifique, pregúntale: «¿Qué dos ideas consideraste y rechazaste antes de presentarme esta?». Es una pregunta muy poderosa, porque la mayoría de la gente no piensa así…, pero debería hacerlo.
- Antes de tomar cualquier decisión, pregúntate: «¿Hemos hecho un buen trabajo para identificar los posibles riesgos y obstáculos que nos podríamos encontrar en el futuro? ¿Cuáles son nuestros planes de contingencia para hacerles frente?». La planificación de contingencias no es fácil, y son muchos los líderes que no cuentan con la suficiente preparación para este esfuerzo cognitivo, que facilitaría la gestión de riesgos y dificultades. Y es que confiar en el ingenio y la intuición una vez que surgen los problemas funciona, en parte, en puestos inferiores, pero no es aceptable para el nivel directivo.

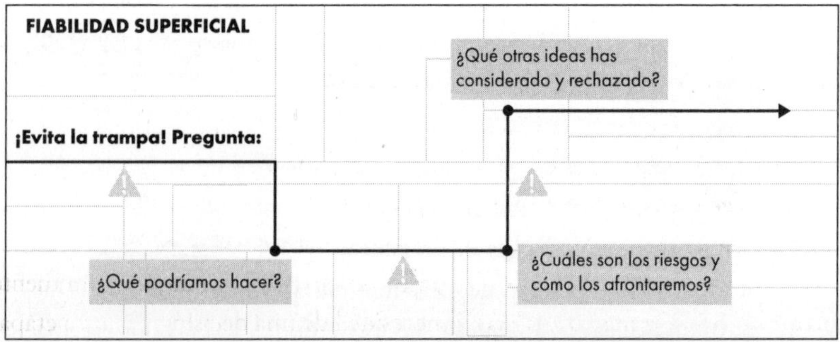

OBJETIVOS Y CONCESIONES

Definición de la investigación: los líderes que establecen procesos de equipo claros y coherentes para tomar decisiones evitan la confusión y la sobrecarga innecesarias, e incrementan la alineación y la responsabilidad respecto a dónde invertir mejor el tiempo.

La falta de un destino, objetivo o, incluso, un claro sentido de dirección debilita y crea confusión. *Esto me recuerda a un amigo mío del colegio que una vez fue a la estación de autobuses y pidió un billete de ida y vuelta. «¿A dónde quiere ir?», le preguntó el taquillero. «De vuelta aquí, por favor».*

Veamos dos elementos diferentes que pueden ayudar a eliminar la confusión y la sobrecarga de tareas. Se trata de un proceso claro y coherente para tomar decisiones y priorizar tareas y actividades que te llevarán a tu destino.

La toma de decisiones

Nuestra investigación sobre la toma de decisiones revela una conclusión clave, y es que los líderes hablan con muy poca gente. Es decir, no se equivocan en la «decisión» (aunque muchas veces sí), sino en el proceso de consulta que la precede. Demasiada gente se centra en la toma de decisiones como una cuestión técnica, es decir, cómo tomar la decisión correcta. Por eso estos líderes tienden a hablar con quienes creen que pueden ayudarles mejor en dicha tarea: individuos con experiencia en ese campo y que han superado con éxito retos similares. No estamos en contra de esto, ojo; de hecho, lo fomentamos. Lo que queremos decir es que resulta insuficiente, que haciéndolo así colaborarán muy pocas personas y surgirán escasas ideas.

Habría que animar a los líderes a pensar en la toma de decisiones como en un proceso de tres fases: (1) la necesidad de la decisión, (2) la discusión y el debate sobre las opciones y (3) la decisión en sí.

Veamos cada una de ellas:

Responder a una necesidad u oportunidad

Existen un pretexto y un contexto más amplio para cada decisión. Lo normal es que se identifique un problema a partir de los datos o de alguna otra fuente de información, y que se advierta la necesidad de una decisión. En esta etapa, el líder necesita identificar al responsable de la decisión, quien se encargará de varias tareas pequeñas pero básicas al principio, y más adelante jugará un papel fundamental en la conclusión del proceso:

- El primer paso es poner por escrito «la declaración del problema», que defina con claridad lo que hay que resolver.
- Luego hay que recopilar información y datos relevantes que estén disponibles para comprender el contexto de la decisión.
- A continuación, identificar a las principales partes interesadas que pueden ayudar a detectar, discutir y debatir opciones y posibilidades. Esta red debe ser más amplia de lo que los líderes suelen creer.
- Lo siguiente es fijar fecha y hora para tomar la decisión.
- Más tarde hay que compartir este borrador con un grupo más amplio de colegas que necesiten conocer la decisión, pero quizá no participen en el proceso.

Discusión y debate

Una consulta eficaz abre la puerta a la discusión y el debate, que deben ser profundos y rigurosos. La persona responsable de la decisión debe crear un clima que fomente la discusión y el desacuerdo, algo que no siempre es fácil, pero sí esencial. La asertividad no es un rasgo aprendido, y esto hay que tenerlo en cuenta para la selección de los participantes, cuyo trabajo consistirá en desarrollar opciones y posibilidades, y luego someterlas a juicio y tensiones en busca del mejor resultado.

En la consulta deberán incluirse dos grupos que son clave: los responsables de implementar la decisión y quienes se verán afectados por ella. Estos dos grupos van más allá del círculo que rodea al líder, y su participación podría marcar la diferencia entre una idea que funcione y una que no. No es necesario consultar a todo el mundo, pero sí a una muestra representativa.

Consulta a las personas con mentalidad ejecutiva que serán responsables de poner en práctica la decisión para…

- ver si la idea o el enfoque se puede integrar en otros sistemas y procesos relacionados con la cuestión;

- identificar los retos y barreras que podrían obstaculizar el plan; y
- proporcionar información sobre cómo mejorar y hacer más eficaz el proceso.

Consulta a la mayoría, casi siempre ignorada, que se verá afectada por la decisión para...

- influir en su nivel de compromiso y percepción del valor;
- hacerles partícipes de la idea y conseguir que estén de acuerdo;
- ayudar a la gente a prepararse para los cambios que se avecinan; y
- hacerles sentir a estas personas que ellas y su trabajo son importantes.

Cuando la gente participa de manera legítima y seria en el análisis del problema, y se le permite dar su opinión, es más probable que apoye el resultado, aunque no esté de acuerdo del todo con la decisión final. Pero no queremos distraernos demasiado con discusiones sobre el método de consulta; lo básico es que se perciba esta como algo real y auténtico. Se trata de un camino difícil pero honesto, y es la dificultad lo que lleva a que demasiada gente en cargos directivos evite hacer una consulta antes de tomar una decisión. Pero su error le pasará factura en el futuro.

Tomar la decisión

Una vez fijado el plazo, el último paso será tomar la decisión y comunicarla. Aunque cada organización planteará estos pasos de forma diferente, en nuestro caso recomendamos elaborar un informe o una presentación que resuma los siguientes puntos:

- El problema que requiere tomar una decisión.
- Qué responsables participan en las diferentes etapas del proceso.
- El conjunto de opciones y soluciones que han sido consideradas.
- La solución final elegida para tratar el problema o aprovechar la oportunidad.
- Los siguientes pasos para implementar la decisión.

Esta información debería comunicarse al equipo del que surgió la necesidad de tomar una decisión. Por simple que parezca, en este punto final podrán abordarse cuestiones que favorezcan o entorpezcan la línea de acción propuesta. Es tarea del responsable de la decisión comunicar esta información a quienes puedan beneficiarse de ella.

El proceso en sí no tiene nada de complejo, pero pocos líderes y empresas funcionan con tanta claridad. Hay tres quejas que se pueden evitar siguiendo un proceso de toma de decisiones claro y coherente:

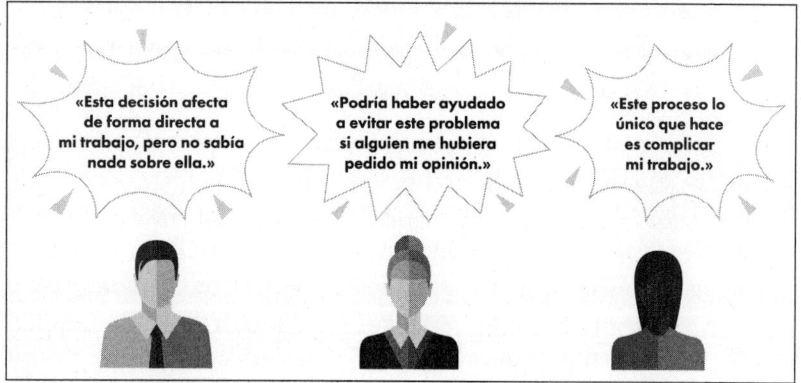

Controlar la rapidez

Hasta el momento hemos hablado de la necesidad de definir y expresar con más claridad la generación de valor por encima de la actividad, de manejar mejor el equilibrio entre pensamiento y acción, de desarrollar formas intencionadas de generar más ideas y de adoptar un proceso sencillo para tomar decisiones que implique a más gente. Ahora nuestra intención es describir los factores que deberían influir con más intensidad en las decisiones de los líderes. Antes hemos señalado dos puntos clave:

El *primero* es que los líderes tienden a pasar a la acción con demasiada rapidez, casi siempre bajo el impulso de un sentido de la urgencia mal entendido.

El *segundo* es que los estrategas más eficaces no empiezan a pensar reduciendo sus opciones, sino ampliándolas.

La conclusión lógica de estos puntos es que la toma de decisiones ha de ser (un poco) más lenta y que debe implicar la identificación de más ideas y posibilidades. Pero lo habitual es que no aceptemos una menor velocidad como precio a pagar por un pensamiento más eficaz, ni un método de consulta diseñado para producir más (y mejores) opciones. A la gente le preocupa ir más lento porque piensa en desarrollar opciones en el momento; pero nuestro argumento no se plasma en el momento, sino que tiene éxito con el tiempo.

Cualquier equipo que espere a reflexionar hasta el punto en que una decisión ya sea crítica va a resistirse, sin duda, a emprender un camino más pausado. La cuestión es cómo hacer esta reflexión mucho antes, de modo que, cuando llegue el momento de la decisión, el trabajo cognitivo más difícil ya se haya hecho. Y es que, para tomar mejores decisiones, los líderes también deben mirar más allá y anticiparse a los obstáculos que podrían desviarles del rumbo marcado o suponer un retraso.

Esto puede definirse con más claridad como parte del proceso de toma de decisiones que acabamos de explicar: damos tiempo suficiente para consultar, comprometerse y generar opciones más variadas, pero no dejamos que ese tiempo se prolongue *sine die*; especificamos «cuándo» con antelación. Pueden ser meses, semanas o días. En circunstancias extremas podrían ser incluso unas pocas horas. Pero nunca es un tiempo ilimitado.

Quienes defienden que «la velocidad es lo más importante» son con frecuencia artífices de sus propios errores, impulsados por la urgencia: no dedican tiempo a mirar más allá, a pensar y anticiparse; viven el momento y actúan en función de las variables que tienen delante. Esto crea una ilusión de liderazgo, pero no es un liderazgo excepcional. Creemos que reflexionar y desarrollar las opciones de una forma más meditada y eficaz no ralentiza, sino que acelera el resultado. En cuanto al proceso global, desde la concepción hasta la implementación de un proyecto específico, es más eficiente y eficaz planificar cada fase como hemos descrito. Y lo más importante: los resultados serán mejores.

Diversidad de pensamiento

Hoy en día se presta mucha atención a que los equipos sean más diversos, suponiendo que generan valor gracias a los diferentes orígenes y experiencias de sus miembros, y que este valor se traducirá en una ventaja competitiva para la empresa. El lenguaje empresarial actual se refiere a esto como «neurodiversidad». Dos hechos evidentes contribuyen a este debate:

> El *primero*, que las mujeres y las minorías gozan aún de menor representación en los equipos de liderazgo.
>
> El *segundo*, que la mayoría de los equipos de liderazgo no reflejan la composición demográfica de sus organizaciones, las comunidades a las que pertenecen o la clientela a la que sirven.

Aunque se podrían esgrimir argumentos sociopolíticos y económicos sólidos sobre estas cuestiones, no es ese nuestro objetivo. Pretendemos centrarnos, más bien, en la eficacia: ¿qué produce los mejores resultados? Para responder a esta pregunta hemos de ampliar la forma en que la gente, tradicionalmente, define la diversidad o se refiere a ella más allá de los indicadores demográficos normales (ya sean elegidos o atribuidos).

A pesar de que la diversidad demográfica es deseable por muchas razones (y no lo negamos), los datos sobre la vinculación entre equipos de mayor diversidad demográfica y rendimiento (tanto a un nivel de equipo como de empresa) no son concluyentes y suelen ser contradictorios. Pese a lo que afirma McKinsey & Co. de que los equipos más diversos (desde el punto de vista demográfico) logran un mejor rendimiento, no aborda la cuestión del Talento individual de los líderes y se limita a trazar una conexión causal entre dos datos correlacionados: la «mezcla» demográfica del equipo directivo y el crecimiento de la empresa en su mercado.[53] Y ojalá fuera tan sencillo. Además, es un ejemplo excelente de la falacia lógica de que correlación implica causalidad.

Nuestra investigación ha hallado de forma sistemática un factor que nos lleva a cuestionar y luego rechazar la afirmación de McKinsey. Las mujeres y las minorías elegidas para equipos de liderazgo ejecutivo tienden a ser más fuertes en los atributos de liderazgo cuantificables que los hombres y sus homólogos blancos. Esto ocurre en todos los sectores, y tanto en empresas pequeñas como grandes. Y plantea un serio problema a McKinsey (y otros investigadores), que no ha considerado esta posibilidad. Pero en defensa de McKinsey diremos que su objetivo no es la investigación como tal. Los equipos más diversos tendrán un rendimiento mejor que los menos diversos, pero no porque incluyan a más mujeres y miembros de minorías, sino porque unas y otros son líderes mucho más potentes y talentosos que sus homólogos masculinos y blancos.

Los equipos de mayor rendimiento que hemos estudiado son diversos desde el punto de vista cognitivo; es decir, cada miembro posee una constelación de Talentos única que le permite aportar sus mejores ideas en beneficio del equipo.

Diversidad de experiencia y perspectiva

Varios trabajos de investigación rigurosos han determinado que, aunque la diversidad demográfica trata aspectos sociales y políticos cruciales del entorno laboral, la diversidad de pensamiento posee una relación más fuerte con el rendimiento, sobre todo a nivel de equipo.[54] Esto tiene su lógica. Mientras que el sexo-género y la etnia ayudan a definir la identidad de una persona, las experiencias a las que se enfrentan mujeres y minorías no son comunes. Es clave, pues, diferenciar una perspectiva basada en la experiencia de la capacidad para pensar de forma distinta (que es consecuencia de la variabilidad cognitiva).

En otras palabras, las mujeres no piensan diferente por su sexo, sino que su sexo les permite aportar una perspectiva diferente y valiosa. Suponer que ambas cosas son lo mismo es un error de categorización clásico que lleva a conclusiones erróneas. Si eliges a más mujeres para tu equipo, tendrás perspectivas más diversas, pero no necesariamente un mejor rendimiento.

El beneficio para el rendimiento es la consecuencia de reunir en un equipo a pensadores dispares, que pueden ser hombres o mujeres, o miembros de cualquier grupo étnico minoritario. Nuestro argumento no va en contra de potenciar una mayor representatividad de mujeres y minorías en los equipos directivos, al contrario. Pero, al margen de las afirmaciones de McKinsey, suponer que esto conducirá a mejores resultados es, por lo menos, cuestionable. Lo ideal sería incluir en el equipo a mujeres y miembros de minorías con Talentos y perspectivas diversos. Estos rasgos pueden medirse y predecirse, y hablaremos más delante de aspectos más amplios sobre la selección de personal ejecutivo.

Diversidad cognitiva

¿A qué nos referimos cuando hablamos de diversidad de pensamiento o neurodiversidad, si lo prefieres? Ya lo hemos descrito en este capítulo, al tratar los tres elementos que contribuyen a un proceso de razonamiento eficaz: la amplitud de perspectiva, el pensamiento configuracional y contingente, y el análisis de las ventajas y oportunidades. Ser capaz de formar un equipo compuesto por personas con estas capacidades contribuirá en gran medida a la diversidad de pensamiento capaz de generar un rendimiento superior. Pero hay mucho más.

Los siguientes son algunos patrones de pensamiento que hemos hallado en nuestra investigación. Cada cual contribuye de manera distinta a la diversidad de razonamiento, tan necesaria en los equipos de alto rendimiento:

- Pensamiento operacional: es la habilidad para pensar en una secuencia lógica de pasos, y contemplar y gestionar grandes cantidades de datos al mismo tiempo.[55]
- Pensamiento adaptativo y ágil: es la habilidad para cambiar y no estancarse en una idea o enfoque concreto.[56]
- Pensamiento convergente: es la habilidad para ver ideas combinadas, contribuyendo a un único resultado o enfoque.[57]
- Pensamiento divergente y contrario: se basa en la búsqueda de perspectivas diferentes y más amplias que pueden contradecir un enfoque preferido o elegido, adoptado por otras personas.[58]
- Pensamiento crítico: es la evaluación y el juicio cuidadoso que prueba la validez o fiabilidad de la evidencia y las propuestas.[59]

- Pensamiento creativo: es la habilidad para desarrollar ideas innovadoras y nuevas configuraciones que van más allá de la visión de la mayoría.[60]

No es una lista exhaustiva, y los tipos de pensamiento mencionados no funcionan de forma independiente, pero sí son distintivos y cuantificables. Nadie puede tenerlos todos al mismo tiempo, aunque su presencia simultánea cuando el equipo debate sus opciones es extremadamente útil. El valor que generan los mejores líderes es consecuencia de formar equipos que representan este tipo de pensamiento diverso. Es obvio que la presencia de individuos que dominen diferentes aspectos de los procesos de razonamiento debería dar lugar a ideas y enfoques más variados para abordar los retos a los que se enfrenta el equipo.

La intersección de la experiencia, los conocimientos y el proceso de razonamiento

Cuando Francis Crick descubrió el ADN en 1953, era un físico clásico incursionando en la biología evolutiva, pero lo más importante es que pensaba de manera distinta al resto de quienes se enfrentaban a uno de los principales problemas de esta disciplina: la teoría clásica propugnaba la existencia de un código replicable que explicaba toda la variación genética y predecía la forma y función de cada organismo, desde un trozo de hierba hasta una compleja criatura marina, pasando por los seres humanos modernos. Pero nadie en biología evolutiva había sido capaz de descubrirlo; sabían que el código tenía que existir, pero no podían pensar más allá de su experiencia biológica, les faltaba la diversidad de pensamiento que tiene la gente que mira los problemas y los asuntos de una forma muy diferente.

Antes de hallar la respuesta en la doble hélice en 1947, Crick formuló la teoría general de la difracción de los rayos X por una hélice, y era solo cuestión de tiempo que se diera cuenta de que el patrón de la alfa-queratina se debía a las hélices alfa enrolladas entre sí. Fue este avance en el pensamiento el que condujo al descubrimiento de la hélice combinada del ADN.[61] Contemplándolo en retrospectiva vemos estos desarrollos como lógicos y previsibles, pero en ese momento no lo eran. Crick no habría concebido nunca esta solución si la teoría clásica no hubiera predicho la existencia de un código genético específico ni si no hubiera estado un paso más allá del pensamiento de sus colegas de la época concebir un modelo procedente de la física con una clara aplicación en su campo.

En este ejemplo es la intersección de la capacidad técnica, la experiencia y el proceso de razonamiento lo que produjo el avance, y así es como los equipos deberían intentar resolver sus problemas más intratables. Los conocimientos técnicos son básicos, y la experiencia también, pero ambos tienen menos impacto en el resultado que la capacidad para usarlos de forma novedosa. Esta constatación ha llevado a algunos jefes de equipo a elegir a sus miembros en función de su proceso de pensamiento dominante, más que de sus capacidades técnicas y su experiencia. Se trata de un liderazgo sofisticado y de largo alcance que seguro supera las habilidades de la mayoría de los líderes.

Un jefe de estrategia sin estrategia

Un último ejemplo de esta cuestión procede del estudio que hice con el jefe de estrategia de una de las empresas más grandes del mundo dedicadas a la tecnología de la información. Esta empresa era (y continúa siendo) la principal en su sector, con una cotización bursátil y unos ingresos mayores que los de todos sus competidores juntos. Si consideramos la estrategia como una «cosa», sin duda la tienen, y funciona. Pero nuestro foco está siempre en la estrategia como proceso, como manera de pensar, y cuando evalué a su jefe de estrategia y examiné sus resultados hallé muy pocas pruebas de su capacidad estratégica.

Parecía haber una especie de desconexión. Se trataba de una empresa de gran éxito, con una estrategia (cosa) líder en el mercado y, sin embargo, quien la lideraba no gozaba de una capacidad estratégica medible (proceso). Sin duda desperté su atención al comentarle los resultados, pero la respuesta a esta situación resultó bastante directa y hace ver la importancia de contratar a un equipo con formas de pensar diversas, incluso con algunos miembros más fuertes que el propio líder.

La cuestión es que aquel jefe de estrategia era un increíble cimentador de equipos, siempre atento a compaginar los Talentos de cada persona con los proyectos en los que trabajaban, fomentando así que cada cual aportara sus capacidades al equipo y así se complementasen entre sí. No necesitaba ser el «jefe de estrategia», ya que había reunido a su alrededor a personas mucho mejores que él en este aspecto. Poseía una capacidad excepcional para sacar lo mejor de los demás y capacitarles para desarrollar ideas y planes, ponerse retos y sacarse partido mutuamente. Su papel consistía en estimular, coordinar y planificar. Es uno de los líderes más fuertes que he visto en esta dimensión, y a su equipo le encantaba trabajar con él.

Definir el objetivo

Para finalizar este capítulo, debemos explicar la tarea más relevante que se halla al final de toda búsqueda de la verdad, de toda búsqueda de ideas revolucionarias, de cada situación en la que formamos equipos con la intención de avanzar.[62] Se trata de hacer la selección, la elección; de decidir. Nuestro punto de partida fue argumentar que los líderes tienden a hacerlo de forma demasiado espontánea, basándose en un enfoque reducido y táctico, impulsado por una fiabilidad superficial y sin reconocer que el cerebro humano es perezoso y que las ideas iniciales rara vez son las mejores.

Con ello estamos criticando que las decisiones se toman demasiado pronto, no que no deban tomarse. Pero ¿cuál es la mejor forma de tomar una decisión? La respuesta más simple es que los líderes deben quedarse con la opción que con mayor probabilidad les hará alcanzar sus objetivos. Pero, antes de agobiarte, piensa en el significado de lo que acabamos de decir. A muchos líderes les cuesta esta parte del proceso de toma de decisiones porque no cuentan con objetivos y metas claros y bien definidos.

Al describir la orientación a objetivos, los líderes suelen expresar su preferencia por trabajadores con mentalidad de «conquistar la colina». El origen de esta expresión es militar, y da igual si la colina es Little Round Top en Gettysburg o Hamburger Hill en Vietnam: se trata de la metáfora de algo que tiene gran importancia estratégica en una batalla y da ventaja al ejército que controle el terreno desde allí. Pero ¿qué pasa si hay muchas colinas? La única respuesta sería… conquistarlas todas, que es lo que suelen hacer las empresas.

Así, en vez de pensar en los pros y contras de cada colina, tomarlas todas implica garantizar que se controlará la mejor. Pero ¿cuál es el coste de este esfuerzo en términos de tiempo, recursos y personal? Aquí es donde resulta clave tener una clara orientación a objetivos, y un líder que se orienta a objetivos es quien efectúa el mayor avance posible con el menor esfuerzo y el coste más optimizado. Son líderes que actúan con precisión quirúrgica y generan una gran sensación de logro y progreso; reconocen que la colina más relevante no es, por necesidad, la más alta, y que la evaluación de las diferentes opciones y posibilidades ayuda a seleccionar el objetivo adecuado.

Orientarse a objetivos implica gozar de la habilidad de discriminar, elegir y decir: «Esta no, pero *esta* sí». En el capítulo siguiente hablaremos de lo que impulsa a muchos líderes de éxito a esforzarse por un objetivo: en lugar de concentrarse en su trabajo, adoptan la mentalidad de «tomar la colina» que acabamos de describir, y la consideran una especie de medalla por la determinación, perseverancia y ética del trabajo que supone.

La falta de concentración en la fijación de objetivos se hace patente en los líderes que asumen demasiadas responsabilidades y no son capaces de eludirlas. Es un hecho observable en la sobrecarga de proyectos y en un personal cansado de ver que nada llega a decidirse o completarse. El volumen de tareas esenciales parece no disminuir nunca, y los propios líderes contribuyen a esta sensación de sobrecarga incesante al no tomar decisiones eficaces ni hacer concesiones (trade-off). La solución es que asuman la responsabilidad de haber generado esa situación y que la afronten gestionando bien el volumen de trabajo requerido en cada proyecto, para que no se vea afectada la calidad de los resultados.

LO QUE DE VERDAD IMPORTA

Marcar el rumbo correcto es el resultado de unos rasgos determinados que pocos líderes poseen. Para lograrlo tanto a nivel organizacional como de equipo es necesario conocer estos rasgos y formar un equipo cuyos miembros los tengan todos:

- Esto empieza por reconocer que los líderes han de comprometer y motivar a sus equipos con una descripción convincente de cómo se genera el valor y cómo las funciones de cada individuo contribuyen al éxito de la organización.
- Exige que los líderes piensen de forma más eficaz y frenen su habitual tendencia a ir enseguida hacia la acción y la implementación, con todas las inexactitudes y frustraciones que es previsible que se produzcan.

- Un planteamiento claro y disciplinado de la toma de decisiones evita la confusión que genera estrés al equipo; sus miembros luchan contra la sobrecarga de proyectos y la sensación de impotencia que conlleva. Por tanto, hacen falta objetivos y metas claros, y que el líder se centre en definirlos.

Marcar el rumbo es una función esencial de los líderes. Liderarás con la fuerza de tus Talentos de dirección si…

- tienes visión de conjunto y detectas la relación entre los asuntos complejos;
- piensas en lo que es posible y generas ideas nuevas;
- disfrutas aprendiendo de ideas y enfoques nuevos, y ves de qué manera estos pueden añadir valor en el futuro; y
- gozas identificando oportunidades y resolviendo problemas.

Por muy bien que creas que se te da pensar, un líder debe exigir a su equipo la máxima calidad de razonamiento y toma de decisiones. Las siguientes preguntas pueden ayudarte a marcar el rumbo:

- ¿Ha identificado el equipo al menos dos opciones para el problema en cuestión?
- ¿Se está implementando lo que, en opinión del equipo, es más fácil y obvio, o se está haciendo un esfuerzo por dar con la mejor solución?

Una vez que el objetivo está claramente definido, los líderes tendrán que autoobligarse y obligar al resto a alcanzarlo. Los mejores líderes tienen el impulso necesario tanto a nivel personal como organizacional, fijan unos estándares y desafían al resto a cumplirlos. Logran un mayor crecimiento partiendo de altas expectativas. Es básico entender que a cada líder le motiva algo diferente y que hay que entender estas diferencias.

CAPÍTULO 6

Aprovechar la energía

UNA FUERTE ÉTICA LABORAL HA SIDO LA BASE DE MUCHAS CARRERAS DE liderazgo de gran éxito. Como dijo en una ocasión Vince Lombardi: «El precio del éxito es el esfuerzo, la dedicación al trabajo que se tenga entre manos y la firme determinación de que, ganemos o perdamos, hemos puesto lo mejor de nosotros en la tarea encomendada». Parece casi perverso creer que el esfuerzo tiene poco o ningún valor, porque en todas las organizaciones es el principal criterio para determinar el compromiso y la eficacia de su plantilla.

Contrastando una fuerte ética del trabajo con su opuesta, la pereza, es como se revela su importancia. Nunca hemos oído un argumento convincente a favor de la pereza en un contexto laboral, y menos aún como factor que contribuya de forma positiva a la eficacia y el desarrollo profesional. Tampoco nos hemos topado nunca con un líder que se caracterice por la pereza, puesto que el esfuerzo es precisamente lo que se espera de quienes ostentan el liderazgo. Sin embargo, el que alguien no sobrerreaccione ante una situación no implica que sea una persona perezosa; el simple hecho de que no veamos o sintamos su voluntad de reaccionar con rapidez no supone que no esté comprometida o que no aporte nada.

La falta de acción o reacción puede indicar, en cambio, que ese individuo necesita hacer un análisis más profundo para saber qué requiere la situación. Un líder que no está de acuerdo con una línea de acción propuesta tal vez considera que es inadecuada o que está mal planificada, y que acelerar su aplicación tendrá consecuencias imprevistas que generarán más problemas. Si la urgencia por actuar está respaldada por una fuerte seguridad y asertividad por parte de los colegas, casi siempre es mejor retirarse en silencio. Por lo tanto, conforme avanzamos en la descripción de la importancia de la motivación personal para el éxito de un individuo, es fundamental ser conscientes de que esta se base en la reflexión y el análisis previos.

Todo ser viviente, desde las células procariotas (las más simples de las que se tiene constancia) hasta las criaturas más complejas (como los mamíferos), necesita una fuente de energía. También las empresas y cualquier otra estructura organizacional la necesitan para desarrollar o mantener sus funciones. Los líderes empresariales lo saben bien, y operan como lo haría el jefe de una planta eléctrica: estimando con sumo cuidado la oferta y la demanda, equilibrando las diferentes fuentes de suministro, trabajando con eficacia para gestionar los costes y optimizar los beneficios, mirando hacia el futuro para predecir la demanda variable y reaccionando a las demandas de energías «más limpias». Estas personas son «sensibles» a las fuentes de energía más eficientes y eficaces; necesitan suficiente energía para impulsarse a sí mismos y aún más para impulsar a los demás. Pero no todos están impulsados por la misma cantidad y el mismo tipo de energía. Los mejores líderes de nuestra amplia muestra piensan y actúan con flexibilidad, son plenamente conscientes de las necesidades de energía ajenas y de la suya propia; examinan los indicadores que miden la fuente, el flujo y el consumo, siempre conscientes de la necesidad de no entrar nunca en zona *roja*, que para cada cual está en un nivel diferente.

Mientras sigues leyendo sobre la complejidad de los líderes de alto rendimiento, ten presente esta metáfora de la fuente de energía: como líder de alto rendimiento, ya estás emulando al jefe de una planta eléctrica.

Aprovechar la energía implica:

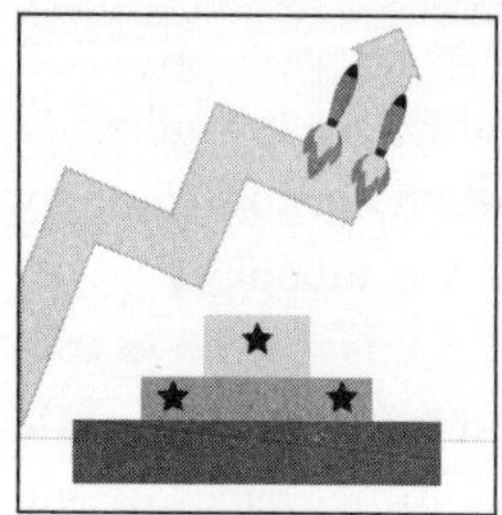

Triunfar y competir

Aspirar a grandes cosas y asumir riesgos

Tomar medidas objetivas

COMPETIDORES Y TRIUNFADORES

Definición de la investigación: el fuerte espíritu emprendedor que motiva a un líder a hacer más y lograr más puede ser consecuencia de un impulso interno de alcanzar metas o de un enfoque externo de ganar.

Los factores que impulsan y motivan a los líderes son muy variados, como los tipos de energía que necesitan y consumen. Conociendo estas diferencias podemos hacernos una idea del modo en que un líder se compromete con un trabajo que genera valor y beneficia a la sociedad. Una de las mayores fuentes de confusión que nos impiden reconocer la motivación de una persona es la idea de la competitividad. El compromiso no solo se asocia a la voluntad, la tenacidad y el esfuerzo, también es sinónimo de instinto competitivo. Esta suposición es, casi seguro, errónea, y puede conducir a una mala gestión y a la falta de compromiso.

A modo de ejemplo, pensemos en los deportistas olímpicos que compiten al nivel más alto en sus respectivas especialidades. Estos individuos extraordinarios se pasan su carrera deportiva entrenando para obtener una «ventaja competitiva» con la esperanza de ganar una medalla. Y, sin embargo, en las entrevistas que les suelen hacer después de una competición es habitual ver a quienes pierden expresando un enorme orgullo y satisfacción por haber logrado su «mejor marca personal»; han llegado a un nivel que no habían alcanzado en sus entrenamientos ni en competiciones previas, y se sienten bien a pesar de haber perdido. Un trabajo de investigación llevado a cabo en 1995 explicaba la base psicológica de este fenómeno: hay personas que son más felices cuando no ganan, a pesar de haberse esforzado por ganar. Sus autores lo denominaron efecto «menos es mejor», y describe a la perfección la diferencia entre el afán competitivo y el afán de triunfo.[1]

Para quien compite de verdad, esto es una forma de racionalización: una excusa prefabricada para no ganar. La defensa en estas situaciones es que el deportista nunca tuvo expectativas realistas de ganar, sino de participar más que de competir.

La satisfacción cuando cada cual se mide contra uno mismo se llama **afán de triunfo.**

La satisfacción cuando cada cual se compara con otros se llama **afán competitivo**.

Es conveniente entender la diferencia. Mucha gente se confunde al autoevaluarse, y se tarda un tiempo en ver la diferencia y entender cómo se aplica a uno mismo.[2]

¿Afán de mejorar o de ganar?

La manifestación conductual del afán de triunfo es casi idéntica a la del afán competitivo: ambos individuos presentan un nivel elevado de voluntad y tenacidad; aspiran a dar lo mejor de sí, a poner toda la carne en el asador. Es casi imposible distinguirlos, salvo en el desenlace final. Fíjate en el atleta que en una carrera termina en cuarto lugar con una sonrisa radiante porque ha obtenido un buen resultado para sus marcas personales, y compáralo con el que acaba segundo y llora desconsoladamente. Estas señales son visibles y revelan estados emocionales muy distintos. Por eso, emplear el término «competitivo» sin comprender su base psicológica puede ser incorrecto e inapropiado.

Si tu idea de competitividad no se pone en cuestión te puede llevar a una mala gestión de la persona. Esto podría aplicarse a la forma de fijar objetivos y metas, así como a la de determinar la retribución basada en el rendimiento. Alguien que trabaja con afán de triunfo, de superación, quiere que se le exija su mejor rendimiento previo; alguien con afán competitivo lo que quiere es hacerlo mejor que nadie. La diferencia es sutil, pero significativa:[3]

- Si fijas para una persona «triunfadora» el objetivo de superar a todos los demás, pero no sus logros anteriores, ese objetivo podría no resultarle válido.
- Si fijas para una persona «competitiva» un objetivo que no la sitúe en primer lugar frente a sus colegas, podría considerarlo un fin que no vale la pena perseguir.

Y luego están quienes (menos de los que imaginas) son las dos cosas al mismo tiempo: tienen un enorme afán de superación y un deseo irrefrenable de llegar en primer lugar. Para estas personas, el afán competitivo siempre tiene preferencia: ganar con una marca personal es lo único que importa, y necesitan fijarse unos objetivos que establezcan con claridad estas expectativas. En su caso, un segundo puesto equivale a perder, no hay nada que celebrar. Como líder, deberías tener mucho cuidado antes de repartir recompensas a los miembros de tu equipo con afán competitivo que acaben en segundo lugar. A lo mejor piensas que les motivas, pero en el fondo estas recompensas les parecen condescendientes y paternalistas. Los mejores líderes saben hasta qué punto es difícil gestionar este tipo de situaciones.

Cómo reconocer a una persona competitiva

La mentalidad competitiva es un estado de preparación: mirar hacia adelante para anticipar problemas y acontecimientos permite al individuo competitivo optimizar su respuesta. Por eso tienen tendencia a preparar muy bien las reuniones y a pensar con antelación para optimizar su tiempo y maximizar sus oportunidades:

- Los individuos competitivos, mientras esperan en un semáforo en rojo, prestan atención a los semáforos transversales para anticipar cuándo el suyo se pondrá verde. Por lo tanto, la competencia consiste en prepararse, en mantener un estado de conciencia que les permita aprovechar al máximo las oportunidades y ser eficientes y eficaces en todo lo que hacen.
- Las personas competitivas suelen caminar un poco más deprisa. Por banal que suene esto, caminar rápido… o al menos un poco más que el resto de la gente… es la forma que tienen de mantenerse, literalmente, por delante. Por ejemplo, suelen llegar pronto a las reuniones para maximizar el tiempo productivo, y no entienden que los viajeros se detengan en la cinta transportadora del aeropuerto, les parece una pérdida de tiempo.
- Los individuos competitivos meten el brazo cuando las puertas del ascensor se están cerrando para no tener que esperar al siguiente. Cada día tiene los minutos contados y no quieren perder ni uno solo.
- Las personas competitivas lo cuentan todo y recurren a las cifras para hacer comparaciones: calculan el rendimiento de la empresa, que es crucial, pero también juegan mentalmente con los números todo el tiempo.
- Los individuos competitivos que hacen cada día el mismo trayecto en coche para llegar a la oficina tienen una especie de cronómetro virtual en la cabeza: intuyen cuánto tiempo tardarán en llegar a un cruce determinado; conseguir recortar unos segundos les hace sentir mucho orgullo, y en cambio se enfadan si se retrasan.

Cómo reconocer a una persona triunfadora

Si la mentalidad competitiva es un estado de preparación en el que la persona está lista para explotar cualquier oportunidad que se le presente, la mentalidad de superación es más bien un estado de planificación y secuenciación. A este tipo de gente le gusta fijar tareas y objetivos como parte de una secuencia en su actividad laboral.

- Los individuos triunfadores están siempre haciendo listas: tachar cosas terminadas les da satisfacción y motivación. Esa lista lo es todo, y por muy felices que sean elaborando las suyas no se privan de hacerlas también para los demás, quieran o no. Les satisface marcar los objetivos cumplidos.
- Las empresas preparan herramientas personales de organización para las personas triunfadoras. Sean planificadores o calendarios, este perfil aprecia los instrumentos que les ayuden a elaborar sus listas. Franklin Covey edificó todo un imperio diseñando herramientas de planificación para triunfadores.
- Los individuos triunfadores gozan de gran capacidad para diseñar las etapas de un plan, y se automotivan y motivan a sus colegas para cumplir cada requisito de dicho plan. Con mentes similares a un diagrama de Gantt Microsoft, estas personas les dan muchas vueltas a las secuencias del trabajo y a cómo trazar un plan que defina la ruta y afronte los obstáculos que hallarán por el camino.
- Si su plan de implementación tiene doce pasos, las personas triunfadoras trabajarán de forma metódica y sin demora en cada etapa de la secuencia, verificando el progreso que van haciendo en cada una. Este tipo de trabajo les aporta sentido.

Cómo motivar a las personas competitivas y triunfadoras con medidas objetivas

Un elemento diferenciador entre alguien competitivo y alguien triunfador es el papel que juegan las evaluaciones objetivas en su motivación. Para alguien triunfador, esa medida es incremental y se sitúa en una escala; en cambio, para los individuos competitivos la cuestión tiende a ser binaria: ganan o pierden. Este hecho pone de relieve la táctica de gestión más apropiada para sacar lo mejor de cada cual:

- **Crear una escala para los triunfadores**. Emplear criterios numéricos y definir un resultado claro. Las personas triunfadoras valoran en especial las medidas internas que les permiten comparar sus logros actuales con los previos.

- **Trazar una clara línea ganadora para las personas competitivas**: estas exigen medidas, lo que implica números y escalas. Les gusta ver cómo les va en comparación con sus colegas, pero también se guían por medidas externas (si están disponibles), como los estándares del sector o el rendimiento de las empresas de la competencia.

Motivar con las medidas

Individuos triunfadores 	**Individuos competitivos** 
• **Aumento de los ingresos:** 20 % de crecimiento interanual. • **Mejora de la eficacia:** 15 % de reducción del coste, 25 % de aumento de la eficacia.	• **Dominio del mercado:** mayor cuota de mercado en 24 meses. • **Compromiso del trabajador:** puntuación de compromiso en el cuartil superior en 12 meses.

Las implicaciones de la gestión del rendimiento son claras, y a veces vemos que los objetivos simples y progresivos funcionan para las personas triunfadoras, pero desincentivan a las competitivas.

«¿Quién fija el objetivo más alto, tú o tu jefe?»

El personal directivo debería plantearse esta pregunta para saber quién de su equipo es de verdad competitivo y gestionarlo como tal. Es raro ver a una persona competitiva fuerte que no contemple el objetivo que le marca su jefe sin pensar que puede hacerlo mejor. Su sensación de logro se ve más influida por la consecución del objetivo superior. Algunos de los mejores líderes que hemos analizado ven sus objetivos como puntos de partida —el mínimo que debe alcanzarse—, y sienten la obligación moral y ética de superar ese mínimo.

Merece la pena reflexionar sobre el hecho de que hay muchas más personas triunfadoras que competitivas auténticas, aunque solemos pensar lo contrario, porque cada vez que vemos a alguien motivado y tenaz suponemos que es de perfil competitivo. Corregir este error básico resulta clave para el liderazgo y la gestión eficaz.

Conducir sin visibilidad a alta velocidad

Aprendí algo fundamental sobre el liderazgo en 1988, cuando asistí a un programa de desarrollo en el Hotel St. George de Llandudno, en el norte de Gales. Allí nos reunimos 30 profesionales del sector educativo para que nos enseñaran —y luego aplicar lo aprendido— a elaborar horarios educativos que permitieran el mejor aprendizaje del alumnado. Siempre me ha fascinado el diseño de calendarios complejos, por lo que el curso me parecía muy interesante. Era el participante más joven, y sabía muy bien que estaba ante profesionales con mucha más experiencia que yo, pero eso no me preocupaba demasiado.

Para que te hagas una idea de la tarea que teníamos por delante, piensa en el último vuelo que hiciste y la planificación que requirió para que todo saliera bien: la coordinación de tantos elementos (aeronave, tripulación, combustible, refrigerios para el pasaje, personal de embarque y de equipaje, etc.). Ahora amplía esto a toda una aerolínea y comprenderás la complejidad de programar todo lo que tiene que ocurrir para garantizar que tu avión esté donde tiene que estar antes de partir y adónde irá una vez que hayas desembarcado. Este calendario se tiene que elaborar con meses de antelación y ha de ser lo bastante flexible para modificarse en caso de mal tiempo o avería. Este es el tipo de trabajo mental que a mí me encanta y con el que me iba a encontrar en Llandudno.

En vez de aviones, teníamos aulas de distintos tamaños con capacidad para albergar a unos grupos y no a otros. Algunas de ellas contaban con equipos y recursos especiales que podían programarse para un solo fin, como los laboratorios de ciencias. Disponíamos de profesorado con distintos niveles de experiencia; había quienes enseñaban solo en un aula y quienes eran itinerantes, es decir, algo así como tener una tripulación cualificada para pilotar unos aviones, pero no otros. Estos docentes necesitaban algo de «tiempo libre» durante la semana, etc.

Era un curso de cinco días, y el cuarto día nos facilitaron los datos de una institución ficticia y nos comunicaron todas las limitaciones que tendríamos que gestionar. Nuestra prueba consistía en elaborar un horario realista para un curso. Me pareció una tarea demasiado fácil y me comprometí a elaborar el calendario para los siete cursos que había en la escuela. En el tiempo que tardé en hacerlo, algunos de mis compañeros seguían luchando por terminar el horario para el curso que nos habían asignado.

Nos dieron seis horas, y culminé mi tarea muy orgulloso, justo antes de que el reloj marcara el final del plazo. Los docentes supervisores, muchos de ellos matemáticos, hicieron su evaluación en tiempo real mientras toda la clase intentaba aprender de sus errores o de las sugerencias que les hacían para mejorar el trabajo realizado. Cuando llegaron al mío, me di cuenta de que había cometido un error garrafal en cuanto el profesor señaló el ejercicio y me hizo una pregunta. Me sentí muy decepcionado conmigo mismo. El error era considerable, ya que afectaba a todo el horario que había planificado y significaba que lo que había hecho para el curso que nos habían asignado también estaba equivocado. De hecho, suspendí aquel trabajo.

Mi afán competitivo, la confianza en mí mismo y, sí, la arrogancia, me hicieron fracasar. Porque en lugar de revisar y cotejar con meticulosidad mi trabajo, comprobando cada secuencia en busca de errores, seguí adelante, confiando demasiado en mi inteligencia y mis conocimientos. De aquella experiencia aprendí que hay que ir más despacio, que debía ser más modesto en mis objetivos, contener mi ego, apreciar mejor que no todas las tareas son pruebas que exigen expresar mi valía, mostrar un poco más de humildad. Al examinar a otros líderes y toparme con muchos ejemplos similares me di cuenta de que la necesidad de este aprendizaje era más general, y de que muchos líderes todavía no lo habían adquirido. Fue una experiencia dolorosa que juré no repetir.

SENTIDO DEL VALOR Y AUTOESTIMA

Definición de la investigación: un alto nivel de autoconfianza, seguridad en uno mismo y autoeficacia puede llevar a los líderes a fijar altas expectativas para sí mismos y para los demás.

El afán de triunfo o de competición no es la única fuente de energía que mueve a los líderes a mejorar. A algunas personas las impulsa el sentido de importancia y significación, una creencia de que pueden resolver grandes problemas y alcanzar un nivel de éxito que está fuera del alcance del resto. Estos líderes se ofrecen para abordar las tareas más difíciles, en las situaciones más visibles, donde las probabilidades de fracasar y dañar la propia reputación son muy altas, pero gozan de la suficiente motivación porque sienten que pueden triunfar. En nuestro trabajo descubrimos que muchos líderes competitivos también son fuertes en este rasgo, y la coincidencia no necesita explicación.

La razón de este alto nivel de seguridad en sí mismos es que se lo han ganado con sus éxitos y logros pasados. Pueden poner múltiples ejemplos de implicarse en problemas muy difíciles y resolverlos con éxito. Esto les anima a creer que son capaces de solucionar otros en el futuro. No debería sorprendernos que las personas con estas características al principio de su vida profesional lleguen a puestos de autoridad y liderazgo. En su libro *True North: Discover Your Authentic Leadership*, Bill George describe con detalle las primeras experiencia vitales de muchos líderes que asumieron el liderazgo a una edad tan temprana como los siete años.[4] Cuando se les pidió que explicaran cuándo se dieron cuenta de que tenían altas capacidades en este ámbito, la inmensa mayoría habló de experiencias escolares tempranas que se hicieron más patentes y se acentuaron en la adolescencia. No se trata de afirmar que el liderazgo sea determinista, sino de señalar que muchos de los líderes más seguros de sí mismos ya presentaron estas características a una edad temprana.

Desarrollar una autoestima positiva en la primera adolescencia

«¿Qué consejo darías a las escuelas que intentan desarrollar cualidades de liderazgo en los jóvenes?»

En 2010, hablé ante una audiencia de directores de escuelas que me hicieron esta misma pregunta. «Desarrollar la autoconfianza —les respondí—. Ayudarles a descubrir sus puntos fuertes y sus capacidades, y darles más oportunidades para sobresalir en esas áreas y afirmar sus logros». No hay misión más importante para padres y profesores que la de aumentar la confianza de los niños y niñas, y afirmar sus capacidades ante los demás.

La psicóloga e investigadora Barbara Fredrickson formuló la teoría de «ampliación y construcción» para exponer su hallazgo de que acentuar el éxito de una persona joven en un área de actividad específica conlleva mejoras en otras áreas no relacionadas, y que fomentar más este éxito genera beneficios aún más periféricos.[5] Así, por ejemplo, un niño que destaca en teatro y al que se le reconoce esta capacidad, y se le anima a desarrollar sus logros, mejorará de forma significativa sus resultados en matemáticas, de una manera que estaba muy correlacionada, pero claramente no relacionada.

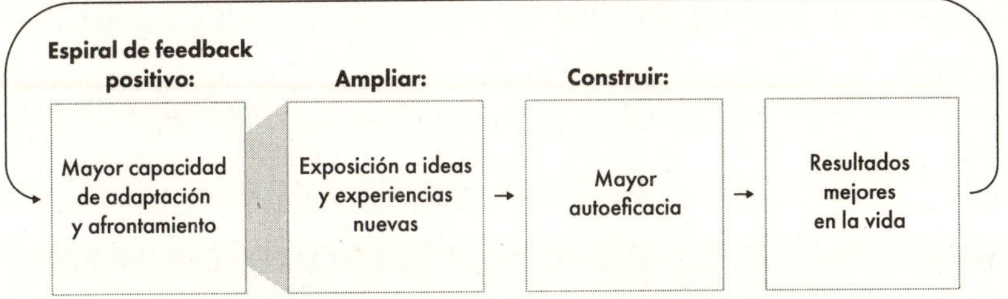

La investigación de Fredrickson también reveló la influencia generalizada de la negatividad. Si criticas las áreas que a los jóvenes no se les dan bien, su rendimiento en aquellas en las que antes eran fuertes disminuye. Y es que, igual que el beneficio de la autoestima y la autoconfianza genera un efecto compuesto positivo, lo contrario da lugar a un efecto negativo amplio. Por desgracia, muy poco de su trabajo ha calado en la práctica de la gestión actual, y por eso al personal directivo le cuesta menos pillar a sus subordinados haciendo las cosas mal que verles haciendo las cosas bien y celebrarlo.

Si llevamos un paso más allá la investigación de Fredrickson, podremos predecir que los líderes con más seguridad en sí mismos y un largo historial de éxito deberían gozar de una mayor propensión a contribuir de manera eficaz fuera de sus áreas de competencia y experiencia. Bien, pues eso es justo lo que descubrimos: los líderes con un fuerte sentido de autoeficacia tienen mucha más propensión a contribuir en áreas no relacionadas con su especialidad. La idea parece contradictoria, pero el caso es que ayudar a aumentar la sensación de eficacia de un líder y afirmar sus contribuciones puede facilitar el derribo de las barreras que separan a las personas y las hacen trabajar aisladas y a la defensiva.

Ser dueño de tus puntos fuertes

«¿Qué haces mejor que nadie?»

A todos los líderes les hacemos esta pregunta, y las respuestas suelen ser decepcionantes. Incluso teniendo en cuenta la humildad y la tendencia humana a restar importancia a las propias capacidades, sorprende la falta de especificidad de las respuestas. La gente tiene verdaderos problemas para hablar de lo que hace bien y mejor que la mayoría, lo que pone de manifiesto el mal trabajo de las empresas al describir la valía de una persona y determinar su experiencia y valor.

Sorprende con qué rapidez, cuando se le pregunta a alguien sobre sus puntos fuertes, se desvía para hablar de una serie de debilidades y defectos. Es algo más que autocomplacencia: se trata de una negación de la contribución que tiene un fuerte trasfondo cultural. Lo habitual es que quitemos relevancia a nuestras capacidades para no parecer los empollones de la clase, pero esta situación no está equilibrada; se inclina mucho hacia una autoproyección negativa, y es algo que todo el mundo debería abordar.

Con frecuencia nos topamos con personas que, sin pensarlo bien, dicen que las capacidades de alguien se pueden convertir en sus peores debilidades. Y es ridículo afirmar esto, como ya vimos. El caso es que, además de nuestra reticencia a reconocer los propios puntos fuertes, hay una serie de psicólogos fanfarrones que jalean el hecho de tomar nuestra exigua autoimagen positiva y volvérnosla en contra, como lo haría un potencial detractor. Un artículo de Robert Kaplan y Rob Kaiser, publicado en 2009 en *Harvard Business Review* y titulado «Stop Overdoing Your Strenghts» (y su posterior libro, *Fear Your Strenghts: What You Are Best at Could Be Your Biggest Problem*), es la mejor prueba de esta caracterización errónea.[6] ¡Cómo les gusta a los psicólogos deleitarse con la miseria! Ya comentamos esta tendencia en la primera mitad del libro.

«¿Qué crees que te ayudará más a mejorar: conocer tus puntos fuertes o tus debilidades?»

Gallup ha estado lanzando esta pregunta durante décadas, y la mayoría de la gente cree que conocer sus debilidades es la clave del éxito, una afirmación por completo equivocada. Demasiadas prácticas empresariales, desde las revisiones anuales hasta la gestión del rendimiento, refuerzan esta negatividad y suprimen la confianza y la seguridad en uno mismo. Hacen falta personas muy especiales para superar esta situación y generar el impacto que saben que pueden lograr.

Si las empresas y sus líderes quieren sacar lo mejor de sus equipos, deben reforzar la autoconfianza de sus miembros. Los mejores líderes lo hacen de forma intuitiva, celebrando los éxitos ajenos, situando a otras personas en puestos donde sus contribuciones brillen, distribuyendo reconocimiento y ayudándoles a crecer. Se trata de un objetivo imprescindible que, sin embargo, los líderes más débiles consideran opcional.

LAS MEDIDAS SON EL MOTOR DEL CRECIMIENTO

Definición de la investigación: el crecimiento requiere de objetivos desafiantes y de la claridad que aporta una evaluación objetiva en la búsqueda de tales objetivos. El crecimiento es más bien la consecuencia de situar a las personas con más Talento en los puestos adecuados que de la cantidad de productos y servicios que vendan o gestionen.

Algunos de los líderes de mayor rendimiento de nuestra amplia muestra de análisis se guían casi siempre por medidas que abarcan la amplitud de su contribución y valor en el trabajo, y tienden a crear estas medidas a pesar de sus empresas, no gracias a ellas.[7] Estos líderes observan su mundo a través de un cuadro de mando que indica cómo se progresa hacia los objetivos marcados. Es una mentalidad que les diferencia de la mayoría de los líderes, que ven su valor en términos de realización de tareas y actividades. Volviendo a la metáfora de la fuente eléctrica, su cuadro de mando mide cada actividad y función en tiempo real. Sin estos indicadores, los líderes estarían «volando a ciegas».

Hay dos elementos que parecen ser sólidos principios para la evaluación objetiva y para los líderes orientados al rendimiento:

> El *primero* es que miden una amplia gama de indicadores que captan cómo se genera valor más allá de lo económico.
>
> El *segundo* es que utilizan su cuadro de mando como base para fijar objetivos que otros creen fuera de su alcance, es decir, la pura definición de «objetivos de estiramiento».

Para este tipo de líderes, el interés por medir de forma objetiva el rendimiento es el ingrediente esencial de la fórmula para fijar los objetivos y que las personas rindan cuentas. Reconocen que todos los trabajadores de la empresa han de saber si su rendimiento este año es sensiblemente mejor que el del año, el trimestre, el mes o la semana pasados. Con estos datos en la mano, los líderes excepcionales pueden comprobar si el rendimiento de los trabajadores con menos Talento ha empeorado y centrar sus esfuerzos en formar equipos en los que las personas con más Talento puedan rendir mejor. El resultado lógico de esto es el crecimiento.

Las calificaciones del personal directivo no miden el rendimiento

Los líderes de alto rendimiento establecen unas medidas objetivas que les ayudan a valorar el trabajo de su gente y el crecimiento de su empresa. Cuando hablamos de «medidas objetivas» del rendimiento no nos estamos refiriendo a las calificaciones del personal directivo que suelen presentarse en las temidas revisiones de fin de año.

Un error que cometen muchas empresas es concluir que, porque un aspecto clave de las funciones de una persona sea difícil de medir, resulta imposible una evaluación objetiva de su rendimiento global. Con demasiada frecuencia, en vez de hacer el esfuerzo que vamos a exponer en este capítulo, se recurre a un mal indicador del rendimiento: las calificaciones del personal directivo. Estas calificaciones son muy problemáticas, tanto que cada vez más empresas líderes las están eliminando de su sistema de gestión del rendimiento. Estamos de acuerdo con estas empresas.

Antes de profundizar en los detalles de dichas calificaciones deberíamos señalar que al personal directivo y los líderes de alto rendimiento no les suelen gustar, las consideran desmotivadoras. En este sentido, las empresas que hacen cosas que molestan a sus mejores trabajadores deberían reflexionar sobre ello, pero persisten en la negación y confían en el buen carácter y la profesionalidad del equipo directivo y los líderes de alto rendimiento para que se mantengan con la boca cerrada y sigan el juego. Y en la mayoría de los casos lo hacen, pero en ocasiones se niegan y dejan la compañía en «busca de otras oportunidades». Ojalá fueran más las personas que abandonaran la empresa de esta manera.

Pero ¿por qué decimos que estas calificaciones son un mal indicador de los resultados? La razón principal es que en muchos estudios fiables las calificaciones de los directivos presentan una correlación muy débil (o incluso inversa) con los resultados que se espera obtener. Dicho de otro modo, una mayor calificación del directivo no se relacionada con un mejor rendimiento.[8] El motivo es que cuando el personal directivo califica a sus subordinados no están puntuando con precisión su rendimiento, sino más bien su simpatía, su carácter. Por tanto, las empresas que describen tales calificaciones como «de rendimiento» deberían ser demandadas por afirmaciones falsas.

Insistimos en que las empresas deberían ser advertidas con seriedad de no llevar a cabo prácticas que molesten o desmotiven a sus trabajadores más competentes. Los buenos líderes lo saben, pero, por mucho que aboguen por mediciones del rendimiento más objetivas, los departamentos de recursos humanos de la mayoría de las empresas (en esa interminable carrera de rellenar formularios y marcar casillas) funcionan como una esponja que absorbe la vida de la gente, dejando que estos líderes desarrollen en secreto creativos actos de subversión. De hecho, si tales líderes quisieran recaudar fondos para apoyar sus esfuerzos, seríamos sus mayores contribuyentes. Puede que la batalla esté perdida, pero no pueden permitirse abandonarla. Los siguientes son algunos de los resultados de investigación que han contribuido al abandono de las calificaciones por parte del personal directivo:

- Los miembros del personal directivo distorsionan adrede las calificaciones de sus subordinados por tres razones fundamentales:[9]
    - Evitar las consecuencias negativas de una puntuación más precisa les motiva para dar calificaciones incorrectas (en general, infladas), ya que así eluden mantener una conversación difícil con un trabajador de bajo rendimiento.
    - El personal directivo desea cumplir las normas de la empresa. Por ejemplo, algunas exigen que solo el 20 % de sus trabajadores reciban las puntuaciones más altas (incluso algunas especifican los porcentajes para cada resultado, del 1 al 5). Esto también se aplica a las puntuaciones negativas; por ejemplo, si se da a alguien una puntuación de 1 (que es la calificación más baja), la empresa podría preguntarse por qué esa persona sigue trabajando allí. Así pues, el personal directivo sabe que no debe dar a nadie la puntuación más baja.
    - Alguien puede llegar a distorsionar las puntuaciones por su propio interés. Por ejemplo, tal vez esa persona piense que las valoraciones de su propio rendimiento se relacionan con las que hace de los miembros de su equipo, que las puntuaciones más altas otorgadas a estos podrían verse reflejadas en positivo en la percepción de su liderazgo.
- La forma de calificar a sus subordinados es más un reflejo de sus opiniones y creencias sobre el desempeño laboral que una evaluación objetiva del rendimiento de la persona evaluada.[10]

- Existe una relación entre débil y negativa de las calificaciones otorgadas por el personal directivo y los resultados medidos de forma objetiva.[11] Un trabajo de investigación de 2002 concluía que «parece haber pocas pruebas de que las escalas de valoración (calificaciones de los directivos) predigan el rendimiento laboral».[12]
- Otro estudio, este de 2003, establecía que el grado en que un directivo valora a un trabajador en una característica laboral determinada depende de la competencia que el directivo demuestra en ella.[13] El mismo trabajo halló que los miembros del equipo directivo que muestran un alto nivel de esfuerzo discrecional tenían muchas más probabilidades de valorar de manera positiva a los miembros de su equipo que también lo mostraban.
- Para que las calificaciones de rendimiento sean precisas y fiables, el personal directivo debería emplear una escala completa de puntuaciones, pero casi nunca lo hace. Un trabajo de investigación de 2011 halló dos tendencias que se lo impiden:[14] una es la «tendencia a la centralidad», que hace referencia a la propensión a reducir las calificaciones a tres puntuaciones; por ejemplo: 3, 4 y 5, en una escala donde el 5 es la puntuación más alta. Esta es mucho más común que la «tendencia a la indulgencia», consistente en inflar las puntuaciones en un factor de 5,64, para evitar algunas de esas conversaciones difíciles que destacábamos en el primer punto.
- Según nuestras investigaciones, cuanto más sofisticado y positivo es un miembro del equipo en su conducta social, mayor es la probabilidad de que su jefe valore más su rendimiento. En cambio, quienes hacen preguntas difíciles o no se pliegan de inmediato a los deseos de sus superiores reciben calificaciones más bajas, a pesar de que muchas veces su rendimiento se considera excelente. Nos referimos a esto como un problema de «fácil gestión» por razones obvias.
- Si las calificaciones que hace el personal directivo reflejaran el rendimiento real, entonces la suma de todas las calificaciones de una organización debería correlacionar con su rendimiento financiero, pero no es así. De hecho, al comparar las sumas de tales calificaciones, la mayoría de las empresas se sitúan en el rango de 4,1 a 4,3 (en

esencia, el mismo en todas) y, sin embargo, esas compañías presentan unos resultados financieros en una franja mucho más amplia. La explicación lógica es que, aunque las llamemos «calificaciones del rendimiento», no tienen casi nada que ver con este.

En ocasiones encontramos una correlación inversa

Nuestra asociación con una importante empresa minorista de Estados Unidos reveló el fallo fundamental de creer que las calificaciones del personal directivo son un indicador eficaz del rendimiento. La muestra del estudio fueron las 132 tiendas que tiene la empresa, y las puntuamos y clasificamos según sus dos medidas de rendimiento principales: el porcentaje de conversión y la cantidad en dólares que gasta cada cliente. Aunque disponíamos de los datos reales de rendimiento, pedimos a 21 gerentes de distrito, de quienes dependían los directores de tienda, que calificaran cada local en función de su rendimiento.

Los gerentes de distrito disponían de los mismos datos, así que con un simple vistazo a esta clasificación tendrían toda la información necesaria. ¿Qué podía fallar? Bien, pues los resultados fueron los siguientes:

- Las tiendas que ocupaban el segundo cuartil en la clasificación recibieron de los gerentes de distrito la puntuación media más alta del rendimiento.
- Las del tercer cuartil recibieron las siguientes puntuaciones más altas, y las del cuarto cuartil las siguientes.
- Las tiendas peor valoradas se situaban en el cuartil de mayor rendimiento, y la correlación global fue ligeramente inversa, cuando debería haber sido claramente positiva.

Aquello era un misterio. Cuando entramos en detalle para dar con una explicación encontramos que los directores de las tiendas del cuartil superior eran demasiado difíciles de tratar para los gerentes de distrito. Se trataba de individuos prepotentes, exigentes e inflexibles en sus relaciones con la empresa; se servían de esa prepotencia y de su asertividad para obtener beneficios para sus tiendas en términos de inventario y disponibilidad de los SKU, así como un acceso prioritario a las campañas promocionales y a la formación de la plantilla.

En definitiva, los gerentes de distrito, al puntuar las tiendas, no estaban calificando su rendimiento, sino la facilidad de su gestión. Es decir, sus calificaciones eran un reflejo de ellos mismos, no de los directores de tienda a quienes se suponía que estaban evaluando. Entonces nos dimos cuenta de cómo personas débiles en puestos directivos pueden destruir una organización y por qué la gente buena se une a las organizaciones, pero abandona a los malos directores.

Esta es una de las razones por las que muchas empresas han renunciado a las calificaciones del personal directivo,[15] y desde luego aplaudimos esa decisión. Los líderes eficaces no suelen necesitar la confirmación de los hallazgos de investigación para fundamentar lo que por intuición saben que es cierto, pero disponer de conclusiones basadas en datos empíricos que revelen los numerosos problemas que plantean las calificaciones del personal directivo sí que es básico para educar a las organizaciones y, en particular, a sus directivos con menor orientación al rendimiento.

En este libro también relatamos cómo la presencia de características positivas en la evaluación de un puesto puede influir en el personal directivo a la hora de nombrar a quienes poseen buenas habilidades sociales, y de considerar de un modo más favorable a aspirantes optimistas frente a quienes no lo son. Y es que no solo tenemos prejuicios al calificar a las personas en puestos directivos, también para seleccionar a alguien para cualquier puesto. Son las dos caras de la misma moneda. Aquellos que pretenden corregir el desequilibrio demográfico en sus organizaciones harían bien en evaluar sus propios prejuicios como directivos antes de embarcarse en lo que podría ser un cambio inútil.

Nuestra conclusión —y hay gente a la que le molestará— es que las organizaciones que confían solo en las calificaciones de sus directivos como indicador del rendimiento real están haciendo justo lo contrario de lo que proclaman: son empresas, en esencia, perezosas.

Entender el crecimiento

Las dos gráficas siguientes han sido elaboradas por dos líderes distintos; a ambos se les dio la matriz y se les pidió que «dibujaran el crecimiento».

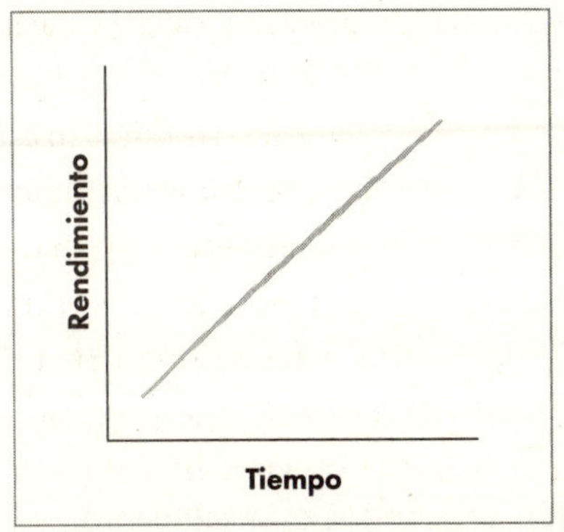

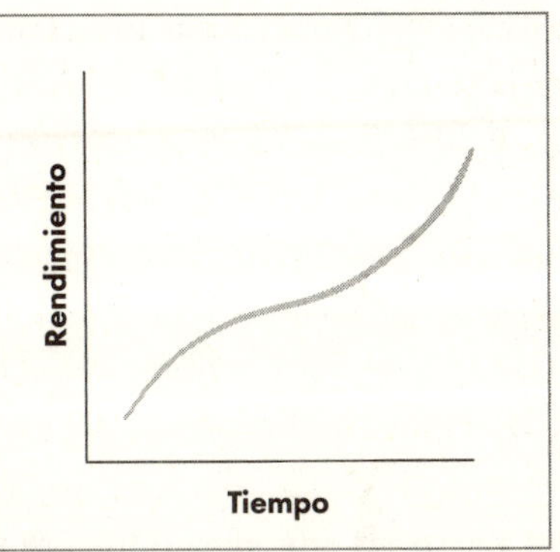

Con frecuencia nos invitan a hablar con grupos de líderes sobre la gestión del rendimiento y la orientación al crecimiento. En estos encuentros, casi siempre les damos una hoja en blanco y les invitamos a «dibujar el crecimiento». Pero este gráfico no tiene escala; aunque las etiquetas «Tiempo» y «Rendimiento» se entienden bien, no hay intervalos de medida objetivos o definiciones. Solo intentamos saber lo que piensa una persona cuando se le pide que dibuje el crecimiento.

No se trata de una tarea difícil y, sin embargo, hay quienes dudan, porque nadie quiere parecer tonto y esperan ver dónde está la trampa. En general, lo suelen hacer bien. Cualquier línea que empiece abajo y acabe más arriba representa un crecimiento, pero cada persona lo enfoca de una manera distinta. Hay quienes dibujan líneas agresivas, con una curva ascendente pronunciada; otros hacen líneas irregulares, queriendo expresar que el crecimiento no siempre es constante o lineal; y en algunos casos dibujan curvas muy poco pronunciadas, como reconociendo que es difícil crecer.

La razón por la que este ejercicio resulta crucial es que, junto con el deseo de medir los resultados de forma objetiva, la más marcada orientación de los líderes de alto rendimiento es el crecimiento. Pero la definición de crecimiento de muchos líderes carece de rigor. Los consejos de administración y sus consejeros delegados reconocen este problema e intentan, pues, definir el crecimiento de una forma más objetiva. Por ejemplo, para que una empresa sea considerada de «alto crecimiento» tiene que obtener unos ingresos mínimos de forma constante a lo largo del tiempo. Se trata de una afirmación poderosa, pero solo válida si el mercado crece a un ritmo mucho más lento.

Las empresas a las que les cuesta alcanzar un crecimiento superior al del mercado buscan otras formas de definir su éxito, y la opción por defecto suele ser el BPA (beneficio por acción), una medida atractiva cuando es difícil aumentar los ingresos, porque resulta más fácil recortar costes. Cada empresa pone el énfasis en diferentes medidas financieras para determinar la tasa de crecimiento. Nuestro principal consejo es este: si los ingresos superan los resultados previos y también los del mercado, entonces la empresa puede afirmar de forma legítima que está creciendo.

Las personas con mucho talento están orientadas al crecimiento

Para los líderes de alto rendimiento, la respuesta a la pregunta sobre el «crecimiento» siempre es *la gente*. Quienes piensan que el crecimiento se debe a la combinación de producto, precio y servicio (aunque es cierto que son importantes) se equivocan por completo. Cualquier producto o servicio, por excelente que sea, fracasará en manos de un representante de ventas incompetente. Los comerciales débiles tienen el «don» de hacer que productos excepcionales parezcan terribles, y de cargarse la idea de que es fácil hacer negocios con su empresa. Por tanto, es la relevancia de las personas para el crecimiento lo que desbloquea el potencial de las organizaciones de éxito.

Esto no quiere decir que todas las personas contribuyan por igual. Piensa qué responderías al siguiente planteamiento:

Diriges una empresa de ventas y, a principios del cuarto trimestre, tienes problemas para alcanzar tu cuota mínima. Con el fin de incrementar las ventas y llegar a tu cuota anual, ¿a qué elementos prestarás más atención?

- A tus comerciales con peores resultados (que está claro que tienen una gran brecha que cerrar).
- A tus comerciales con mejores resultados (la mayoría de los cuales ha superado ya su cuota).

Veamos otra pregunta antes de revelar si la respuesta es correcta o no:

Si todas las demás variables son iguales, ¿cuál de las siguientes tiene más probabilidades de aumentar el crecimiento?

* Intentar mejorar el rendimiento de los peores comerciales.
* Intentar mejorar el rendimiento de los mejores comerciales.

Si las respuestas no te resultan obvias, este libro es para ti. De hecho, a muchos líderes este escenario les parece ilógico y que va en contra de sus hábitos. Jack Welch hizo esta misma observación en 2016, cuando declaró que «muchos directivos se pasan el día en reuniones interminables que merman su productividad, y en conversaciones paralelas sobre quienes no rinden en el trabajo».[16] Solemos asistir a reuniones de equipos de liderazgo y revisiones de talento en las que los líderes se quejan abiertamente del tiempo que dedican a quienes menos rinden. Es casi como si considerasen la pérdida de tiempo como un mal necesario, pero no lo es.

El Talento variable influye en el rendimiento

En el caso de los líderes que dedican mucha energía a formar a sus trabajadores que rinden peor y se ocupan por su cuenta de garantizar que se cumplen los compromisos, el impacto acumulativo en el rendimiento del equipo será evidente. Veamos un ejemplo de un equipo hipotético de doce miembros cuyo rendimiento se presenta en una matriz.

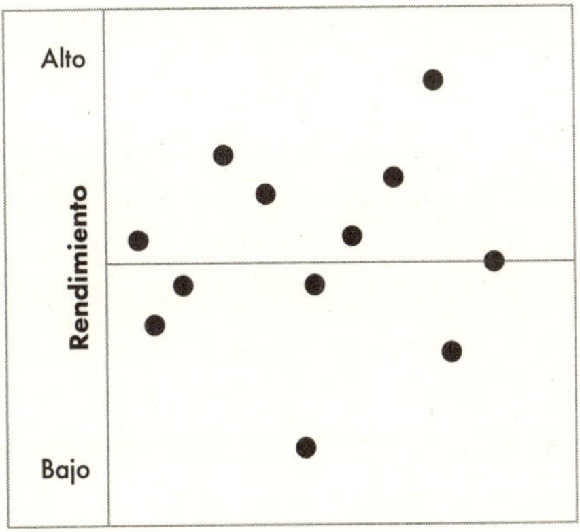

En cada equipo hay una gama de rendimientos que refleja el nivel variable de Talento de cada individuo. La línea horizontal representa el rendimiento medio. Aquí podemos ver que cinco miembros del equipo se sitúan por debajo de la media, seis por encima y uno en la media exacta. ¿Qué interpretación suelen hacer los líderes y directivos a partir de una distribución de este tipo?

Primero, los líderes no consideran a todos los individuos iguales, deciden dónde invertir su tiempo y a quién quieren ver mejorar.

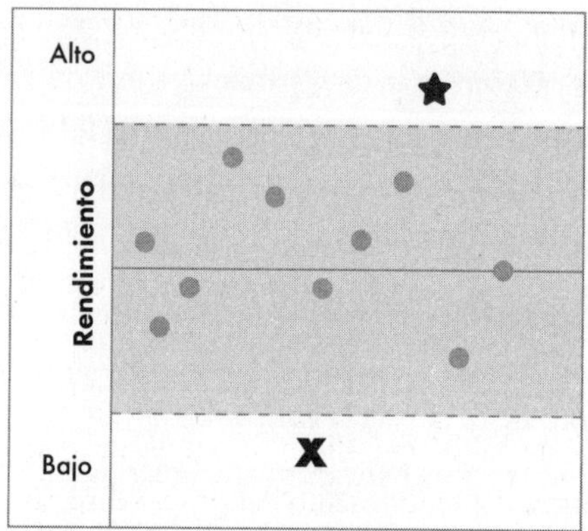

El área sombreada alrededor de la media representa una banda invisible de «tolerancia». Las personas que están por encima o por debajo de la media no tienden a destacar; su rendimiento no es sobresaliente, pero tampoco causan problemas obvios, por lo que reciben menos atención de su jefe. La amplitud de esta banda de tolerancia varía un poco según el líder, pero suele ser más ancha que estrecha. En este ejemplo, un miembro del equipo queda fuera de la «banda de invisibilidad» en la parte positiva (★) y otro en la parte negativa (✖). Son valores atípicos, pero, sobre todo, son visibles.

¿Cómo considerarían esta información los líderes de alto rendimiento en comparación con los de bajo o medio? Un estudio de Robert Half, publicado en 2012, señala que el personal directivo pasa, por término medio, un día a la semana intentando formar y mejorar a los miembros del equipo que tienen bajo rendimiento.[17] Pero este estudio oculta un hallazgo mucho mayor: el 89 % de los líderes tienen predisposición a centrarse (y dedicar la mayor parte de su tiempo) en los trabajadores de bajo rendimiento, y solo el 11 % se centrarían en los de alto rendimiento. Tal como hemos observado en nuestra propia base de datos de 58.000 mil líderes, quienes presentan mayor rendimiento dedican más tiempo a formar y desarrollar a los miembros también de mayor rendimiento de sus equipos.

Concentrarse en mejorar los malos resultados

Lo interesante de esto es saber qué se consigue focalizando la atención en los equipos con peores resultados. Si el 89 % del personal directivo está predispuesto a formar a quienes rinden menos, ¿tiene esto algún impacto? Si es así, ¿merece la pena esa inversión de tiempo?

Cuando entrevistamos a los líderes que invierten la mayor parte de su tiempo en quienes rinden menos, suelen afirmar que están tratando de convertirles en los mejores. Pero la realidad es que están intentando mejorar el rendimiento de estas personas hasta que ocupen la franja invisible mencionada antes, y así podrán dejarse de preocuparse por ellas. Dicho de otra manera, quieren que el problema desaparezca, y ayudar a estas personas a mejorar «un poco» para que entren en la banda de tolerancia resolvería los problemas de varianza del rendimiento del propio directivo.

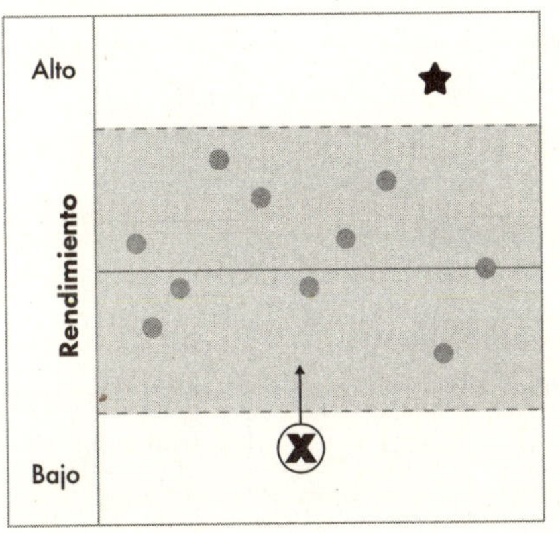

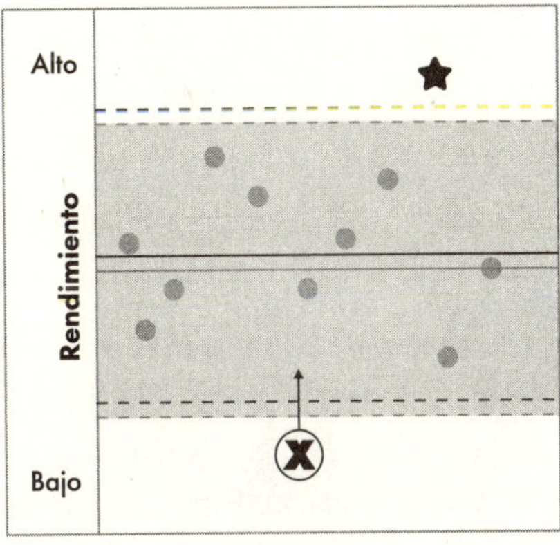

No obstante, si se calcula el impacto de esta «mejora» en el rendimiento global del equipo (suponiendo que todo lo demás siga igual), vemos que se trata de una ganancia insignificante. La mejora del rendimiento de una persona no tiene apenas impacto en el rendimiento medio, pero al menos es algo positivo. Si el 89 % de los directivos de una empresa lograra este grado de mejora de los resultados, ¿cuál sería el beneficio colectivo para la empresa? Volviendo a esas curvas de «crecimiento» de antes, podemos transferir los resultados esperados, y lo que muestran es una mejora mínima.

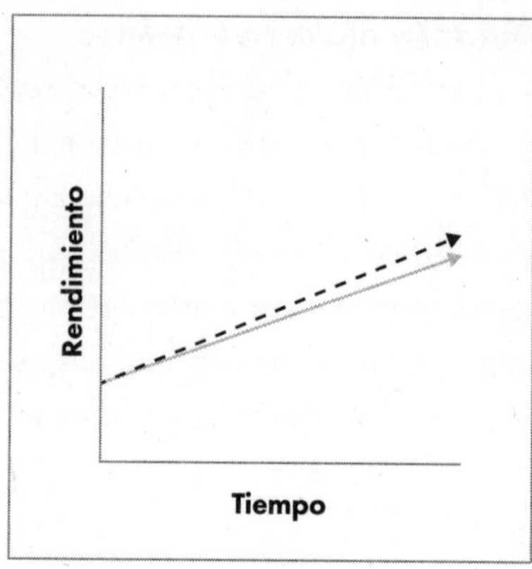

Antes de empezar a argumentar que todo progreso es positivo hemos de recordar que el progreso es el resultado de que ese personal directivo dedique el 20 % de su tiempo (semana tras semana) a una única tarea con rendimientos decrecientes. Esto explica por qué tan pocas empresas consiguen generar unos resultados tan notables que las distingan de la competencia. Así, en lugar de esperar un crecimiento significativo año tras año, las empresas reconocen la realidad de sus limitaciones, y frases como «unas veces se gana y otras se pierde» justifican su relativa mediocridad.

Concentrarse en mejorar los buenos resultados

¿Cuán diferentes serían estos resultados si la norma en las organizaciones fuera que sus líderes se orientasen más al crecimiento y al alto rendimiento? En primer lugar, debemos señalar que estos líderes no ignoran a quienes rinden poco: dedican cierto tiempo (mínimo) a averiguar si es posible mejorar algo y enseguida concluyen que, en la mayoría de los casos, no lo es. Entonces prefieren actuar con rapidez en función de esta realidad para obtener ganancias más inmediatas y sostenibles con alguien que genere mejores resultados.

El personal directivo y los líderes de bajo rendimiento tardan demasiado en intentar mejorar el bajo rendimiento de ciertos miembros del equipo, y muchas veces no reconocen que estas personas deberían ser despedidas y sustituidas por otras con más Talento. Los líderes de alto rendimiento, por su parte, actúan con mayor urgencia y consiguen poner fin a esta situación en un plazo máximo de tres meses. Pero, incluso con una decisión de este tipo pendiente, siguen dedicando la mayor parte de su tiempo a formar y desarrollar a quienes tienen la capacidad de alcanzar un rendimiento óptimo.

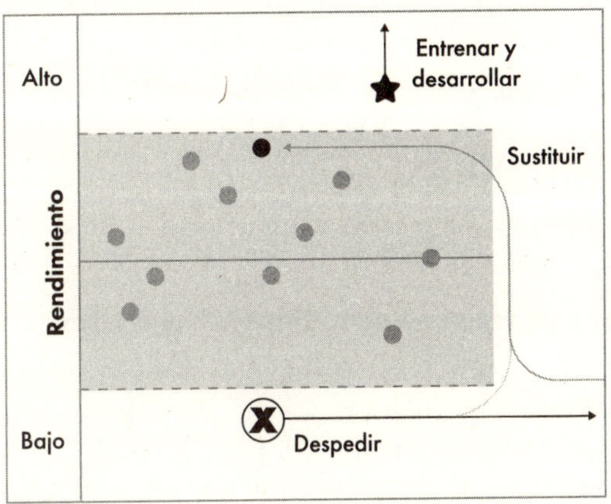

En este ejemplo, se despide a quien tiene peor rendimiento y se le sustituye por alguien cuyas cualidades encajan mejor en el puesto y posee mayor capacidad de trabajo. Centrarse en formar y desarrollar al valor atípico de alto rendimiento contribuye también a mejorar los resultados generales. Es decir, un enfoque así tiene un impacto mucho mayor y más positivo en el rendimiento global del equipo.

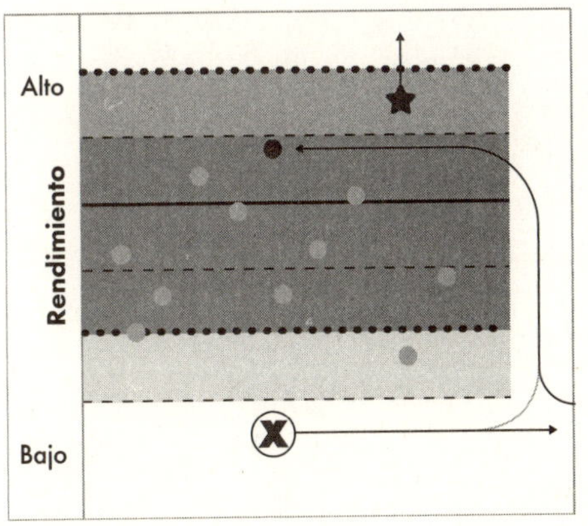

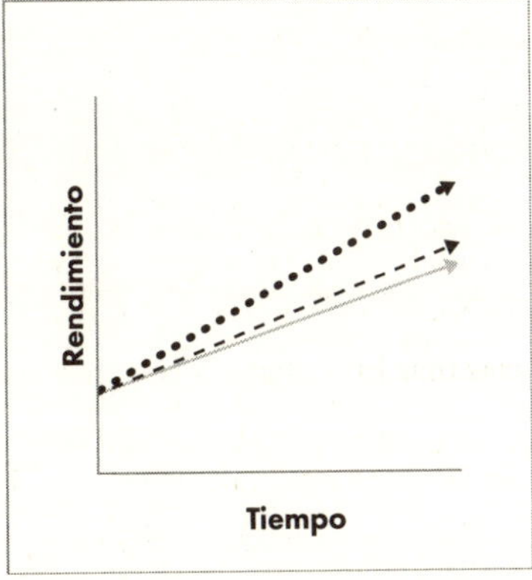

Si hubiera más líderes con Talento y orientación al crecimiento que aportaran mejoras de rendimiento de este tipo, veríamos trayectorias de crecimiento muy diferentes en el nivel organizacional. El hecho de que esto no ocurra nos revela que las empresas contratan a muy pocos líderes con esta mentalidad, y que las prácticas de gestión del rendimiento en muchas de ellas se basan con demasiada frecuencia en una especie de concursos de popularidad. En estas compañías, los excelentes resultados de sus líderes de alto rendimiento son anulados por los mediocres de sus líderes más débiles. No es de extrañar que quienes ocupan puestos más altos en la organización no tengan visión, conciencia ni capacidad para cambiar las cosas: sus empresas son un reflejo directo de sí mismos.

Fijar objetivos e incentivos que promuevan el rendimiento

Los líderes de alto rendimiento consideran su objetivo como el rendimiento mínimo esperado. Esto quiere decir que, en una empresa dedicada a las ventas, se espera que todo el mundo llegue a su cuota de ventas, porque esta es el mínimo esperado. Por lo tanto, es lógico que las recompensas económicas y de otro tipo se empiecen a conceder a partir de ese punto. El incentivo debería dirigirse siempre a la consecución de la cuota como primer paso del proceso de recompensa. Pero, para que las empresas crezcan y sean más competitivas en el mercado, se tendría que incentivar a sus comerciales para que superen la cuota, y lo mejor sería que los líderes invirtieran tiempo y esfuerzo en generar una estructura de incentivos que anime a su personal a superar la cuota mínima.

Los jefes de ventas que no tienen visión y que temen una reacción negativa y el posible desgaste de sus comerciales son el mayor impedimento para este cambio. Estas personas, en vez de fijar la cuota como el nivel mínimo a partir del cual entran en juego las recompensas, se dedican a ofrecer terapia emocional y apoyo, y les encanta dar palmaditas en la espalda a los comerciales que se han esforzado y, aun así, no lo han conseguido. Esto lo hacen, entre otras cosas, otorgando recompensas económicas a quienes no cumplen su cuota a final de año. Esta situación plantea preguntas sobre lo que significa el «rendimiento» y el listón que representa la cuota.

Los líderes de alto rendimiento, en lugar de construir una escalera de recompensas hasta llegar a la cuota, se basan en ella como peldaño inferior y construyen la escalera a partir de ella. Esto supone un cambio total de mentalidad respecto a lo que suele verse en la mayoría de las empresas.

La ventaja de este enfoque para la organización es que resulta más probable que se alcance o supere el objetivo general de rendimiento, puesto que los comerciales que superan la cuota son más que quienes no lo hacen. Y esto casi nunca ocurre con los sistemas que premian la mediocridad. Si piensas en lo que implica este enfoque, te preocupará la idea de recompensar un logro por debajo de la cuota. Y es que no conseguirás una empresa de alto rendimiento si fijas objetivos tales que premien resultados mediocres o bajos; es más probable que la consigas si tus expectativas y tu gestión del rendimiento exigen la consecución de unos objetivos exigentes, con fuertes incentivos para quienes los superen y recompensas que otorguen un beneficio exponencial.

Medida de funciones difíciles de medir

Las ventas se pueden contar, representar en un gráfico y comparar a lo largo del tiempo, y entre personas y grupos. Las cuotas no solo se fijan para mejorar los resultados, sino que permiten calcular el crecimiento absoluto y porcentual de manera longitudinal. Esta objetividad es más difícil de definir en puestos y funciones que no se pueden medir con cifras, o cuyo rendimiento es complicado de representar en un gráfico. Los líderes de alto rendimiento no usan esto como excusa, y hemos observado en su caso algunas prácticas bastante creativas para abordar este problema.

Lo interesante de los niveles de rendimiento, incluso en las ventas, es que podemos describirlos haciendo referencia a unos criterios que pueden ser descriptivos de niveles específicos de rendimiento. Con reflexión y esfuerzo, seremos capaces de describir con facilidad un mal (o buen) resultado de ventas si describimos los criterios que indican un mal (o buen) resultado. Y esto es válido para cualquier puesto. Los líderes de alto rendimiento, en vez de limitarse a usar la puntualidad o los logros como indicadores binarios de resultados (ya que estos suelen ignorar criterios cualitativos fundamentales), abordan la ardua labor de definir los criterios de nivel de rendimiento y elaborar un relato descriptivo y progresivo de cómo el rendimiento debe comenzar con el logro mínimo esperado (objetivo) y luego progresar hacia el máximo rendimiento. Esta escala puede tener entre tres y cinco niveles, con criterios cada vez más difíciles de cumplir.

Empezar definiendo los objetivos como el «rendimiento mínimo aceptable» puede transformar el modo en que los líderes conciben el éxito y el crecimiento de la empresa, y avanzar hacia esta forma de trabajar casi con seguridad supondrá bajas a corto plazo. Hablando claro: habrá gente que no llegará a unos mínimos. Esto ocurre cuando las organizaciones se orientan a una cultura basada en resultados; habrá trabajadores que no llegarán a cumplir estas expectativas más altas. Y los líderes de alto rendimiento saben que esto no es una excusa para evitar el cambio, pero otros recurrirán a ella como motivo para intentar evitarlo. En realidad, quienes tienen más que perder con este cambio de mentalidad son los trabajadores cuyos resultados sean inferiores a la media; está claro que se opondrán con firmeza a él mientras se lo permitas.

La razón por la que las organizaciones con peor rendimiento son débiles es que cuentan con bajos niveles de Talento y temen que elevar sus expectativas provoque más fracaso, falta de compromiso y una mayor rotación de personal. Se equivocan, y esto es lo que les impide mejorar. Hay que poner el listón muy alto para exponer el problema. Esta es la única manera de que las organizaciones sepan quiénes son sus mejores trabajadores.

Una vez se conozcan y se les empodere, las empresas deberían desarrollar su política de contratación en torno a la búsqueda de personas con Talento. La diferencia entre las empresas que toman este rumbo y las que no es la calidad de la rotación. En las compañías ambiciosas, aquellas en las que los grandes líderes ponen en marcha acciones para subir el listón y mejorar los resultados, el personal que rinde poco acaba abandonando, mientras que los mejores candidatos desean incorporarse. En las de bajo rendimiento, donde sus líderes débiles temen las implicaciones del cambio, quienes rinden poco se sienten seguros, y los buenos empleados, que se incorporan por error, se acaba marchando enseguida y en silencio.

LO QUE DE VERDAD IMPORTA

Los líderes de alto rendimiento aspiran a prosperar de distintas maneras. Con el respaldo de los Talentos que marcan el rumbo, comentados en el capítulo anterior, son una presencia y una fuerza formidables en las organizaciones:

- Hay gente para la que su naturaleza autodidacta puede ser consecuencia de un fuerte deseo de superación o una necesidad más externa de ganar.
- Su éxito puede verse reforzado por altos niveles de autoconfianza, seguridad en sí mismos y autoeficacia.

- Los mejores líderes cuentan con medidas objetivas de los resultados y se centran en el Talento y el crecimiento en beneficio de la empresa.

Los líderes generan rendimiento y crecimiento a partir de unas altas expectativas de resultados. Podrás liderar con una motivación contagiosa para rendir si...

- tienes un don para ver el lado positivo en la mayoría de las situaciones;
- nunca te conformas con tus logros y estás siempre intentando subir el listón un poco más;
- elaboras fichas de evaluación y cuadros de mando que te impulsan a ser el número uno; y
- sientes comodidad en el riesgo y disfrutas tu papel de líder hasta en las situaciones más complicadas.

Los líderes han de actuar con objetividad al determinar qué oportunidades presentan las mayores ventajas; esto aplica tanto a las oportunidades empresariales que persiguen (y las que desechan) como a las personas en las que invierten la mayor parte de su tiempo. Las siguientes preguntas te ayudarán a ver si tu orientación y motivación van en la dirección correcta:

- ¿Cuál es el nivel mínimo de rendimiento que puedes tolerar? Bien, pues fija tu objetivo en un nivel superior a este.
- Casi todo el mundo conoce la diferencia entre bueno y malo. Define, para cada trabajador de cada puesto, la diferencia (utilizando índices cuantitativos y cualitativos) entre el rendimiento *mínimo esperado* y el *bueno* y *excelente.*

En el siguiente capítulo trataremos uno de los aspectos del liderazgo sin el cual el cambio es más difícil: la capacidad de desafiar e influir en el pensamiento y las acciones de los demás. Tenemos que decir —para decepción de los líderes que se consideran autosuficientes— que por mucho que lo intenten no pueden hacerlo todo por su cuenta; deben servirse de más gente que les acompañe, preferiblemente en el mismo viaje, en el mismo vehículo y en la misma dirección.

CAPÍTULO 7

Ejercer presión

AUNQUE LA COMUNIDAD CIENTÍFICA HA ACEPTADO CASI POR UNANIMIDAD la teoría de la evolución de Darwin, según la cual los seres humanos y los monos descendemos de un antepasado común y evolucionamos hacia especies separadas, casi el 60 % de la población estadounidense acepta una visión creacionista y asume que a los seres humanos se nos creó tal como somos hoy en día; o, si admiten que el ser humano ha evolucionado, piensan que esta evolución ha sido guiada por Dios, en concreto por el Dios cristiano.[1] Esta disparidad entre un consenso científico abrumador y la opinión pública se atribuye, en gran medida, a los fundamentalistas cristianos, que han intentado desacreditar la teoría científica establecida desde finales del siglo XIX. Infórmate sobre Galileo y su sentencia de muerte por parte de la Iglesia católica y sabrás que las batallas entre ciencia y religión existen desde hace siglos.

En 1925, los legisladores de Tennessee aprobaron la Ley Butler, que prohibía a los docentes enseñar en la escuela cualquier teoría que contradijera la historia de la creación humana que nos presenta la Biblia.[2] Al conocer la noticia, la Unión Estadounidense por las Libertades Civiles (ACLU son sus siglas en inglés) empezó a anunciar que defendería a cualquier persona procesada en virtud de la Ley Butler.[3] Un joven profesor de fútbol americano y ciencias de un instituto fue contratado, de hecho, para desafiar la ley, catapultando así el caso del *Estado de Tennessee contra John Thomas Scopes* a los tribunales de Tennessee. El juicio se prolongó ocho días, ante un tribunal abarrotado, y fue la primera vista retransmitida en directo por radio. Millones de personas lo siguieron.

Al final, el jurado se puso del lado de la fiscalía y declaró a Scopes culpable de violar la ley, un delito menor que conllevaba una multa de 100 dólares.[4] El veredicto (que luego fue anulado) no contribuyó a desviar la atención del debate más amplio sobre la libertad académica y sobre si la religión tiene cabida en la enseñanza pública. En los siguientes años, las leyes antievolución fueron derrotadas en 22 estados, hasta que surgió la oportunidad de defender el caso frente a la Corte Suprema. En 1968 la ACLU presentó un informe *amicus curiae*, en nombre de una profesora de Arkansas, que condujo a la decisión unánime de que tales prohibiciones suponían una violación de sus derechos sobre la base de la Primera Enmienda.[5]

Gracias a los litigios y las correspondientes defensas, y a su eficaz equilibrio entre reacción y proactividad, la ACLU ha ejercido una enorme influencia en las políticas que moldearon la vida estadounidense en el pasado siglo. En concreto, el caso Scopes puso de manifiesto tres aspectos críticos de la influencia que los líderes de alto rendimiento, emulando a la ACLU, conocen muy bien:

1. *Primero*: poner a prueba la constitucionalidad de la Ley Butler provocó un debate apasionado sobre la separación entre la Iglesia y el Estado, y sirvió de catalizador del progreso. Los mejores líderes saben que es fundamental desafiar las creencias populares y generalizadas, aunque la gente siga aferrándose a ellas.
2. *Segundo*: las alegaciones bien razonadas y los análisis expertos presentados en el juicio lograron convencer al público de la importancia de

la libertad académica. Los mejores líderes saben que al final los datos y las pruebas acaban triunfando.

3. *Tercero*: el compromiso de la ACLU por defender las libertades civiles frente a la reacción, la oposición y las posibles consecuencias de perder un caso de ese nivel exigía una férrea determinación y un alto grado de asertividad para desafiar la ley. Los mejores líderes saben que cuando tienes razón debes posicionarte, aunque eso suponga enfrentarte a alguien más fuerte que tú y con más poder.

A esto nos referimos al decir que los líderes de alto rendimiento «ejercen presión».

Ejercer presión implica:

Catalizar el cambio

Persistencia y persuasión

Retos directos y asertivos

CATALIZADORES DEL CAMBIO

Definición de la investigación: los líderes de alto rendimiento luchan contra la complacencia en sus equipos y en la empresa. Resuelven problemas y retos difíciles, y están dispuestos a desestabilizar y luego reconstruir las partes de su organización que no sean óptimas, pero tengan posibilidades de serlo.

Cuando el político reformista inglés William Cobbett escribió: «Te desafío a que agites a alguien con el estómago lleno», estaba hablando sobre la causa de los disturbios y rebeliones de la Inglaterra de principios del siglo XIX.[6] A la vez que la industrialización y el trabajo en las fábricas causaban alienación y una creciente pobreza, Cobbett expresaba una clara verdad: si se abordan las deficiencias que afectan de forma desproporcionada a la vida de los pobres, proporcionándoles alimentos asequibles, cobijo y la capacidad de subsistir, estas personas se sentirán agradecidas por su suerte en la vida, acatarán la ley y serán miembros productivos de la sociedad. Lo que estaba diciendo es que, si la clase rica quería vivir en paz, debía cuidar mejor a los trabajadores y a los pobres. Pero lo cierto es que su mensaje cayó en saco roto.

Cobbett fue el precursor político de Abraham Maslow, y le precedió un siglo.[7] Cobbett lo vio claro, y su filosofía influyó en los empresarios filántropos que intentaban obtener una ventaja competitiva gracias a una mano de obra más motivada y productiva. Esto, que los líderes empresariales actuales conocen y dan por sentado, era una rareza hace cien años.

Si no está roto, ¿por qué arreglarlo?

La ausencia relativa de tales penurias y luchas en la actualidad —cuando las necesidades básicas de la clase trabajadora hace cien años que se han abordado y satisfecho— ha modificado las expectativas, hasta el punto de que las organizaciones ahora se centran en la salud, la seguridad y el bienestar general de su plantilla. Las batallas que se libran en el trabajo hoy en día no tienen nada que ver con las palizas y malos tratos infligidos a los trabajadores en el pasado.

Líderes y trabajadores buscan ahora prácticas laborales más colaborativas, pero es cierto que los beneficios de estos enfoques también pueden llevar a la complacencia y a la falta de motivación por la excelencia, a menos que los líderes hallen la manera de fomentar esta actitud entre quienes tienen por debajo en la jerarquía organizacional. En otras palabras, todo lo que hemos conseguido ganar y mejorar en las relaciones y el funcionamiento empresarial no debería llevarnos a la actitud de «¿por qué cambiar?».

Aunque parezca difícil de entender dicha actitud en la actualidad, cuando parece que domina la necesidad de cambio y mejora, yo trabajé con un líder que la defendía. Mientras vivíamos tiempos especialmente difíciles bajo su dirección, prometía al personal que un «mar en calma de estabilidad» estaba a la vuelta de la esquina: según él, todas estas turbulencias acabarían disipándose y el *statu quo* se reanudaría. Aquella era una afirmación tan estúpida que 35 años después todavía me irrito al pensar en sus implicaciones. Es como si, en todo el tiempo transcurrido desde Cobbett, el entorno laboral hubiera evolucionado hasta el punto de tener que resistirse a cualquier cambio, porque lo que todo el mundo necesita es paz y calma…, vamos, una vida tranquila.

El mayor problema de este razonamiento es que nunca es cierto. Por indeseable o turbulento que sea el presente, creer que el futuro será más equilibrado y menos ajetreado es mentira. Puede ser una idea atractiva para ciertas personas, pero los líderes de alto rendimiento la rechazan por completo. Para los mejores líderes, comodidad equivale a complacencia. Cuando las cosas van bien, estos líderes inyectan una alteración muy concreta en la mezcla para provocar el cambio y la mejora.

En la Inglaterra de Cobbett, nuestros líderes de alto rendimiento habrían empleado la pobreza y la vivienda como agentes de cambio. Seguro que habrían aprovechado la fuerza de la ira y el clamor contra la injusticia con la esperanza de agitar a la gente para impulsar un cambio necesario que mejorase la suerte de todo el mundo, y luego habrían presionado para ampliar estas mejoras. Se habría fomentado el desacuerdo y la disidencia para perturbar el orden establecido, lo que en el mundo actual equivaldría a desestabilizar a las empresas complacientes que tienen capacidad para ser mucho mejores. Sería muy difícil gestionarlas. Y si tú, lector, tienes una larga carrera por delante, hay mucho que decir acerca de que algo sea difícil de gestionar, sobre todo si estás logrando el máximo rendimiento.

«Si no está roto, ¿por qué arreglarlo?»: esta es la actitud que prevalece y contra la que luchan los líderes de alto rendimiento. Apenas hay líderes empresariales que se enfrenten a ella, y hace falta una organización muy fuerte y segura de sí misma para convivir y gestionar su increíble pero perturbador impacto. Sin embargo, este es casi siempre el ingrediente que hace posible la excelencia. Puede que el objeto no esté roto, pero un acto de «vandalismo dirigido» podría llevar a la empresa a la excelencia. Y es la actitud que deberían tener más líderes. Recuerda, si ostentas un cargo directivo y no te convence esta idea, en las librerías de los aeropuertos encontrarás un montón de bonitos libros para colorear.

Los líderes como «agentes provocadores»

El rol de «agente provocador» tiene un propósito fundamental. Los líderes de alto rendimiento, además de reconocer su valor, lo explotan con impaciencia. Haciendo otra analogía histórica, sería algo así como Catalina la Grande diciendo de Pedro el Grande (el último de los Romanov) en 1720: «Actuó sobre Rusia como el ácido nítrico sobre el hierro». Las reformas de Pedro el Grande fueron, sin duda, corrosivas para determinados aspectos de la sociedad rusa, pero sin ellas el trabajo y las reformas de Catalina habrían sido casi imposibles.

Los líderes de alto rendimiento ven la frase «si no está roto, ¿por qué arreglarlo?» como lo engañosa que es. Para ellos, la mejora solo puede venir de romper algunas cosas. A diferencia de los líderes mediocres, que se quejan de que ya tienen suficientes problemas que resolver, los de alto rendimiento dan un puñetazo en la mesa e impulsan cambios y mejoras significativas. Y claro, para los trabajadores (y líderes débiles) que buscan una vida laboral sin sobresaltos, estas figuras son una auténtica amenaza en medio de una existencia por lo demás pacífica.

Tanto si se trata de emular a Pedro el Grande en la sociedad rusa, a los agitadores en busca de salarios más altos y mejor alimentación en la Inglaterra del siglo XIX, o a los «agentes provocadores» que incitaron a la ciudadanía a rebelarse en la Revolución francesa, los líderes de alto rendimiento buscan el cambio y luego incitan al resto a llevarlo a cabo. John Kotter, en su libro de 1999 *John P. Kotter on What Leaders Really Do*, defiende que es misión de los líderes generar el cambio, y del personal directivo resolver la perturbación consiguiente.[8] Es una idea simple, pero estamos de acuerdo con ella. Kotter recurría a algunos ejemplos de la vida real para describir esta característica, como la transformación de American Express por Lou Gerstner en 1979, un acto de destrucción seguido de una posterior reconstrucción que permitió a la empresa afrontar sus retos y crecer hasta convertirse en la potencia que es hoy. En aquella época, pocos en American Express le defendían.

Quitar importancia al rendimiento

El valor de los líderes como impulsores del cambio está claro, pero su presencia resulta intimidatoria en las organizaciones más complacientes, que prefieren proteger y defender lo que han construido que abordar sus deficiencias y limitaciones. Recordamos haber asistido a la reunión del equipo directivo de una gran empresa que constaba de siete divisiones, cuyos tamaños (en valor) iban desde 200 millones hasta 18.000 millones. La empresa estaba en apuros en aquel momento, y se tenía la sensación de que, si las cosas no mejoraban rápido, varios directivos (incluido el director general) perderían su trabajo.

La reunión era una revisión de los resultados de las siete divisiones, de las cuales seis los habían obtenido negativos. El personal directivo parecía conmocionado, y la confianza se desvanecía con cada línea de la hoja de cálculo financiera. Pero hubo un pequeño destello en medio de aquella oscuridad..., una división que parecía desafiar toda lógica: a diferencia de las otras seis, estaba prosperando y superando a la competencia. La mujer que la dirigía habló con confianza y seguridad sobre la situación de su división, su *pipeline* y las expectativas que tenían, y cómo estaba gestionándola. Sus resultados eran sobresalientes.

Por desgracia, el éxito de dicha división no bastaba para cubrir las pérdidas de las otras seis, algo que el director general transmitió como crítica y con una expresión de decepción. El gerente continuó diciendo que sería mejor que esa increíble líder dejara de hablar de su éxito para que los demás líderes allí presentes no se sintieran mal por los pésimos resultados y el pobre rendimiento de sus divisiones.

Nunca volvimos a trabajar con aquella empresa. Se mantuvieron en el mercado gracias a algunas inteligentes ventas de activos que hicieron en los años siguientes y que ocasionaron la pérdida de unos 70.000 puestos de trabajo; aquello fue una acción de dolor autoinfligido que acabó con el sustento de mucha gente honrada, ajena a la incompetencia de quienes estaban por encima.

Este caso nos enseñó que nunca debemos disculparnos o sentirnos mal por un rendimiento extraordinario. La complacencia de los líderes que se hacen las víctimas de circunstancias que era su obligación controlar es la maldición de los líderes de alto rendimiento. Este ejemplo ilustra a la perfección lo que puede ocurrir, y las actitudes que hacen que ocurra cuando no hay catalizadores en el nivel de liderazgo. Es cierto que en aquella empresa no había hueco para este tipo de líderes, y fueron muchos los trabajadores desilusionados que pagaron el precio; y muchos más que no sabemos si aún lo siguen pagando.

PERSISTENCIA Y PERSUASIÓN

Definición de la investigación: la persuasión es un arte, y los líderes de alto rendimiento demuestran una extraordinaria paciencia y persistencia al influir en el pensamiento y las acciones de los demás.

Si una forma de presión es la que ejercen los líderes de alto rendimiento que actúan como catalizadores y agentes del cambio, otra tiene que ver con actos de persuasión más sutiles y, en general, más delicados. La persuasión que practican los líderes de alto rendimiento requiere persistencia e intención de cambiar la mentalidad ajena. La persuasión eficaz no consiste en responder a la pregunta: «¿Qué debería hacer?», sino: «*¿Por qué debería hacerlo*?».

El antiguo consejero delegado de AlliedSignal, Larry Bossidy, dijo en una ocasión: «Ya pasaron los tiempos en los que se gritaba y golpeaba a la gente para que rindiera más. Lo que has de hacer ahora es ayudarla a ver cómo puede llegar de un punto a otro, estableciendo cierta credibilidad y dándole alguna razón y ayuda para llegar allí. Haz estas cosas y todo el mundo querrá trabajar contigo».[9]

A continuación, presentamos nueve consejos para ayudar a los líderes a incrementar su capacidad persuasiva.

Forja tu credibilidad

A los líderes con un largo historial de buen comportamiento y alto rendimiento se les considera personas fiables, dignas de confianza y a las que vale la pena seguir.[10] Por lo que respecta al comportamiento, los criterios básicos incluyen la percepción de imparcialidad y el equilibrio del líder, así como si muestra la madurez emocional suficiente para impedirle entusiasmarse tanto con una idea que pierda la objetividad, se vuelva inmune a los puntos de vista alternativos y muestre oscilaciones emocionales extremas.

El líder que ha logrado triunfar en el pasado suele tener un nivel de confianza y seguridad que calma a la gente escéptica y anima a cualquiera a colaborar con mayor eficacia. Para que alguien se comprometa y se convenza de verdad para seguir un plan de acción, el nivel de confianza entre las dos partes es de suma importancia. Esta confianza ayuda a dar respuesta a preguntas fundamentales como las siguientes:

- ¿Ha conseguido este líder buenos resultados en el pasado?
- ¿Tiene experiencia sobre lo que dice que va a hacer?
- ¿Ha sabido guiar y asesorar a otros de forma correcta en el pasado?

- ¿Demuestra que controla y conoce los temas que estamos abordando?
- Aunque no estemos de acuerdo, ¿tiene en cuenta mis intereses?

El problema y el reto de forjar la credibilidad es que resulta difícil para una persona determinar esto sobre sí misma. Pocas empresas han sabido crear entornos en los que el feedback sea importante, y suele ser complicado para un líder saber de verdad cuál es su posición frente a los demás y cómo se le percibe. Una evaluación 360 puede ayudar, sobre todo cuando el líder lleva ya un tiempo dirigiendo a un equipo y aún no conoce sus opiniones. Pero el problema de estas evaluaciones y el «ruido» que amplifican es que muy rara vez proporcionan resultados precisos. En una época en la que el feedback está atrayendo mucha más atención en la sección de libros de empresa de las librerías, a las organizaciones les cuesta abordar el tema.

La solución que presenta Kim Scott en su libro de 2019 *Radical Candor: Be a Kick-Ass Boss Without Losing Your Humanity* consiste en actuar de forma directa, dejar a un lado las tonterías y decir justo lo que sientes.[11] Pero la idea de pasar de tonterías no hace sino crearlas a montones. Por su parte, decir algo de orma más directa no ayuda a nadie si no es un argumento objetivo; es algo así como creer que hablando más alto y gesticulando en un país extranjero, donde no conoces el idioma, te entenderán. Marcus Buckingham y Ashley Goodall, en su excelente artículo —publicado en 2019 en *Harvard Business Review*—, «The Feedback Fallacy», desvirtúan, destripan y machacan por completo esta forma de razonamiento, y nosotros aprobamos que lo hagan.[12]

Estos autores explican con palabras sencillas y a la vez poderosas que muy pocas empresas han desarrollado el feedback como área dominante de especialización. En nuestro trabajo nos hemos topado con muchas personas que, al responder a la pregunta: «¿Qué feedback has recibido hace poco sobre ti?», demuestran que en su empresa se tienen muy pocas conversaciones de este tipo, y si acaso hay alguna es para comentar expectativas negativas y poco realistas sobre cómo alguien puede mejorar. «Bueno, a mí nunca me han hablado de esto», es la típica y decepcionante respuesta. En realidad, esta perspectiva resulta un tanto impredecible, por eso la gente suele tener dificultades con la autoevaluación objetiva y el nivel de confianza y credibilidad que esto justifica. Buckingham y Goodall afirman que el mejor consejo para que cada cual conozca su nivel de credibilidad es que pregunte a cada colega, porque es la única perspectiva válida.

Plantea los temas de forma adecuada

Suponiendo que el líder de alto rendimiento haya pasado el «test de credibilidad», a continuación tendrá que determinar los elementos sobre los que existe acuerdo.[13] Describirlos, se trate de principios, prácticas o hechos, demuestra que el acuerdo (al menos en ciertas cosas) es posible, y que no se trata de «plantar batalla» al resto de la gente para derrotarla.[14]

Los líderes de alto rendimiento también reconocen que es fundamental plantear los temas de tal forma que la gente se muestre más receptiva. El fallecido Daniel Kahneman, en su extraordinario libro *Pensar rápido, pensar despacio,* explica la investigación que llevó a cabo con Amos Tversky y describe el «efecto de encuadre» como un sesgo psicológico que lleva a muchos individuos a un razonamiento defectuoso, hasta el punto de generar una brecha entre ellos sobre temas clave.[15] Estos autores descubrieron que la manera de presentar la información —es decir, el lenguaje que se emplea y si es positiva o negativa— tiene una influencia significativa en nuestras decisiones y preferencias.

Prestar atención solo a las características negativas y a cómo abordarlas no es tan eficaz como presentar propuestas para mejorar y hacer que la vida laboral sea más fácil o satisfactoria. Esto no es una forma de engaño, sino un uso cuidadoso y reflexivo del lenguaje, además de un ingrediente esencial de la persuasión eficaz.

Define los pasos

Los líderes de alto rendimiento crean un terreno común y una visión compartida, definiendo un proceso claro para tomar decisiones y precisando los pasos a seguir para ello. También abordan de forma directa los temas que suelen llevar a confusión y falta de compromiso:

- ¿Quién participará en cada etapa de la discusión?
- ¿Cómo avanzará la discusión de una etapa a la siguiente?
- ¿Cuándo se tomará la decisión final, quién lo hará y en función de qué criterios?

Argumenta como un científico

El enfoque persuasivo más eficaz es el que sigue el método científico y garantiza que todo el mundo conozca cómo funciona, cómo contribuye a tomar decisiones de una forma más eficaz y cómo se puede aplicar para resolver las diferencias entre la gente.[16] En términos generales, el método científico es un proceso que seguimos para considerar la evidencia (qué se sabe), establecer una hipótesis (o varias) que apunten a una posible solución, y experimentar para ver qué funciona antes de llegar a una conclusión o resolución.

La pregunta fundamental que se hace un científico conforme avanza por este proceso es: «¿Qué pruebas, si aparecieran, demostrarían que me equivoco?». Si quieres generar un terreno común con quienes se oponen a tus argumentos, tendrás que pedirles que identifiquen las pruebas que les harían cambiar de opinión y ofrecerlas en tu propia argumentación.

Concéntrate en pruebas y datos objetivos

Una de las peores falacias lógicas al presentar un caso es el argumento de autoridad. Este consiste en que una de las partes afirma su superioridad técnica o de experiencia para intentar arrogarse la victoria. Los líderes de alto rendimiento saben evitar esta tentación. Y es que no son las percepciones procedentes de la experiencia y la superioridad las que influyen en la decisión, sino la solidez de pruebas y datos.

Esto no quiere decir que los expertos no cuenten, ni que sus argumentos tengan el mismo peso que los del resto, sino que su mejor aportación consiste en acumular pruebas y datos que validen su posición. Los líderes de alto rendimiento saben mantener a raya las emociones y exponer las pruebas para acercar un poco más a los protagonistas y señalar el rumbo correcto hacia una posible solución.

Cuenta historias

Los datos y pruebas no suelen ganar la discusión por sí solos, y es aquí donde a veces nuestros expertos deben mantenerse en un segundo plano. Los líderes de alto rendimiento aprovechan el poder de las narraciones y elaboran historias convincentes a partir de esos datos y pruebas, pero con palabras que cualquiera pueda entender. Los números no suelen tener un impacto emocional, pero un relato sí.[17]

En un artículo publicado en 1998 en *Harvard Business Review*, «The Necessary Art of Persuasion», Jay A. Conger contaba cómo dos directores de marketing de Microsoft emplearon las narraciones para convencer al equipo directivo de que invirtiera en una nueva tecnología de software.[18] En lugar de acumular datos y pruebas (que los tenían), decidieron contar una historia que reflejara los elementos esenciales de su argumentación:

> Imagínate que vas a hacer la cena y que antes tienes que ir al supermercado. Dispones de toda la flexibilidad que quieras para cocinar lo que te apetezca, siempre y cuando tengas tiempo y ganas de hacerlo. Al llegar al supermercado, te enfrentas a todos esos pasillos abarrotados, con letreros que anuncian «productos diversos», «comida étnica» y «condimentos». Estos serían los menús típicos de las interfaces de usuario. La pregunta que nos hacemos es si la pimienta está en el pasillo de los condimentos o en el de la comida étnica, o cerca de la sección de las patatas fritas. Hay estanterías por todas partes y espacios en las paredes, del mismo modo que hoy en día las interfaces de usuario tienen botones de apoyo, barras de herramientas y líneas en los contornos. Una vez que lo has comprado todo, todavía te queda ordenarlo de manera correcta para hacer un plato. Si se te da bien la cocina, te saldrá estupendo, pero si eres principiante es probable que no.
>
> En Microsoft llevamos años vendiendo en la categoría de supermercados y creemos que existe una gran oportunidad para los restaurantes. Es lo que estamos intentando ahora con BOB: dar el siguiente paso con un software que se parezca más a ir a un restaurante, para que el usuario no tenga que pasar tanto tiempo buscando ingredientes. Nosotros nos encargamos de localizar y combinar los ingredientes; el usuario se limita a sentarse y ponerse cómodo. Le servimos un menú, se lo damos todo hecho. Es una experiencia agradable. Nada de andar rebuscando cosas, nada de cocinar.[19]

Karen Fries y Barry Linnett, los directores de marketing que hicieron este discurso, lograron convencer a los miembros del equipo directivo que se resistían a la inversión. Por supuesto, detrás de esta historia había datos y pruebas que la respaldaban, pero no argumentaron nada con ellos.

Conecta las emociones

Las historias que conectan datos y pruebas pueden ayudar a que las personas reticentes acepten las propuestas de cambio, pero los argumentos basados en emociones tienen un efecto aún más poderoso. Y es que las emociones describen la manera de sentirse de una persona y son esenciales para la experiencia humana.[20]

- «Deja que te cuente cómo me hace sentir esto...» es una forma muy eficaz de conectar con los demás e invitarles a compartir tu estado emocional positivo.
- «Imagínate cómo se sentirá la gente cuando pueda hacer cosas así...» obliga a externalizar las emociones positivas y a romper la resistencia a una idea.
- «Imagínate cómo te sentirás con esto...» es una llamada que va más allá del argumento específico para describir e imaginar un estado futuro donde ocurrirán cosas positivas.
- «Imagínate a los clientes agradeciéndotelo...» es otra forma de llamamiento emocional.

Los líderes de alto rendimiento no rehúyen expresar sus emociones, aunque procuran no pasarse de emocionalidad. La clave para revelar las emociones de una forma discreta es evitar que otros te vean como un autómata, es decir, alguien tan orientado a hechos y datos que no proyecta ningún sentido de lo que en realidad significa ser una persona con sentimientos y aspiraciones. El objetivo de este planteamiento es desarrollar un enfoque emocional compartido, sentir y experimentar cosas similares, y comunicar los beneficios positivos y edificantes de una propuesta.

Piensa a largo plazo

Quienes abordan el arte de la persuasión con intenciones y perspectivas a corto plazo siempre acaban decepcionándose. Imaginar que puedes tratar todos los problemas y convencer a los participantes en una sola reunión es muy poco realista. La persuasión es un juego a largo plazo que se desarrolla el tiempo suficiente para que ocurra la influencia. Y, en un mundo empresarial dominado por los conceptos de rapidez e inmediatez, el arte de la persuasión puede llegar a extinguirse.

Resulta habitual decepcionar a líderes que pretenden avanzar de forma rápida con su propuesta, pero les solemos replicar que un cambio de esa magnitud podría llevarles un año o más de ardua labor. Si necesitas tomar una decisión en dos semanas, entonces no pretendas emprender una labor de persuasión; limítate a decirle a la gente lo que vas a hacer y que «si no te gusta, te vas». Es deshonesto intentar persuadir a los demás cuando no tienes tiempo para hacerlo o cuando en realidad ya has tomado una decisión.

Crea de forma colaborativa

Hemos definido la persuasión como el arte de hacer que una persona esté de acuerdo con algo con lo que antes no lo estaba, y que haga algo diferente a lo que pensaba hacer en un principio. Este es un trabajo difícil y que requiere tiempo (un tiempo que muchos líderes hacen ver que no tienen). Pero existe otra forma que no implica ningún tipo de persuasión,[21] y es lo que llamamos «cocreación», el acto de construir algo de forma conjunta.

Muchas veces expresamos nuestra frustración con los equipos de liderazgo que toman todas las decisiones a puerta cerrada y se preguntan: «¿Ahora cómo vamos a vender esto a nuestra organización?». Intentar persuadir a la gente en este punto del proceso es un enfoque erróneo; debería ser al principio de las discusiones y deliberaciones cuando se pregunte: «¿A quién tenemos que implicar?», para así hacer participar a los disidentes e intentar influir en sus puntos de vista.

La oportunidad de cocrear hace que todo el mundo «participe en el juego». Definir la visión como una aventura colectiva ayuda a enfocar el modo en que progresarán y se resolverán futuras discusiones. Los líderes de alto rendimiento lo saben muy bien: siempre es preferible construir algo juntos, ayudar a que cada persona vea el valor de su colaboración, y que luego cada cual describa este nuevo planteamiento con entusiasmo al resto de la organización.

A medida que hemos ido desarrollando nuestro debate sobre la influencia, hemos descrito un complejo proceso de idas y venidas entre las partes, en el que la parte «agitadora» busca varias formas de conseguir que otras cambien su punto de vista. El hecho de decirle a alguien lo que tiene que hacer es una forma inútil de ejercer influencia y persuadirla para que tome un nuevo curso de acción. Un líder que aprovecha su posición para imponer autoridad tal vez consiga «victorias» a corto plazo, pero seguro que a la larga lo acabará pagando.[22]

LIDERAZGO DIRECTO, FIRME Y DESAFIANTE

Definición de la investigación: es de suma importancia ser firme sin llegar a la agresividad. Los líderes que consiguen este equilibrio obtienen una mejor consideración por parte de los demás, que tendrán más disposición a aceptar sus decisiones y les verán como líderes con integridad. La autoconfianza que provoca la firmeza puede también conducir a mayores niveles de valentía en el liderazgo y a la capacidad para tomar decisiones difíciles.

Hay un tercer aspecto de la presión del liderazgo que se ha estudiado menos, pero que en nuestro caso hemos visto en muchos líderes de alto rendimiento. Nos referimos a esas personas que discuten con un tono o estilo autoritario. Esto suele implicar firmeza enérgica, y es una característica que se da en algunas personas, pero no en todas. Se trata de una capacidad natural que, cuando está presente, exige la atención de los demás. Está asociada a la insistencia y es difícil ignorarla.

Entre la firmeza y la agresión existe una línea muy fina, y para mantenerse en el lado correcto los líderes tienen que prestar mucha atención a las opiniones ajenas, sin ningunear a nadie. Quienes poseen esta capacidad no tienen problemas para afirmar su presencia de un modo que capte la atención. La seguridad en sí mismos les confiere una autoridad considerable, y son capaces de exponer sus argumentos con firmeza, imparcialidad y sensibilidad hacia los demás. Esto posibilita que mantengan el control durante una discusión polémica o que logren calmar a la gente cuando los ánimos se exaltan.

Un beneficio fundamental de la firmeza es que deja a los demás sin dudas sobre la posición del líder en cualquier asunto, lo cual es básico para hablar con claridad y mantenerse al margen de temas políticos. Los líderes que gozan de suficiente asertividad defienden su terreno y no se dejan amedrentar. Solo deben tener cuidado de no atacar a los demás. Cuando se producen discusiones, los líderes firmes fijan su atención en el asunto que se está abordando y tienen mucho cuidado de no enfrentarse con nadie ni desmerecer a otras personas. Lejos de adoptar una actitud acosadora, a los líderes asertivos se les da muy bien tratar casos de conductas inapropiadas o inaceptables.

Cómo regular nuestras tendencias más asertivas

Cuando se requiere algún tipo de negociación, se trate de un desacuerdo, de que haya diferentes opciones de implementación o de que sea necesario equilibrar necesidades de recursos que compiten entre sí, los líderes de alto rendimiento saben apreciar, de forma sofisticada y con sensibilidad, hasta qué punto han de luchar por lo que quieren. Un trabajo de investigación excelente, publicado en 2017, definía la «firmeza interpersonal» como algo que se puede situar en una escala, en la que un nivel bajo conduce a la pasividad, el retraimiento y la evitación del desacuerdo, y uno alto trae consigo la resistencia a ceder, la competencia y la coacción.[23] Los autores de dicho estudio sostienen que las personas se juzgan a sí mismas y a los demás según esta escala, que refleja el grado en que alguien «alza la voz para defender su postura cuando se enfrenta a quien no quiere los mismos resultados».

Estos autores concluyeron que tanto «el exceso» como el «defecto» de firmeza resultan problemáticos, pero esta es una afirmación sobre la cantidad, no sobre la eficacia. Vieron que los comportamientos asertivos pueden ser muy eficaces, siempre que las personas muestren un alto nivel de «autocontrol». Hallaron también que los ejemplos más eficaces de comportamiento asertivo se daban cuando los líderes eran capaces de hacer ofertas precisas para atraer a la parte discordante, además de desarrollar argumentos convincentes respaldados por datos, y no dejar que estos se explicaran por sí solos.

En nuestra investigación sobre los líderes de alto rendimiento con características más asertivas, casi nunca hemos encontrado a nadie que se desviara hacia un comportamiento más agresivo e intimidatorio. Se trata de líderes con bastante seguridad, sin ser arrogantes; tienen una actitud relajada y cuando hablan te miran a los ojos; saben elegir las palabras, nunca gritan ni menosprecian a nadie. Y, lo más importante, jamás intentan dárselas de saber más que nadie, se limitan a hablar abierta y directamente hasta que concluye la negociación. Por consiguiente, a estos líderes se les suele considerar individuos más honestos y francos, con un mayor grado de integridad.

La comunicación asertiva y eficaz

En su libro de 2020 *The Keys to Being Brilliantly Confident and More Assertive: A Vital Guide to Enhancing Your Communication Skills, Getting Rid of Anxiety, and Building Assertivenes*, Richard Banks sostenía lo siguiente: «Si puedes ser firme en tu trabajo, tendrás la seguridad de ser capaz de abordar cualquier situación que se te presente a lo largo del día».[24] Banks identificó varios impedimentos para la comunicación asertiva, los cuales resaltan lo difícil que es que un líder sin voluntad de ser asertivo llegue a serlo (adaptado por el psicólogo Jeremy Sutton):

- No sabe lo que quiere.
- No conoce con seguridad sus emociones y supone que todo es enfado.
- Siente que sus necesidades no importan.
- Quiere agradar a toda costa.
- Se altera con facilidad y no puede comunicarse con eficacia.
- No es consciente de sus habilidades, capacidades y Talentos.
- Ha recibido muchas críticas en el pasado.
- Teme decir algo incorrecto.
- Le preocupa herir u ofender a otras personas.
- Teme que le «descubran» (sufre el síndrome del impostor).
- Tiene miedo a que le desafíen.
- Teme las represalias.
- Le da miedo lo que la gente piense de él o ella.

El grado de ansiedad de un líder en cada una de estas características es un buen indicador de su posición en la escala de asertividad. Cuanto más severo es el autoanálisis, más difícil es para un líder mostrar firmeza en el trabajo. Si observa estos miedos o ansiedades y no siente el mismo grado de preocupación, entonces es que no es, por naturaleza, eficaz en la comunicación asertiva. Hay varios elementos que contribuyen de forma positiva al liderazgo asertivo:

- El contexto es básico. Algunas empresas se empeñan en erradicar el desacuerdo y la conducta firme, en general porque el equipo directivo se siente amenazado por este comportamiento. En estos casos, el líder tendrá que reflexionar sobre qué nivel de firmeza es productivo. Esta consideración nunca es fácil, pero resulta esencial hacerla bien.
- Prepárate para decir que no. Esto es relevante para los límites que el líder cree fundamentales. Alguien que es líder puede decir que no por muchas razones, pero la principal es que lo que se le pide o se le plantea implica ir en contra de su ética o creencias. En estas situaciones, el «no» irá seguido de un razonamiento detallado.
- Habla por ti. Para hacer alegaciones en nombre de otras personas se usa un lenguaje colectivo: «Creemos que…». Los líderes asertivos hablan en su propio nombre, y sus alegaciones son en primera persona, para asegurarse de que la gente tenga muy claro cuál es su postura.
- Considera los mejores razonamientos que se presentan.[25] Una tentación habitual de los líderes más débiles es discutir contra un «hombre de paja» en lugar de contra los argumentos más destacables que se presentan. Esto puede generar reacciones negativas y que se piense que el líder no tiene integridad. Enfrentarse a un buen argumento, en cambio, da credibilidad y seriedad.
- No dejes que las emociones empañen tu juicio cuando hay mucho en juego; los líderes asertivos de alto rendimiento mantienen el control y moderan su voz. Conservan la tranquilidad, pero son insistentes y capaces de escuchar mejor lo que otros dicen y responder de forma directa a sus argumentos.
- Reconoce tu grado de firmeza.[26] En 2011, Murphy, Ackermann y Handgraaf desarrollaron una escala para medir lo que ellos denominaron «orientación al valor social», que incluía aspectos de la potencia asertiva y la conciencia en las personas. Esta se ha modificado ligeramente para elaborar la siguiente autoevaluación:[27]
    * ¿Miras a la gente a los ojos cuando le hablas? ¿Recuerdas su color de ojos o cómo eran sus gafas?
    * ¿Proyectas tu voz con claridad? ¿Te suelen pedir que repitas lo que has dicho o que hables más alto?

* ¿Hablas con confianza? ¿Están tus frases llenas de muletillas como «um» y «eh»?
* ¿Mantienes una postura erguida o te encorvas?
* ¿Te sientes bien entre mucha gente? ¿Eso te relaja o te genera tensión?
* ¿Eres capaz de expresar cómo te sientes?
* ¿Sientes ira, preocupación o frustración? ¿Lo nota la gente?
* ¿Expresas tu opinión, aunque pueda ser impopular?
* ¿Te defiendes cuando te culpan de algo sin motivo?

Una mayoría de respuestas negativas a estas preguntas podría indicar que como líder te cuesta ser firme, lo que podría limitar tu eficacia general.

Asertividad y estereotipos de género

Nuestro último punto sobre la «asertividad» en el liderazgo hace referencia a los estereotipos de género y a cómo los ven los líderes masculinos y femeninos. En su excelente artículo «From Aggressive to Assertive», Mary Maloney y Patricia Moore relatan el trato tendencioso y discriminatorio que recibió la estrella del tenis Serena Williams:[28]

> Observábamos con profunda preocupación cómo Serena Williams desafiaba al juez de silla en la final femenina de 2018 del U. S. Open de Estados Unidos el pasado mes de septiembre. «Mantén la calma», «Aléjate», «No le hagas enfadar», nos decíamos a nosotras mismas y a la televisión. Pero no siguió nuestro consejo: rebatió con firmeza la advertencia de que estaba recibiendo consejos desde la banda, lo cual es una infracción que se sanciona más a las mujeres que a los hombres en los torneos.[29]
>
> Poco después, rompió la raqueta por perder un punto, por lo que fue penalizada con un punto. Protestó también por ello, acusando al juez de silla de «robarle» y de tratarla de forma diferente a los hombres. Por ello, la penalizaron con un juego, algo que es muy raro que suceda en los partidos de Grand Slam. Serena acabó perdiendo aquel partido y deshaciéndose en lágrimas.

La indignación continuó, y no solo por parte de las mujeres. El público del U. S. Open abucheó a las autoridades. Billie Jean King y otras personas llamaron sexista al juez de silla en las redes sociales.[30] Hasta los «chicos malos» del tenis, John McEnroe y Jimmy Connors, afirmaron que ese juez de silla había sido sexista con Serena. Esto nos recordó que el apodado «romperraquetas», que incluso insultaba a los jueces de silla durante los partidos, era a veces penalizado, pero nunca lo fue con un juego entero.[31] A pesar de todo, el juez de silla y otras autoridades del tenis estadounidense se mantuvieron firmes en la decisión.

Está claro que se juzga de forma muy diferente la firmeza de las mujeres que la de los hombres. «El comportamiento agresivo en los hombres se considera contundente, enérgico, ambicioso y típico de un líder; se suele elogiar e incluso recompensar. En las mujeres, en cambio, se considera histérico, dominante, malicioso, y no se recompensa de ninguna manera».[32] Es muy probable que ambas tendencias, implícita y explícita (inconsciente y consciente), estén en juego, generando un claro doble rasero que discrimina a las mujeres.[33]

No hay solución fácil para este problema. Los líderes deberían prestar mucha atención a quién habla en las reuniones y por cuánto tiempo. Las investigaciones demuestran una y otra vez que los hombres acaparan más tiempo en las reuniones que las mujeres, y en equipos más competitivos —en los que la gente parece estar más interesada en exponer su punto de vista que en escuchar a quien está hablando— las mujeres no se desenvuelven tan bien.[34] Parece que a los hombres les gusta exhibir su poder en estas situaciones, algo que tiene mucho que ver con la volubilidad. Las mujeres, por el contrario, piensan que cuanto más hablen peor se las considerará.

Hemos tenido la suerte de estudiar a líderes masculinos de alto rendimiento que gestionan muy bien las dinámicas de género en sus equipos y han identificado una serie de pautas que ayudan a tratar estas diferencias:

- No permiten interrupciones cuando alguien tiene la palabra. Hemos visto ejemplos de líderes que exigen un comentario directo o una pregunta sobre lo que se acaba de decir antes de avanzar en cualquier discusión o dar una opinión. Esta medida parece ayudar a poner los comentarios de las mujeres en pie de igualdad con los de los hombres.

- Rotan la responsabilidad del liderazgo. En vez de que sea el líder del equipo quien dirija todas las reuniones, esa responsabilidad rota por todos sus miembros. De esta manera, mujeres y hombres participan por igual.
- Eligen un territorio neutral cuando planifican eventos sociales. Los líderes de alto rendimiento seleccionan con mucho cuidado las actividades en las que reúnen a todo el equipo: visitas a museos, *escape rooms* y voluntariados son algunos ejemplos de actividades inclusivas.
- Se aseguran de que las voces de las personas más pacíficas y menos volubles sean escuchadas también. Hemos visto muy buenos ejemplos de líderes que piden opinión a los miembros más tranquilos del equipo (que suelen ser mujeres) en las reuniones; les informan antes de su intención de hacerlo y les dan tiempo para preparar y dar sus opiniones con la debida reflexión y confianza.

La valentía para tomar decisiones difíciles e impopulares

Nuestro último punto sobre el liderazgo también trata sobre la «valentía», que es una extensión de la asertividad. Definimos la «valentía» como el rasgo de liderazgo que permite tomar una decisión difícil o emprender una acción impopular o rechazada por otros. Suele verse en situaciones en las que el líder percibe un comportamiento correcto o incorrecto según su sentido de la ética, pero otras personas no lo ven tan claro. Casi siempre son situaciones relacionadas con acciones u omisiones.[35]

La valentía tiene mucha relación con la integridad del líder.[36] En nuestra investigación sobre los líderes de alto rendimiento hemos observado valentía en las siguientes situaciones:

- Despedir a alguien con alto rendimiento por una mala conducta ética.
- Despedir a alguien con rendimiento moderado.
- Plantear una reestructuración que implica la eliminación de su propio puesto de trabajo.

- Sugerir la venta de la unidad de negocio que lidera.
- Dimitir antes de poner en práctica una propuesta con la que no está de acuerdo.

La valentía no es, en sí, un desafío para los demás, aunque puede llegar a serlo, sino que lo es para uno mismo. Requiere que los líderes afronten los riesgos más importantes y tomen la decisión correcta cuando podrían existir otras opciones más fáciles. Así pues, mientras que la asertividad se ve con claridad en la manera de relacionarse con los demás, el coraje es lo que ayuda al líder a afrontar las opiniones y actitudes más desafiantes. Puede implicar a otras personas, pero en general indica fortaleza interior. Tal vez la mejor prueba de valentía sea esta pregunta: «¿Despedirías a tu mejor amigo si su rendimiento fuera peor de lo esperado?».

LO QUE DE VERDAD IMPORTA

La influencia eficaz se desarrolla a lo largo de un periodo más prolongado para cambiar mentes y corazones, así como para influir en el pensamiento y las acciones de toda la empresa. Reconocer estos rasgos y formar un equipo que pueda aplicarlos en las situaciones adecuadas es esencial para garantizar que los líderes cumplen las expectativas que se han marcado:

- Los líderes de alto rendimiento luchan contra la complacencia en sus equipos y en la empresa en general. Aunque resuelven problemas y retos difíciles, también causan algunos al ejercer presión sobre partes de la organización que quizá no muestren síntomas negativos, pero que podrían ir mucho mejor.
- Los líderes de alto rendimiento emplean una variedad de técnicas y procesos diseñados para lograr el cambio deseado. No les guía un afán competitivo o un deseo de «ganar» la discusión, sino la búsqueda de beneficios para la organización y lo que haga falta para lograrlos.
- Los líderes de alto rendimiento ejercen su influencia hablando claro y defendiendo su postura, siempre con sensibilidad, en las

interacciones con los demás. Sin este equilibrio podrían acabar saliendo a relucir otros elementos más típicos del liderazgo masculino, que acaban silenciando las opiniones de otros, en concreto de mujeres y minorías.
- Es crucial actuar con firmeza, pero no con agresividad, y a los líderes que logran este equilibrio se les considera mejor; la gente estará más dispuesta a aceptar sus propuestas y creer que trabajan con integridad. La autoconfianza que la asertividad les otorga también les da más valentía y habilidad para tomar decisiones difíciles.

Una función esencial de cualquier líder es inspirar a los demás a actuar. Tú también puedes dirigir a otras personas gracias a tu capacidad de influencia si:

- Tienes claro lo que piensas, y hablas con autoridad y confianza.
- Te gusta razonar las cosas y ayudas a los demás a entender sus problemas.
- Te encanta «echar leña al fuego» y disfrutas desafiando a los demás a que piensen de manera diferente.
- Aprecias llevar las riendas, dirigir y liderar a otras personas.

Algunas preguntas que podrías hacerte:

- ¿Dedico tiempo a escuchar a los demás?
- ¿Me esfuerzo por hacer feedbacks directos, honestos y desafiantes a quienes no están rindiendo como deberían?

CAPÍTULO 8

Aumentar la conectividad

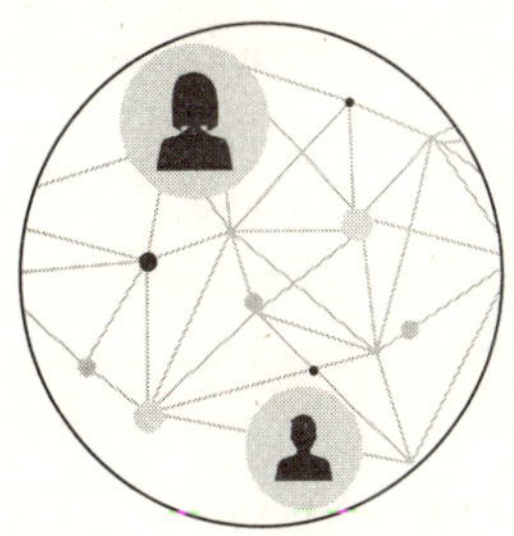

EL PODER E IMPACTO DE LAS REDES SOCIALES, TANTO DENTRO COMO fuera del entorno laboral, fue descubierto por el investigador Nicholas Christakis y popularizado en su libro de 2009, coescrito con James Fowler, *Connected: The Surprising Power of Our Social Networks and How They Shape Our Lives.*[1] Ellos revelaron que «con cada paso que damos para alejarnos de una persona en una red social, el número de vínculos con otras y la complejidad de la ramificación aumentan muy, muy deprisa».

En su informe de 2011, Rand, Arbesman y Christakis sostienen que las redes sociales más fluidas y dinámicas promueven la colaboración y proporcionan información sobre algunas formas de romper los nodos aislados.[2] En estas redes dinámicas se forman vínculos con los colaboradores y se rompen de forma selectiva con los detractores; se produce una «reconexión» de la red y emerge un fenómeno interesante: los detractores tienden a cambiar su conducta para que se restablezcan los vínculos, lo que genera una colaboración más estable.

En su libro *The Social Instinct: How Cooperation Shaped the World*, Nichola Raihani plantea que el instinto social y la necesidad de tejer redes forman parte de nuestro estado evolucionado, y que, aunque todos los seres humanos tengamos esta característica, solo unos pocos gozan de estas capacidades en un grado excepcional.[3] A lo largo de nuestra investigación hemos visto a líderes que construyen y cultivan su red de forma intencionada por los beneficios que esta produce; establecen relaciones con gente que pondrá en duda sus ideas y detectará fallos en su pensamiento, y lo hacen antes de que los propios proyectos laborales lo exijan, para así acelerar el progreso de un equipo recién formado. Estas personas, además, buscan relaciones a lo largo y ancho de sus organizaciones para promover una comunicación bidireccional entre la dirección y los trabajadores de atención al público, lo cual es tanto una fuente de asesoramiento como un medio de influencia amplificada. Procuran en todo momento expandir su red como fuente potencial de candidaturas para futuras contrataciones. Los mejores líderes que hemos analizado tienen en mente un mapa relacional de su organización y están siempre intentando añadir conexiones que refuercen esta red. En los niveles más altos de liderazgo, muchas de esas nuevas conexiones son externas.

Hay tres asuntos críticos que los líderes han de tener en cuenta a la hora de crear relaciones:

Primero: los líderes de alto rendimiento presentan unos niveles elevados de autoconocimiento, además de la habilidad para «leer» a los demás. Son sensibles a las circunstancias que podrían poner en peligro la colaboración en la red, y detectan los focos de negatividad y resistencia que requieren una mayor atención.

Segundo: los mejores líderes forjan relaciones estrechas e invierten en sus mejores trabajadores. Seleccionan muy bien qué relaciones de la red requieren refuerzo, para así aumentar la probabilidad de éxito de la empresa. Pasan gran parte de su tiempo con las personas que mejor rinden.

Tercero: los líderes de alto rendimiento saben que son responsables de la integridad total de la red. Cumplen y hacen cumplir a los demás las normas éticas más estrictas, y entienden que ciertos lazos deban cortarse para agregar nuevas conexiones que permitan a la empresa fortalecerse y crecer. Los lazos con quienes no cumplen las normas casi siempre se rompen y nunca se llegan a recomponer.

Aumentar la conectividad implica

Leerse a uno mismo y a los demás con precisión

Estar cerca de la gente

Ética e integridad

UNA LECTURA PRECISA DE UNO MISMO Y DE LOS DEMÁS

Definición de la investigación: los líderes de alto rendimiento sienten una curiosidad constante por las sutiles diferencias entre las personas. Saben leer muy bien a la gente y varían su manera de enfocar ciertos temas, como los elogios y el reconocimiento y la gestión del rendimiento.

En nuestro estudio con líderes de alto rendimiento, hemos identificado una capacidad que les resultaba tan natural que no eran conscientes de tenerla ni de cómo les ayudaba a construir y gestionar sus relaciones. El término que acuñamos para describir esta capacidad es «percepción individualizada», y se reduce a dos elementos principales:

Primero: un alto nivel de autoconocimiento, esto es, un elevado sentido del yo, y cómo los rasgos y capacidades de estos líderes les ayudan a interactuar de forma positiva con quienes les rodean o se interponen en su camino.

Segundo: una extraordinaria habilidad para «leer» a los demás y reconocer sus emociones y su situación psicológica, junto con una descripción profunda y acertada de sus rasgos, en especial sus predisposiciones y emociones.

El autoconocimiento impulsa la autenticidad y la autoeficacia

El autoconocimiento es el saber y la comprensión conscientes (no inconscientes) que los líderes poseen en relación con la forma en que perciben su carácter, sus sentimientos, motivos y deseos, y cómo estos afectan a sus interacciones sociales.

El psicólogo Philippe Rochat describía el autoconocimiento como «sin duda, el aspecto más fundamental en psicología, tanto desde el punto de vista del desarrollo como del de la evolución».[4] Incluso esta afirmación podría quedarse corta.

Hemos hablado en un capítulo anterior acerca de la influencia que ejercen la autoconfianza y la autoeficacia en los resultados obtenidos en las primeras etapas de la vida profesional. Bien, pues el autoconocimiento es otro componente que influye en este aspecto. Albert Bandura (1977), que desarrolló la teoría moderna de la autoeficacia, la definía como «creer en las propias capacidades para organizar y ejecutar los cursos de acción necesarios para gestionar situaciones futuras».[5] Parafraseando su trabajo, el que alguien crea en su habilidad para triunfar es la base de su forma de pensar, sentir y comportarse:

- Una persona con un fuerte sentido de autoeficacia ve los retos como meras tareas que hay que superar y no se desanima por los contratiempos. Son individuos conscientes de sus defectos y habilidades, y emplean estas cualidades lo mejor que pueden.
- Una persona con un sentido débil de la autoeficacia evita los desafíos y enseguida se desanima ante los contratiempos. Ahora bien, es posible que no sea consciente de estas reacciones negativas y, por lo tanto, le cuesta cambiar su actitud.[6]

Para lograr un liderazgo de alto rendimiento hay que gozar de una autopercepción sólida y, sobre todo, precisa. El autoconocimiento ayuda a la persona a juzgar con qué frecuencia participa en las reuniones, con qué firmeza afirma su posición, y los tipos de preguntas que tendría que hacer. Si conoces a un líder a quien le cuesta dar feedbacks y que se pone a la defensiva o se muestra despectivo cuando los recibe, es muy probable que no tenga un grado suficiente de autoconocimiento.

¿Cuántas veces te has topado con personas ciegas e insensibles a estos asuntos? Igual que un elefante en una cacharrería, les falta finura y dicen cosas que prolongan el conflicto en lugar de resolverlo. Un sentido realista de sí mismo ayuda al líder a valorar las circunstancias sobre la marcha para garantizar el equilibrio que permita alcanzar los objetivos y hacer avanzar los asuntos.

Leer bien a la gente

«¿En qué piensas cuando oyes la expresión tener "don de gentes"?»

Cuando se describe a alguien como una persona con «don de gentes», ¿sabes a qué se refieren? ¿Contiene la expresión toda la información que necesitas para saber con qué tipo de persona estás tratando? Los líderes con gran habilidad para «leer» a otras personas ven a cada una como alguien con Talentos y capacidades únicos; como si pelaran una cebolla, llegan al corazón de lo que mueve a las personas.

En su excelente libro *How to Know a Person: The Art of Seeing Others Deeply and Being Deeply Seen*, David Brooks describe esta capacidad con gran claridad, aunque afirma que los seres humanos no sabemos hacerlo bien en general.[7] Él señala que quienes saben leer a otros hacen preguntas muy diferentes y se centran mucho en las historias que cuentan. Brooks hizo nuestra misma observación sobre los líderes de alto rendimiento: les impulsa una curiosidad insaciable por las personas cruciales de su vida.

Escucha a tus colegas cuando describan a personas o situaciones: si emplean generalizaciones y etiquetas es que no tienen la habilidad más refinada de «leer» a los demás. Si estas categorías generales les resultan útiles es porque se interesan menos por las personas como individuos. Sus suposiciones carecerán de fundamento y sinceridad, y lo mismo ocurrirá con las relaciones que establezcan más adelante (si las hay): se limitarán a clasificar a las personas en categorías generales y a hacer suposiciones similares sobre el significado de cada categoría.

Su satisfacción con las etiquetas de categorías genéricas es una auténtica maldición para nuestros líderes de alto rendimiento. Si quieren considerar a las personas como individuos, los líderes tendrán que prestar atención a los aspectos sutiles y únicos que las describen. A los de alto rendimiento les fascinan estas diferencias, porque influyen en el modo en que podrán hacer sus mejores y más sólidas aportaciones.

En una ocasión entrevistamos a un líder de alto rendimiento que nos ofreció un relato excelente acerca de esto. Su respuesta a la pregunta sobre la «persona con don de gentes» fue la siguiente: «¿A qué te refieres con "persona con don de gentes"? ¿A que sabe vender a la gente? ¿Escucharla? ¿Desafiarla? ¿Persuadirla? ¿Pasar tiempo con ella? ¿Cambiar su mentalidad? ¿Entrenarla y asesorarla? ¿Ayudarla? ¿Vencerla? ¿Discutir y debatir con ella? ¿Compartir ideas con ella? ¿Intercambiar ideas con ella? ¿Colaborar con ella? Ser una persona con don de gentes no es una sola cosa».

Saber lo que está pasando

Un viejo amigo mío eligió, dentro de su profesión de policía local, la división de tráfico. Aunque ya tenía el carné de conducir, tuvo que pasar por la escuela de conductores de la policía, lo que le terminó de abrir los ojos a lo que le esperaba.

Describió aquello como una semana completa de entrenamiento a toda velocidad. Había tres supervisores en el coche de policía observándole, dándole instrucciones y haciéndole preguntas al azar. Lo primero que le pidieron fue mantener la velocidad a 80 km por hora, por carreteras comarcales llenas de curvas pronunciadas y ángulos ciegos. La presión por mantener la velocidad y la concentración era intensa. Mientras mi amigo tomaba una curva intentando mantener la velocidad, uno de los supervisores le preguntó: «¿Cuál era la matrícula del camión rojo que pasó hace cinco minutos?». Mi amigo no supo qué responder. «¿Cuántos pasajeros van en el tercer coche que va por detrás?». La respuesta tenía que ser exacta; de lo contrario, suspendería el examen y tendría que repetirlo otro día. «¿Cuál era el número de teléfono del concesionario Ford que se anunciaba en la valla publicitaria por la que hemos pasado hace veinte minutos?». «Cuántos transeúntes estaban esperando el autobús en la parada del otro lado de la carretera? ¿Cuántos de ellos llevaban zapatos marrones?». Y así sucesivamente.

Era una prueba muy intensa que requería unas habilidades de observación excelentes y una memoria perfecta. Se necesita un Talento extraordinario para superar este examen, y mi amigo lo consiguió. Y entender que ser guardia de tráfico supone algo más que conducir a toda velocidad de forma segura y poner multas me abrió los ojos. Luego, al estudiar a los líderes de alto rendimiento, vi en sus perfiles características similares de observación y memoria, pero esta vez con respecto a las personas que trabajan a su alrededor.

Leer bien las situaciones

La capacidad para leer a las personas es diferente a la de leer situaciones y acontecimientos, y los líderes de alto rendimiento suelen tener ambas.

Hemos asistido a muchas reuniones de empresa, tanto del consejo de administración y dirección como de evaluación empresarial y de puestos. Un patrón común y previsible en todas ellas es que la gente participa y se motiva más cuando se discute un punto del orden del día relacionado con su especialidad. Pero, una vez que ese momento pasa y se cambia de tema, podemos aprender mucho viendo cómo se comportan los líderes.

La mayoría presta poca atención a las aportaciones de sus colegas (es lo que llamamos «escucha pasiva») y a veces se dedican a mirar el móvil, siempre por debajo de la mesa, por supuesto. Poca gente sigue conectada y atenta a lo que ocurre en la sala. Esas personas son las que buscan cambios sutiles en el lenguaje corporal de los demás y toman notas de los comentarios que suscitan una reacción emocional positiva o negativa. Están haciéndose una composición de lugar sobre la situación, y la información que obtengan influirá en su comportamiento futuro.

¿Te parece que conoces bien todo lo que ocurre en tu empresa?

Los líderes de alto rendimiento con esta sensibilidad parecen mantener siempre un buen «pulso» de su organización. Con la «antena puesta» a todas horas, con capaces de detectar cualquier variación futura. Recorren los pasillos hablando con sus colegas y así pueden captar señales que exijan indagar con mayor profundidad. En las siguientes reuniones, serán quienes, casi seguro, resaltarán los focos de negatividad que hallaron y ayudarán al equipo a determinar la mejor manera de implicarse y mejorar.

Este comportamiento no es casi nunca una elección consciente, sino automática; es su Talento natural y su forma excepcional de gestionar los elementos variables que impulsan la eficacia del grupo. Son personas que nunca desconectan.

Leer a la gente: captar las sutiles diferencias que hacen que cada persona sea única.

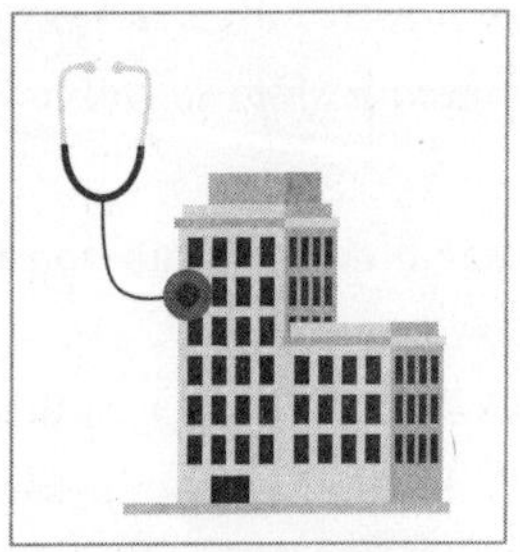

Leer las situaciones: mantener el pulso de la organización.

ACERCARSE A LOS MIEMBROS Y SOCIOS DEL EQUIPO

Definición de la investigación: los mejores líderes forjan relaciones muy eficaces sin poner en peligro su objetividad. Son excelentes entrenadores y mentores, y ayudan a sus «jugadores» de mayor Talento a rendir al máximo. Buscan expandir su red y su influencia.

Mientras finalizábamos la investigación para el libro *Strengths Based Leadership*, Tom Rath y yo analizamos al detalle los factores que hacían que la gente tuviera sentimientos más positivos hacia los líderes que más admiraba. Es cierto que la «estabilidad», «confianza» y «esperanza» (tres de las cuatro necesidades que identificamos en estos seguidores) fueron las más mencionadas por los observadores más inteligentes, pero nos sorprendió que la «compasión» fuera la cuarta necesidad del seguidor tipo.

Tras la publicación del libro, muchos analistas nos preguntaron sobre la solidez de las pruebas a favor de la compasión. Les sorprendía que otros factores, como la dirección estratégica, no fueran considerados más valiosos. Bien, pues resultó que la compasión era la más fuerte de las cuatro necesidades del seguidor tipo; incluso para la opinión experta.

Empleamos el término «compasión» para describir el afecto verdadero y profundo que los seguidores sentían por sus líderes de alto rendimiento; había quien usaba incluso la palabra «amor», en sentido afectivo. Estas personas experimentaban una conexión profunda con los líderes a quienes más admiraban, y a su vez estos mostraban una enorme comprensión y empatía hacia sus subordinados.

La amplitud, profundidad y solidez de las relaciones que forjan y desarrollan los líderes ayuda a los trabajadores a identificarse de forma plena con la empresa, lo que esta representa y la importancia de su contribución. Con independencia de lo deseable o fundamental que creas esta identidad, figura en casi todas las medidas fiables del compromiso del personal. Los datos que relacionan la identidad con los resultados de la empresa deberían llamar tu atención.

Resulta evidente la importancia de crear relaciones en el contexto laboral, y sin embargo hay muchos líderes que actúan con cautela, en ocasiones incluso de forma pesimista, al considerar el valor y el efecto de tales relaciones. Los investigadores de Gallup han rastreado este fenómeno en su estudio sobre el compromiso, que incluye la frase: «Tengo un buen amigo/a en el trabajo». A los participantes les costó dar una puntuación «alta» a esta afirmación por razones que parecen contradecir su intención, y sus opiniones son ciertamente contrarias a los resultados de la investigación de Gallup.[8]

Fuente: Patel y Plowman, «The Increasing Importance of a Best Friend at Work».[9]

Los líderes menos eficaces que ponen en duda el valor de tener una buena amistad en el trabajo equiparan esto a tener favoritismos, lo cual podría afectar negativamente a la moral y el funcionamiento del equipo. Van incluso un paso más allá para afirmar que este hecho cruza una línea invisible, pero muy real, que podría comprometer la toma de decisiones del líder en situaciones difíciles. Esto es, en realidad, más una afirmación sobre sus propias limitaciones que una declaración de principios sobre la importancia de las relaciones cercanas entre un líder y sus seguidores. Los mejores líderes que hemos estudiado —y seguimos observando hoy en día— no ven tal línea, y tener relaciones cercanas no limita en modo alguno su habilidad para tomar decisiones difíciles con respecto a las personas allegadas, aunque se trate de un despido, en caso necesario.

No debería haber ninguna línea

«¿Debería un líder ayudar a sus colaboradores, sin importar las circunstancias?»

Solemos hacer esta pregunta a los líderes, y las mismas personas que dudan con la pregunta de si despedirían a su mejor amigo responden que no. Lo hacen porque temen que, ayudando a alguien que se haya comportado de forma inadecuada o ilegal, incluso delictiva, las consecuencias podrían afectarles de alguna manera. Quienes mantienen esa distancia no ven la triste condena a su liderazgo que esta actitud revela.

«Ayudar» no implica estar de acuerdo con las acciones de una persona o apoyar de manera incondicional su comportamiento; se trata de una obligación fundamental para cualquiera, la de preocuparse unas personas por otras. ¿Debería un líder a ayudar a sus colaboradores, sin importar las circunstancias? «Sí» es la única respuesta que puede dar un líder de alto rendimiento que se preocupa por el éxito y el bienestar de los demás.

En muchas ocasiones hemos visto a gente que ha sido despedida hablando con respeto y admiración de sus líderes: «Tenían razón en despedirme, pero me ayudaron y se preocuparon por mí en todo momento». Si bien es cierto que se aprende mucho sobre una empresa, sus valores y la calidad de sus líderes por la forma en que contratan a sus trabajadores, se aprende aún más por la forma en que los despiden.

Invierte en tus mejores trabajadores

Algo que preocupa mucho a los directores ejecutivos es que quienes permanecen en el mismo puesto mucho tiempo lleguen a «bloquear» la movilidad ascendente de gente con Talento que podría optar a puestos ejecutivos de alto nivel. Describimos a esta figura del «bloqueador» en el prefacio del libro (sería un líder débil, blanco y hombre, que suprimía el potencial de una líder aborigen). Este problema desaparece cuando los líderes se enorgullecen, profesional y personalmente, de contribuir al ascenso de las personas con Talento hacia puestos superiores a los suyos sin sentir que se les menosprecia, ignora o infravalora.

Este es el foco y el afán de los líderes de alto rendimiento: invierten su tiempo en el crecimiento y desarrollo ajeno, porque fomentar las capacidades de liderazgo de las personas con Talento de la empresa es lo que se debe hacer. Además, nuestros líderes de alto rendimiento saben que esta tarea es más fácil si eligen a líderes fuertes para sus propios equipos (es decir, personas más fuertes que ellos mismos).

Pero ¿cómo es esta inversión? ¿Qué hacen los líderes de alto rendimiento para desarrollar y alimentar los Talentos y capacidades de sus nuevas «estrellas»?

La respuesta no tiene mucha lógica, pero se entiende mejor ahora que hace veinte años, cuando hablé por primera vez del tema. Es bastante simple: invierten la mayor parte del tiempo en individuos que han sido seleccionados de forma cuidadosa y que tienen más posibilidades de éxito en puestos altos en el futuro.[10] Sin embargo, gestionan esta selección y la posterior inversión de tiempo de una forma no evidente a primera vista, y que permite al resto del equipo sentirse bien cuidado, apoyado y relevante para su líder.

La imparcialidad no es lo que te imaginas

Una y otra vez oímos decir a los líderes con problemas para formar equipos de alto rendimiento: «Soy diligente a la hora de mantener reuniones personales cada semana con un miembro de mi equipo».

Como medida de eficacia, es inútil; como indicador del impacto y valor, no aporta nada. Es como si estos líderes vieran la imparcialidad y la distribución equitativa del tiempo como prueba de su eficacia: cada individuo recibe una parte justa e igual. Pero este concepto de imparcialidad va en contra del enfoque más eficaz del liderazgo de alto rendimiento.

En su libro *La mente moral: Cómo la naturaleza ha desarrollado nuestro sentido del bien y del mal*, Marc D. Hauser afirma que la imparcialidad es un concepto muy desarrollado y evolucionado en los seres humanos, que suscita respuestas conductuales formales y estándares.[11] Él cita los diez tipos de imparcialidad de George Lakoff para ilustrar este punto:[12]

Tipo de imparcialidad	**Ejemplo específico**
Igualdad de distribución	A cada persona se le dedica una reunión
Igualdad de oportunidades	Todo el mundo puede solicitar un empleo
Distribución procesal	Los beneficios están basados en las reglas
imparcialidad basada en los derechos	Obtienes lo que te corresponde
imparcialidad basada en las necesidades	Quienes necesitan más obtienen más
Distribución escalar	Quienes trabajan más obtienen más
Distribución contractual	Se da en función de lo prometido
Distribución escalar de responsabilidades	Quienes pueden hacer más tienen mayor responsabilidad
Distribución equitativa del poder	Todo el mundo puede votar y todos los votos valen lo mismo

Esto demuestra lo evolucionados, y arraigados en nuestra mentalidad, que están los distintos conceptos de imparcialidad. Sin embargo, desde la perspectiva del líder de alto rendimiento, a esta lista de Hauser le falta un elemento que no necesita explicación:

Tipo de imparcialidad	**Ejemplo específico**
Imparcialidad por valor de rendimiento	Quienes más rinden se merecen la mejor recompensa

El trabajo de Lakoff suscita una cuestión más genérica: ¿han evolucionado los seres humanos para ser más sensibles a los temas de justicia que a la consecución de resultados y al rendimiento? Nuestra opinión es que, al igual que ciertas personas creen que el concepto de imparcialidad o justicia implica «igualdad», también algunas, aunque pocas, creen en el concepto de justicia basado en los resultados diferenciados.

Por ejemplo, ¿cómo te sentías haciendo trabajos de grupo en la universidad, donde todo el mundo recibía la misma nota con independencia del esfuerzo que hubiera hecho? ¿Te parecía justo? Lakoff parece haber olvidado la importancia de este tipo de justicia, que es fundamental para un líder de alto rendimiento.

Centrar la inversión de un líder

El principal objetivo de desarrollo para los líderes de alto rendimiento a la hora de invertir tiempo en sus estrellas emergentes debería estar centrado en dos áreas:

> *Primero*: en poner en duda las ideas previas y subir el listón en cuanto a procesos de razonamiento.
>
> *Segundo*: en ayudar a los miembros de su equipo a crear un grupo de apoyo para incrementar su visibilidad e influencia en la empresa. Otros líderes también deberían conocer a estas personas, o al menos saber que existen.

Algunos de los líderes de mayor éxito de nuestra amplia muestra centran sus esfuerzos de formación en desafiar las ideas existentes y mejorar los procesos de pensamiento. Es lo mismo que dice el proverbio, atribuido a Maimónides, que subraya la diferencia entre darle a alguien un pescado y enseñarle a pescar. El equivalente en el mundo de la empresa —bien conocido por los líderes de alto rendimiento— es que tú puedes darle a alguien la solución a un problema, o bien enseñarle las habilidades necesarias para resolverlo por su cuenta.

El objetivo del proceso de razonamiento explica por qué la segunda área (crear un grupo de apoyo) es también básica. Fomentar los contactos y la credibilidad en toda la empresa proporciona al líder en desarrollo un grupo consultivo más amplio con el que poner a prueba y cuestionar sus ideas y sugerencias. El fin es que colaboración y consulta sean dos caras de la misma moneda, ya que ambas son relevantes para desarrollar ideas y planes potentes y a la vez flexibles.

No siempre es fácil para un líder en desarrollo atraer la atención de otros líderes de la organización, pero quienes son de alto rendimiento saben que su papel es derribar barreras y garantizar que los líderes emergentes crezcan asociándose con otros de alto nivel y con personas expertas. Esta clase de líderes invitan a sus «protegidos» a reuniones clave y hacen alarde de sus Talentos en presentaciones y debates. Así, al planificar la sucesión y revisar los resultados, la inmensa mayoría del personal directivo será capaz de ponerle cara a un nombre, y de hablar con conocimiento de causa de las capacidades y cualidades de dicha persona.

ÉTICA Y RESPONSABILIDAD

Definición de la investigación: la ética y la responsabilidad van a la par, y los mejores directivos exhiben las dos. Sus valores y creencias, claros y persistentes, sobre cómo tratar a las personas y hacer lo correcto marcan la pauta a seguir por el resto.

El factor más influyente en el desarrollo eficaz de relaciones, en especial de las más próximas (que suelen ser las que generan confianza) es la ética y moral del líder. Se trata de un área compleja, pero los conceptos son fáciles de entender. La principal expectativa que proporciona una base para el desarrollo de la confianza es el cumplimiento transaccional, en el que los compromisos se asumen y luego se cumplen de manera consistente y sin excepciones.

«¿Haces justo lo que dices que vas a hacer?». Esta es una pregunta fundamental de cuya respuesta se puede aprender mucho sobre el tipo de líder que uno es

Quienes dicen «lo intento» dejan la puerta abierta para cuando no lo cumplen, y suelen ser quienes tienen más problemas para forjar relaciones de confianza. Un gran número de líderes suspende este «examen básico» de integridad y, sin embargo, se siguen considerando personas éticas —según sus propios principios, un tanto dudosos—. Los líderes de alto rendimiento, en cambio, consideran que los compromisos hechos en una reunión deben cumplirse sin excepción. Y siempre los cumplen.

Hacer lo que dices que harás

Hay analistas a quienes sorprende que definamos la ética y la responsabilidad como parte de la categoría más amplia de relaciones y contactos, y no de la de desempeño. Dicen que la responsabilidad tiene que ver con lo que se entrega, y la entrega tiene que ver sin duda con el desempeño. Tuve una discusión sobre este tema en una entrevista en la que se criticaba justo esto. No obstante, nuestra respuesta es muy sencilla: uno se compromete con las personas, no con las cosas.

La responsabilidad —y la ética e integridad que la respaldan— se basan cien por cien en las relaciones forjadas entre las partes que efectúan transacciones. Por eso es fundamental tener en cuenta lo que significa y por qué es tan relevante para un liderazgo eficaz.

«*¿Cómo te sientes cuando decepcionas a alguien y no puedes hacer lo que te comprometiste a hacer?*»

Se trata de una situación horrible que a nadie le gusta. Muchos líderes, para evitarla, seleccionan con sumo cuidado sus compromisos, hacen pocas promesas y se comprometen solo con lo que saben que van a cumplir. Puede ser difícil trabajar con este tipo de líderes, ya que es probable que nuestras expectativas requieran muchos más compromisos.

Hay también líderes que tienen auténtica ansiedad por trabajar, pero no son capaces de actuar en muchos frentes al mismo tiempo. Lo que ocurre entonces es que, sin un liderazgo sólido que les ayude a decir que no, se sobrecargan y se comprometen en exceso, llegando a trabajar día y noche. Estos líderes tienen un sentido de la responsabilidad tan fuerte que, cuando las cosas se tuercen, repercute de forma negativa en su autoestima y sentido profesional, y les resulta aún más difícil delegar y dejar pasar algunos asuntos.

La situación ideal es aquella en la que el líder es capaz de abordar muchas tareas y no le cuesta cumplir esos objetivos; aquí es donde destacan los líderes de alto rendimiento frente a sus colegas débiles o mediocres. Los primeros tienen un Talento natural, mientras que los otros tienen que esforzarse mucho y, aun así, no llegan.

Hacer lo que hay que hacer

«*¿Necesitas hacer siempre bien las cosas?*»

La principal pregunta para los líderes es cómo influye el juicio de las personas en el comportamiento actual y futuro, no solo en términos de hacer las cosas bien, sino de hacer lo correcto. Los líderes de alto rendimiento destacan en este aspecto.

Cuando preguntamos a nuestros líderes si intentan siempre hacer las cosas bien, su respuesta suele ser que sí. A la pregunta de por qué se comportan como lo hacen suelen dar tres posibles respuestas:

> **Respuesta 1**: hacer las cosas mal podría crear otros problemas y resultaría ineficiente e ineficaz.

> **Respuesta 2**: hacer mal las cosas podría tener consecuencias personales o profesionales.

> **Respuesta 3:** no tengo otra opción, he de hacer las cosas bien; es así como me sale.

El parecido entre las dos primeras respuestas deriva de un argumento consecuente: quienes las dan están sopesando las consecuencias de no hacer las cosas bien, y deciden que es el camino menos deseable. Dicho de otro modo, hacen bien las cosas para evitar repercusiones negativas en su reputación profesional y su autoestima.

A esto lo llamamos un enfoque «de fuera hacia dentro», algo así como si un supervisor o árbitro externo impusiera sanciones al líder que se pasa de la raya. Es decir, en lugar de un impulso intrínseco por hacer las cosas bien, estos líderes necesitan un armazón externo y una serie de «barandillas» para no salirse del buen camino y orientarse hacia los resultados correctos.

En cambio, los líderes de alto rendimiento que poseen una estructura sólida, basada en unos principios que suponen hacer lo correcto, dan la respuesta 3. No ven más opción que la de hacer las cosas bien. La ética y la moral son rasgos intrínsecos de su manera de ser y de lo que defienden. Estas cualidades surgen de su interior para guiar su comportamiento hacia lo que deben hacer, no hacia lo que podría parecer más ventajoso a corto plazo.

A esto lo denominamos un enfoque «de dentro hacia fuera», que no se ve moderado por perspectivas externas. Estos líderes hacen lo que hay que hacer incluso en circunstancias en las que sus acciones pueden pasar inadvertidas o no ser reconocidas; o, por el contrario, cuando tienen que tomar una decisión indeseable e impopular.

Las empresas que «se basan en normas» e intentan legislar contra cualquier posible fechoría se adhieren al enfoque «de fuera hacia dentro» para dirigir a su personal. La lógica de esta mentalidad es que, si no existieran «barandillas» o la perspectiva del daño a la reputación personal no fuera real, las personas cometerían todo tipo de delitos. Por eso el área jurídica del departamento de recursos humanos de muchas empresas impone limitaciones a la conducta de la plantilla: diciendo a la gente lo que no debe hacer intentan evitar que se tomen malas decisiones.

A los líderes de alto rendimiento, aunque entienden las razones para fijar normas de conducta y reconocen su necesidad, les ofende en cierta medida que se les apliquen también a ellos.

Respuestas de los líderes éticos con alto sentido de la responsabilidad

	Nunca				**Siempre**
Hago lo que digo	○	○	○	○	●
Hago lo que hay que hacer	○	○	○	○	●
Hago las cosas bien	○	○	○	○	●

Los líderes con un alto sentido de la responsabilidad son personas claras, impecables y concluyentes en su evaluación sobre lo que está bien y mal; tienen una presencia estable y coherente en su organización y la gente sabe que puede confiar en ellos.

Decir mentiras piadosas

Las distintas sociedades han creado normas que castigan la mentira y el engaño, y lo mismo ocurre en organizaciones, empresas, equipos e individuos. Cualquier grupo de personas, excepto quizá las organizaciones criminales —que tienen sus propias normas sobre el tipo de comportamiento que permiten—, siente aversión a las conductas deshonestas. Sin embargo, hay excepciones, como lo que solemos llamar «mentiras piadosas»: expresar una opinión que no es estrictamente cierta, pero que se da para proteger a otra persona (o la verdad se exagera para hacer un favor a alguien).

Ejemplos de mentiras piadosas son las excusas que pones para no asistir a un evento social o la respuesta que das a un niño con la intención de evitar posteriores preguntas incómodas. En la infancia se aprende a decir mentiras piadosas, y en la edad adulta estas alcanzan altos niveles de sofisticación. En su artículo de investigación de 1994 «What Makes Strategic Deception Difficult for Children —the Description or the Strategy?», James Russell, Christopher Jarrold y Deborah Potel afirman que el comportamiento engañoso se basa en dos habilidades cognitivas fundamentales:[13]

Primero: saber que es posible plantar falsas creencias en la mente de los demás.

Segundo: suprimir lo que se sabe que es cierto y expresar lo que se sabe que es falso.

Estos comportamientos, tanto en la infancia como en la edad adulta, dependen de si la persona ve probable que la pillen o espera salir impune, otra perspectiva clásica «de fuera hacia dentro». Es interesante que la mayoría de los estudios llevados a cabo por psicólogos del desarrollo sobre mentiras y engaños se centren en este comportamiento negativo, en lugar de intentar averiguar por qué algunos niños —y las personas adultas que serán— lo rechazan. Parece que hay gente que a cualquier edad elige comportarse de forma ética sin necesidad de que el miedo a la vigilancia externa les lleve a hacer lo correcto.[14]

La historia de Wells Fargo

Hay numerosos ejemplos de confusiones éticas en las empresas.

Un caso reciente y muy famoso ha manchado para siempre la reputación de una de las mayores y más respetadas instituciones bancarias de Estados Unidos. ¿Cómo es posible que un gran número de trabajadores de Wells Fargo abrieran tantas cuentas corrientes y de ahorro fraudulentas para clientes sin la complicidad de quienes estaban a su alrededor, incluyendo a personal directivo y líderes de varios niveles?[15]

En pocas palabras: porque no se escondían. A medida que los líderes de Wells Fargo iban fijando objetivos agresivos de «venta cruzada», sin darse cuenta estaban fomentando un comportamiento poco ético que además sabían que ya se estaba produciendo en la empresa. Esta situación se prolongó durante años, y quienes lo sabían hacían la vista gorda o, peor aún, decidían ir por la vía rápida de obtener también dinero fácil. Incluso ahora, cuando pienso en esos actos atroces que echaron por tierra la fama de la que había sido una empresa extraordinaria, no entiendo cómo nadie dijo ni hizo nada al respecto.

Cuando por fin el consejo decidió actuar, destituyó a varios altos directivos, incluido el director general, reconociendo que cuando la confianza se rompe de esta manera es imposible que quienes se han visto afectados por esta actividad se recuperen jamás. Muy pocos directivos, sabiendo lo que ocurría, estaban dispuestos a tomar partido. Muchos perdieron su trabajo (en mi opinión, muy pocos y demasiado tarde) y los que no lo hicieron estarán siempre «manchados» por su vinculación con estos actos.

La lección ética que se extrae de todo esto es clara: quienes actúan para proteger a los responsables de infracciones acaban pagando un alto precio. Siento una enorme tristeza por tantos trabajadores y directivos que no tuvieron nada que ver con este asunto y sin embargo cargan también con el peso de este espantoso comportamiento mientras intentan salvar la poca credibilidad de Wells Fargo que queda.

¿Es posible la recuperación?

«¿Qué se necesita para que una persona que ha transgredido las normas éticas se recupere?»

Muchos líderes empiezan respondiendo a esta pregunta con un «depende»; de este modo intentan hacer el papel de «intermediario honesto», analizando la naturaleza de la transgresión y lo que podría significar dicha recuperación. La idea de dar una segunda oportunidad es atractiva. Al fin y al cabo, ¿quién no ha cometido un error del que tiene intención de recuperarse?

Pero no nos referimos a los errores normales que cualquiera puede cometer en su trabajo. En estos casos, la gente se merece una oportunidad para recuperarse, o de lo contrario podría interpretar que los errores no se toleran en su empresa y que los riesgos deben evitarse siempre.

No, estamos hablando de las transgresiones éticas hechas de forma intencionada para engañar o defraudar. Los líderes con una sólida base ética, que operan «de dentro hacia fuera», no ven reparación posible en comportamientos de este tipo. Incluso aunque sus autores consigan librarse del despido, su comportamiento nunca será olvidado; todo lo que haga esa persona de ahora en adelante será revisado con sumo cuidado, y no se harán suposiciones respecto a su precisión o eficacia.

Dejar irse de rositas a quienes transgreden las normas éticas supone un fracaso del liderazgo, ya que ahora todo el mundo conoce los valores que defiende. Mentir, robar, engañar, defraudar, falsificar y otros actos de engaño pueden ser ofensas perdonables para algunos, pero los líderes con alto sentido de la ética, que merecen la confianza de sus organizaciones, responden con un *NO* rotundo a la pregunta de la recuperación.

La ética no se mide con una escala de probabilidad

Como conclusión de este capítulo, queremos volver a la conducta ética y su relevancia para el liderazgo eficaz, pero en vez de recapitular nuestros comentarios anteriores es nuestro deseo señalar que al lenguaje sobre la ética le falta precisión, e invita a formular hipótesis desafortunadas. Piensa, si no, en cómo responderías a esta pregunta: «Teniendo en cuenta las promesas que haces, ¿hasta qué punto las cumples?». Se trata de una pregunta interesante que hemos formulado a nuestros líderes. Pensábamos que se trataba de una cuestión bastante clara y directa, pero cuando la lanzamos en nuestra investigación nos sorprendió la variedad de respuestas que obtuvimos. Por ejemplo, considera las respuestas en una escala de 5 puntos, donde…

5 = siempre

4 = casi siempre

3 = la mitad de las veces

2 = casi nunca

1 = nunca

Con una elección así de forzada se podría esperar que la gran mayoría de los líderes respondiera con un 5, mientras que una pequeña parte podría puntuar 4 (si es que no entendieron del todo la pregunta o tuvieron un lapsus). Pero no hemos basado las respuestas en una escala de este tipo, sino que formulamos una pregunta abierta. Y las implicaciones de las respuestas que obtuvimos son asombrosas: muy pocas personas son tan claras como para responder «siempre» o «sin excepción».

Lo que vemos aquí es que, por más exigentes que sean las escalas, no se obtienen mejores resultados empleando un lenguaje descriptivo. Si analizamos, por ejemplo, las respuestas a preguntas sobre ética, ¿qué quiere decir la expresión «casi seguro»? Y ¿qué diferencia hay con «muy probablemente»? ¿Cuál es, de las dos, la respuesta más contundente? En el otro extremo de la escala tenemos expresiones como «las probabilidades son escasas» y «muy improbable». ¿Cuál de ellas supone una respuesta más negativa? ¿Es lo mismo «probable» que «probablemente?». Y ¿qué lugar ocupan estos dos términos junto a «posiblemente»? Por muy difícil que sea interpretar las escalas de calificación, es fundamental comprender su funcionamiento en el ámbito psicológico.

El rasgo común de las respuestas que no son un *sí* o un *no* es la aceptación de que los líderes no siempre mantienen sus promesas y que, aun así, lo consideran una situación aceptable. «Me esfuerzo mucho por mantener mis promesas» indica que no te esfuerzas lo suficiente. En términos de ética y su efecto consecuente en el comportamiento, las respuestas deberían ser binarias: o cumples tus promesas o no las cumples. Los líderes de alto rendimiento conocen esta distinción muy bien, mientras que los débiles o mediocres están en una constante lucha. A este tipo de preguntas las llamamos «del embarazo». Piensa en cuántas veces has oído a una mujer describir su estado como «algo embarazada».

El lenguaje universal de la ética

- No existe la «ética empresarial», aunque la *Stanford Encyclopedia of Philosophy* no está de acuerdo con nosotros.[16]
- No existe la «ética legal», aunque la Cornell Law School discrepa.[17]

- No debería haber nada llamado «ética gubernamental», pero en apariencia lo hay... y parece ser necesaria.[18]
- No existe la «ética financiera», aunque la Securities and Exchange Commission (SEC) discrepa.[19]

Si te tomas la molestia de leer estas diferentes versiones de normas y conducta ética verás que, en gran medida, describen y valoran lo mismo: la ética. Como las matemáticas, la ética es un lenguaje universal, y este tipo de conducta se muestra en contextos y situaciones diferentes. El hecho de que a ciertas personas les cueste hablar en este idioma no cambia nada. No existen el álgebra francesa ni los experimentos indonesios de doble rendija. La ética requiere juicio y la decisión de hacer lo correcto, y no solo cuando todo el mundo está mirando, sino también cuando nadie lo hace.

LO QUE DE VERDAD IMPORTA

Los líderes eficaces hallan múltiples formas de influir en el rendimiento, desarrollo y crecimiento ajeno. Invierten en su gente, la cuidan y quieren que prospere. Los líderes saben que el éxito de la empresa depende del de cada persona que la compone.

Muy poca gente posee los rasgos distintivos para forjar relaciones que ayuden a personas y equipos a prosperar. Reconocer estas características, y saber reunir a un equipo que las tenga, genera un compromiso que repercute de forma positiva en el rendimiento:

- Los líderes de alto rendimiento captan las sutiles diferencias que influyen en su manera de acercarse a cada persona. Están siempre observando y adaptando su comportamiento. Saben leer muy bien a la gente, lo que les permite variar su enfoque en cuestiones como los elogios, el reconocimiento y la gestión del rendimiento.
- La línea imaginaria que a ciertos líderes y directivos les gusta trazar entre ellos y los miembros de su equipo es invisible para los excepcionales. Estas personas construyen relaciones muy eficaces sin comprometer su objetividad. Son también grandes entrenadores y

formadores que ayudan a los miembros de su equipo a rendir a un alto nivel y les hacen responsables de ello.
- Los líderes de alto rendimiento tienen valores y creencias claros y firmes sobre cómo se ha de tratar a la gente, y saben reconocer lo que está bien y lo que no. Su filtro ético es un aspecto natural, sólido y fundamental de su manera de comportarse. Se ponen el listón de la conducta lo más alto posible y esperan lo mismo de los demás.

Una función esencial del liderazgo es forjar y cultivar vínculos sólidos en la empresa. Podrás ser el tipo de persona que lidera gracias a la fuerza de tus Talentos interpersonales si…

- te atraen las relaciones más personales y profundas con las personas fundamentales para ti;
- eres sensible a los sentimientos ajenos y muestras empatía;
- conectas con otras personas de diferentes niveles y te interesas por su crecimiento y desarrollo; y
- tiendes a pedir y aceptar la participación de los demás.

Por muy cerca que creas estar de las personas, como líder debes ser consciente de la red que tejes y de tus contribuciones al desarrollo de las capacidades de quienes la conforman. Las siguientes preguntas te pueden ayudar a aumentar tu eficacia en este sentido:

- ¿Estoy ampliando a conciencia mi equipo de colaboradores y mi red de contactos?
- ¿Me oriento tanto a los objetivos que dejo de tener en cuenta los sentimientos ajenos?

CAPÍTULO 9

Controlar el tráfico

«MANTENER LA PUNTUALIDAD DE LOS TRENES» ES UNA FRASE QUE SE suele usar en el mundo empresarial para describir a las personas que gestionan sistemas y procesos que conducen a una ejecución eficaz. Pero en realidad es una metáfora bastante pobre. Los trenes circulan por vías, y se suele propugnar la necesidad de pensar «fuera de las vías», de salirse de ellas. Todo el mundo sabe lo que esto significa, y la metáfora del tren no funciona; así que, por favor, dejemos de usarla.

En cambio, cualquier líder debería conocer cómo funciona el control del tráfico aéreo. Es la metáfora perfecta para una ejecución eficaz, y vamos a explicar por qué.

Las normas y regulaciones sobre el control de las aeronaves en tierra, en el trayecto entre la puerta y la pista, y en el aire, no son difíciles de entender.[1] La clave está en mantener la distancia de seguridad entre aeronaves en todas las situaciones. Estas distancias se miden en pies en el suelo y en millas en el aire. Se trata de reglas que nunca deberían infringirse y, en las raras ocasiones en que lo hacen, los «casi accidentes» que esto provoca aparecen en todos los titulares. Son reglas firmes que nunca varían. Por ejemplo, los vuelos que van alrededor del mundo en dirección oeste deben volar a altitudes pares (como 38.000 pies), mientras que los que van hacia el este lo deben hacer a altitudes impares (por ejemplo, a 39.000 pies). Así, siempre que se mantengan las reglas horizontales del espacio aéreo, ningún avión chocará con otro. Quienes suelan viajar en avión y estén leyendo esto sentirán bastante alivio.

Pero los controladores aéreos deben enfrentarse con muchos factores inesperados: mal tiempo, retraso de algunos vuelos, emergencias médicas y averías mecánicas, que afectan tanto a las rutas como a los aeropuertos, y requieren una gestión hábil. En ocasiones, estos incidentes ocurren de manera tan rápida que los controladores no tienen tiempo de prepararse. Los meteorólogos suelen ser los mejores aliados de los controladores de tráfico aéreo. De hecho, trabajan codo con codo. En cambio, los astrólogos de los que hablamos al principio del libro no sirven de mucho, y si oyes decir a un comandante que está consultando la carta astral para ver si la luna está entrando en sagitario antes de cambiar los niveles de vuelo, ya será demasiado tarde para empezar a rezar.

LOS LÍDERES SON COMO CONTROLADORES AÉREOS

Los mejores líderes ven el desempeño eficaz igual que los controladores aéreos su labor: son capaces de gestionar una enorme complejidad a través de una serie de normas y directrices, pero luego tienen que ser muy flexibles cuando la situación cambia sobre la marcha. Quizá lo más importante para los controladores aéreos sea que, incluso en el peor de los días, no muera nadie: que todos los aviones despeguen y aterricen sin problema, casi siempre puntuales y en el lugar correcto. Que no haya percances y que, incluso cuando se adoptan soluciones drásticas para reducir la carga en momentos de presión (por ejemplo, cuando se cancelan vuelos), se acaben cumpliendo los objetivos en cuanto a seguridad y eficacia del servicio.

Los líderes extraordinarios son, pues, como los controladores aéreos. Cuando pienses en ser eficaz desde el punto de vista del liderazgo ejecutivo, ten en mente a esos profesionales. Es una metáfora que describe a la perfección tu función y responsabilidad. Bien, ahora que este punto está claro, los lectores podrán entender que no todo el mundo puede convertirse en un controlador aéreo extraordinario; hay gente para la que esto queda fuera de sus capacidades. Pues lo mismo ocurre con la ejecución de los líderes de alto rendimiento: de poco sirve reducir los accidentes aéreos diarios del 9 al 8 % cuando el objetivo absoluto y único es 0. Se requiere un talento especial para alcanzar este nivel de rendimiento ejecutivo.

Nuestro estudio con líderes de alto rendimiento puso de manifiesto dos rasgos (muchas veces contradictorios) que definen la ejecución eficaz. Navegar por estos «estados dialécticos» es parte de lo que distingue a los líderes de alto rendimiento del resto. Para estas personas, la ejecución es más una forma de pensar y planificar, de adaptarse y cambiar, que una transacción pura y dura:

> En *primer* lugar, la gran precisión organizacional y estructural que permite avanzar con eficacia de forma lógica y sistemática. Este marco sistemático y estructurado, a través del cual se lleva a cabo la actividad laboral, garantiza que el progreso hacia los objetivos se mantenga constante y no se desvíe. Los controladores aéreos son diligentes siguiendo normas y procedimientos que garantizan la seguridad del pasaje. Estas normas se han ido desarrollando con los años, y cuando ocurren incidentes que llevan al límite los márgenes de seguridad se desarrollan e implementan nuevas normas y procedimientos para gestionarlos. En el trabajo, al igual que en el aire, aprendemos de la experiencia y estamos siempre intentando mejorar.

> En *segundo* lugar, la capacidad para gestionar el ritmo y la complejidad en un entorno impredecible, a veces volátil. Las características espontáneas, ágiles y adaptativas de los líderes de alto rendimiento les permiten cambiar con rapidez para adaptarse a las circunstancias actuales y futuras. Son, por tanto, controladores aéreos que se enfrentan a condiciones meteorológicas impredecibles, entre otras muchas cosas. Y saben predecirlas y reaccionar a ellas con rapidez.

Controlar el tráfico implica

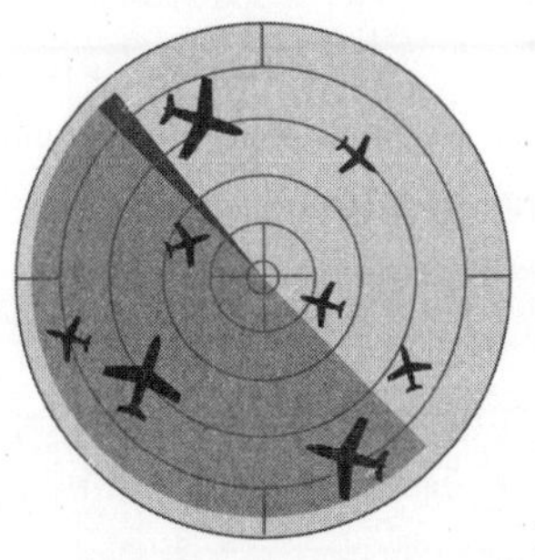

Estructura y proceso

SALIDAS		
09:00	TOKIO	CANCELADO
09:50	MIAMI	ADELANTADO
10:20	NUEVA YORK	RETRASADO
10:45	LONDRES	RETRASADO
11:50	PARÍS	RETRASADO

Coordinación y complejidad

LA DROGA DE LA ACTIVIDAD

En el ámbito empresarial, el término «ejecución» se asocia a la implementación de planes: la parte de la actividad en la que se hace el trabajo y ocurren cosas. Por desgracia, se considera algo distinto y separado de la estrategia, como analizaremos a continuación. Todos esos líderes impacientes que tamborilean con los dedos sobre la mesa, ansiosos por que finalicen los debates y reuniones, apenas pueden contenerse para iniciar la actividad y generar el impulso que les permita completar tareas y cumplir objetivos. Esta necesidad de actuar es visceral, y de hecho muchas personas se refieren a la enorme satisfacción que les produce completar actividades.

«Hacer cosas» satisface una fuerte necesidad cenestésica de mantener la actividad y la ocupación físicas. Esto se ve más claro al observar a esas personas a las que les cuesta sentarse a la mesa y concentrarse: no tardan en levantarse para hablar, debatir e interactuar con otros, entusiasmados por lo que está por venir. Cuando se emplea la expresión «arremangarse» suele significar justo eso. Y, a pesar de lo dominante que es esta actitud en los niveles más bajos de una organización —donde su importancia es evidente—, sigue habiendo mucho personal directivo y altos cargos que se alimentan de la «droga de la actividad» y no son capaces de librarse de su devorador atractivo. Es divertido, sí, pero también es un problema.

Ejecución es sinónimo de acción. Y la acción hace que mucha gente se sienta bien: es fuente de adrenalina, una descarga de dopamina, un impulso de serotonina que potencia la sensación de placer en el logro. Es una justificación de tu eficacia personal y profesional; es sentir orgullo por haber contribuido a un resultado positivo, por el trabajo bien hecho. En los capítulos previos hemos mostrado que, sin una reflexión adecuada que sirva de guía, la rapidez de respuesta y la tendencia a la acción pueden resultar problemáticas. La actividad siempre ha de dirigirse con cuidado para evitar que problemas que podrían anticiparse desvíen al equipo o a la empresa del rumbo marcado y conduzcan a una ejecución ineficaz, a tropiezos y errores, mayores costes y, como consecuencia, frustración.

Medir dos veces, cortar una vez

Mi abuelo me enseño un día en su jardín —que para mí era el lugar más excitante del mundo— el principio de «medir dos veces, cortar una». Me estaba enseñando a hacer un cochecito de madera. Aunque yo no era capaz aún de sostener una sierra o un cincel, me enseñó a marcar líneas con el lápiz sobre la madera y yo practicaba. Cuando no lo hacía bien, me decía: «Medir dos veces, cortar una».

Esta frase siempre me ha acompañado, y no solo cuando fabrico muebles o guitarras, que me encanta, sino también al tomar decisiones clave en áreas que no tienen nada que ver con eso. Me sirvió de guía, por ejemplo, en la compra de mi primer coche. ¿Estaba seguro del todo? Me hizo ser más prudente y menos impulsivo. No siempre recordé aplicarlo cuando debía, y a veces me he arrepentido de decisiones que tomé sin haber tenido en cuenta ese principio. Luego se lo he enseñado a muchos líderes para que les ayudara a reflexionar más sobre sus respuestas o decisiones: para, piensa, comprueba y actúa. Me parece fundamental para aplicarlo en la ejecución empresarial, y además es la base de lo que hace cualquier controlador aéreo.

ELEMENTOS DE UNA EJECUCIÓN EFICAZ

Si bien la reflexión diligente sobre las ideas y los obstáculos futuros resulta esencial para moldear equipos y organizaciones, así como invertir la energía adecuada en los problemas, también lo es equilibrar los sistemas, recursos y estructuras que con mayor probabilidad conducirán a resultados exitosos. En el nivel de liderazgo, donde se marca la dirección a seguir, la ejecución eficaz exige crear parapetos y procesos que centren las acciones de la forma más productiva posible y eviten que quienes se orientan a la acción se desvíen del rumbo marcado para seguir otros caminos interesantes, pero no esenciales, que además no tienen salida.

Los siguientes son los principales aprendizajes sobre la ejecución que obtuvimos en nuestra investigación sobre los líderes de alta eficacia.

La ejecución se refiere a lo que gestionas, no a lo que haces

Para evitar un error de categoría y garantizar que nuestra discusión sobre la «ejecución» aporte valor al concepto evolutivo de liderazgo, es crucial que la actividad de ejecución, el «hacer», se atribuya al «impulso» de las personas y a su fuente de energía (Capítulo 6).

Cuando hablábamos del afán de «triunfo» o del afán «competitivo» como fuente de energía de muchos líderes, los describíamos en términos de cómo se comportan las personas y de las acciones que se ven impulsadas a emprender. Todas las medidas prácticas que se adoptan para asegurar que el trabajo se haga son el resultado de ese impulso a actuar y de su determinación y tenacidad para llevar las cosas a buen puerto.

Cuando hablamos de «ejecución» en este capítulo, nos referimos más bien a la forma en que los líderes gestionan el proceso de ejecución, estableciendo el marco y la estructura que guíe todas esas acciones hacia resultados productivos. La distinción no es sutil, pero aun así mucha gente no la entiende, y por eso siempre fracasarán en la ejecución.

La ejecución se sitúa en un continuo junto con la estrategia

> *Una estrategia mediocre y bien ejecutada es mejor que una estrategia excelente y mal ejecutada.*
>
> *Roger Martin, exdecano de la Rotman School of Management*

> *Prefiero una ejecución de primer nivel a partir de una estrategia de segunda categoría que una idea brillante con una gestión mediocre.*
>
> *Jamie Dimon, ex consejero delegado de JP Morgan Chase*

Las estrategias muchas veces fracasan porque no están bien ejecutadas.

Larry Bossidy y Ram Charan
Ejecución: la disciplina de hacer las cosas

En su sugerente artículo «The Execution Trap», Roger Martin, exdecano de la Rotman School of Management de la Universidad de Toronto, plantea interesantes cuestiones sobre la distinción entre estrategia y ejecución.[2] Él hace tres referencias reveladoras y se pregunta, con razón, cómo puede calificarse de brillante una estrategia si acaba fracasando:

1. Estrategia y ejecución no son aspectos que estén divididos con claridad, aunque una la desarrollan los líderes y la otra los subordinados (o «roedores», como describió de forma bastante desafortunada un consejero delegado a sus trabajadores). La consideración detallada que va a decidir cómo se hacen las cosas es una forma de pensamiento que conecta las ideas iniciales con las acciones específicas que se pondrán en marcha para asegurar el avance hacia los objetivos. Así, una estrategia que acaba fracasando porque elude importantes consideraciones ejecutivas nunca podrá definirse como «brillante».
2. Para que la estrategia y la ejecución tengan éxito, es básico que las organizaciones eliminen la división que suele existir entre ambas y las haga bidireccionales. Y es que las mejores estrategias son casi siempre el resultado de juzgar lo que se puede hacer, no de dividir responsabilidades (tú decides y tú haces). Este juicio requiere el punto de vista de quienes implementan y de quienes se ven afectados por esas decisiones, ejerciendo su influencia desde el principio del proceso para evitar que ideas erróneas o poco realistas se afiancen, y más tarde para garantizar que haya un flujo dinámico de información que permita reorientar la estrategia en función de la realidad.
3. Una «idea errónea» es aquella que exige a la empresa que haga lo que cualquier observador inteligente reconozca que no se puede hacer. Una advertencia clave sobre este punto es que, en ocasiones, la estrategia debe obligar a una organización a desarrollar sus sistemas y

procesos para transformar su rendimiento. Es de suma importancia entender esta distinción para garantizar que las ideas potencialmente rompedoras no sean aplastadas en su origen por la resistencia de una organización poco imaginativa y resistente al cambio. Los líderes de alto rendimiento entienden esta distinción y se enfrentan a ella.

La ejecución requiere algo más que alineación

¿Qué pasaría si muchas empresas lograran una excelente alineación en el continuo estrategia-ejecución? ¿Salvaría esto la brecha entre estrategia y ejecución? Un posible indicador sería la forma en que se desarrollan, comprenden y aplican los principales objetivos. El enfoque MBO —gestión por objetivos—, desarrollado por Peter Drucker, pretendía lograr esto. La buena noticia para Drucker es que muchas organizaciones (según las estadísticas) parecen estar bien alineadas con estas medidas y con la manera de dirigir el trabajo de equipos y personas. Sin embargo, y a pesar de esta aparente alineación, las estrategias siguen incumpliendo sus promesas. Sull y Spinosa señalan seis obstáculos principales para alcanzar una ejecución eficaz:[3]

1. Muchas organizaciones tienen «nodos aislados» que impiden una adecuada coordinación.
2. Los trabajadores no tienen el suficiente compromiso y no trabajan bien en equipo.
3. No hay una clara responsabilidad cuando las cosas salen mal.
4. Las empresas carecen de agilidad para responder a los cambios.
5. No hay confianza entre accionistas y ejecutivos, y se suelen señalar y acusar entre sí.
6. Existe cierto miedo a modificar el *statu quo*.

La solución a estos obstáculos siempre son las personas, casi siempre el personal directivo, porque es en ese nivel donde arraigan los problemas y se desarrollan y propagan las actitudes negativas. La «solución» es clara: contratar a personal directivo que sea eficaz. Y es que resulta poco probable que la misma gente que crea estos problemas sea capaz de resolverlos.

Los líderes de alto rendimiento desmienten cinco mitos típicos de la ejecución

También se ha dicho que la razón del problema estrategia-ejecución son los directivos y líderes que sostienen creencias falsas, y que la omnipresencia de tales creencias explica por qué la ejecución de la estrategia es un problema fundamental para tantas organizaciones. En su artículo «Why Strategy Execution Unravels—and What to Do About It», Sull *et al.* identifican cinco mitos inútiles que obstaculizan una práctica más eficaz.[4] Su trabajo, basado en gran parte en análisis de encuestas y observaciones, define estos mitos de la siguiente manera:

Mito 1. La ejecución es lo mismo que la alineación

En relación con el punto antes mencionado, disponer de los indicadores adecuados para medir los resultados no tiene en cuenta los recelos que pueden llevar a un comportamiento interdepartamental deficiente. Si bien quienes ocupaban un determinado puesto expresaban su confianza en la gestión que hacían de un proyecto, solían tener una actitud muy negativa respecto a sus colegas de otros departamentos. Sin embargo, la mayoría de estas personas afirmaba estar alineada con los objetivos.

Mito 2. La ejecución implica ajustarse a un plan

Ningún diagrama de Gantt sobrevive al contacto con la realidad. Como veremos en breve, la capacidad de los líderes para hacer ajustes sobre la marcha en respuesta a las condiciones cambiantes refleja la capacidad de flexibilidad ejecutiva. A veces es necesario revisar los supuestos estratégicos y replantear todo el enfoque de la organización. Pero muy pocos líderes tienen esta capacidad. La base psicológica para resistirse a la adaptación es lo que Kahneman y Tversky denominan «falacia del coste hundido».[5]

Mito 3. Comunicación es lo mismo que comprensión

Plantéate esta pregunta: «¿Es el aprendizaje la inevitable consecuencia de la enseñanza?». Pues, para disgusto de quienes trabajan en el sector educativo y del desarrollo, la respuesta es un *no* rotundo. Recibir evaluaciones excelentes de los estudiantes sobre la asignatura que impartes solo quiere decir que les gustó y que aprecian tus enseñanzas. Sin embargo, para suponer que han aprendido algo hemos de contar con pruebas de un estado cerebral modificado y mejores resultados, lo que nos obliga a observar qué grado de cambio conductual se ha producido después. Ya hemos señalado que existen tantas prioridades estratégicas como directivos en el equipo de liderazgo, lo que sugiere hasta qué punto resulta difícil el trabajo de comunicación.

Mito 4. La cultura del rendimiento impulsa la ejecución

Si bien una cultura débil del rendimiento puede, sin duda, solventar muchos problemas de ejecución estratégica, definir el rendimiento en términos binarios quizá lleve a una toma de decisiones deficiente y a una responsabilidad solo a corto plazo. Un enfoque binario y el énfasis en los resultados conducen a resultados limitados que no optimizan las capacidades de una organización.

Al evaluar la fuerza de la cultura del rendimiento de tu empresa, piensa en qué responderías a esta pregunta: «¿Quién se lleva los grandes premios anuales (recompensas, reconocimiento y elogios): quienes resuelven problemas o quienes los previenen?». Si tus indicadores de rendimiento favorecen la actividad y la reacción, entonces es que estás cometiendo graves errores de estrategia-ejecución. Nunca nos hemos encontrado con una empresa que recompense más a quienes previenen los problemas que a quienes —debido a los numerosos fallos de la organización— lucharon toda la noche contra tormentas de nieve y ataques de horrendas criaturas para entregar a un cliente ese importante paquete que alguien no había enviado por correo el día anterior. Sí, estamos hablando de tu empresa.

Mito 5. La ejecución debe ser guiada desde arriba

La ejecución debería ser interactiva y bidireccional, y no el «traspaso» entre ideólogos y ejecutores que solemos ver. Los líderes de alto rendimiento reconocen la necesidad de implicar a un gran número de personas en el desarrollo de las opciones estratégicas, así como de seguir contando con su colaboración mientras se ejecutan, para que se puedan hacer los ajustes adecuados y las respuestas sean flexibles. ¿Por qué ocurre entonces que las empresas entienden la relevancia de estar cerca de sus clientes, pero no de sus trabajadores de atención al público?

El personal de los niveles más bajos debería intervenir también en las decisiones estratégicas

La voluntad y el impulso para idear más opciones y posibilidades estratégicas son esenciales para una ejecución eficaz, y debería haber una intención seria de involucrar a la mayor cantidad posible de personas (trabajadores) en todas las etapas del proceso de desarrollo estratégico. No entendemos por qué los líderes creen que la estrategia es de su dominio exclusivo. Y aún peor es la actitud condescendiente que lleva a tales líderes a creer que conocen todos los aspectos relevantes para la aplicación eficaz de la estrategia. Pero no es así. Y tampoco han consultado bastante con quienes sí saben de estos temas.

La razón de que las empresas sigan enfrentándose al problema de la estrategia-ejecución es que consideran que se trata de dos elementos independientes, y actúan basándose en esta premisa: nosotros establecemos la estrategia y esperamos que otros la implementen. Por tanto, si nuestra estrategia no logra los resultados deseados, la culpa será de la ejecución, porque la estrategia fue desarrollada por gente muy capacitada; está claro que el problema es de la ejecución. Diferentes versiones de esta perspectiva abundan en la mayoría de las organizaciones.

¿Cuáles son, pues, las características de los líderes de alto rendimiento que saben gestionar la ejecución? ¿Qué hemos aprendido del análisis de estos líderes? Resulta que, para que la ejecución sea excelente, han de estar presentes dos capacidades que se dan de forma natural: estructura y coordinación.

ESTRUCTURA Y PROCESOS

Definición de la investigación: los líderes de alto rendimiento se esfuerzan mucho para determinar la dirección estratégica de una empresa, así como para aplicar las ideas y la planificación adecuadas a proyectos, ideas y propuestas que involucran a los miembros del equipo y los ayudan a ejecutar el trabajo de manera eficaz.

Una de las características fundamentales de los líderes que destacan en el proceso de estrategia-ejecución es el pensamiento estructural; este se ha identificado desde hace tiempo como uno de los mejores métodos para gestionar sistemas con altos niveles de ritmo y complejidad, como los que suele afrontar la mayoría de los líderes empresariales.[6] El pensamiento estratégico ayuda a los líderes a navegar en medio de una complejidad organizacional que tiende a conducir a una programación deficiente, a decisiones ineficaces, inventarios inflados y costes operativos descomunales.[7]

Para dar sentido a su mundo, los líderes fuertes en pensamiento estructural generan un mapa mental de todas las variables con las que se enfrentan. Esta analogía es interesante, porque los mapas contienen una cantidad enorme de información «caótica» que es exacta y precisa en su descripción. Dicha precisión permite una navegación correcta y la habilidad para ver cosas desde cierta altura que no se pueden ver a ras de suelo. Los mapas nos dicen dónde estamos en relación con destinos concretos y con el mundo en general, y quizá más que el GPS del que hablábamos antes. Del mismo modo, un líder que piense de manera estructural puede retener en la mente una gran cantidad de información ordenada y compleja —información que representa la realidad que la gente se encuentra a ras de suelo— y es capaz de ofrecer una perspectiva global sobre el mundo.

En un estudio que hice en 2004 sobre la conducta de los líderes, identifiqué una característica paralela que denominé «dar sentido a la experiencia».[8] Esta describe la forma en que los líderes otorgan sentido al mundo que les rodea y lo comunican a los demás para ayudarles a apreciar que sus funciones y propósitos son también cruciales. Los líderes estructurales logran esta claridad trazando y trasmitiendo mapas mentales de su empresa. Estos líderes de alto rendimiento adoptan un enfoque claro y estructurado para analizar los retos que se presentan en el proceso de estrategia-ejecución y para entender cómo funciona la interrelación.

Esto lo expusieron Cabrera, Cabrera y Gibson en su artículo «Leapfrog Leaders», en el cual identificaban cuatro patrones del pensamiento estructural que atraían a los líderes hacia un enfoque más integrado del problema estrategia-ejecución:[9]

1. **Hacer distinciones**: destacar las diferencias entre una cosa y otra.
2. **Organizar sistemas**: agrupar las ideas en modelos definidos.
3. **Identificar relaciones**: observar los vínculos de acción y reacción entre las ideas.
4. **Tomar perspectiva**: considerar las ideas o los sistemas de ideas desde diferentes puntos de vista.

Elementos del pensamiento estructural

Si bien estos patrones son útiles, necesitamos mucha más concreción para captar el verdadero valor y el enfoque del pensamiento estructural. Las evaluaciones de líderes de alto rendimiento sugieren que el pensamiento estructural eficaz consta de cinco elementos fundamentales.

Pensamiento sistémico

También llamado pensamiento «conectado» o «integral», hace que los líderes consideren sus organizaciones como un todo, de manera que todas las conexiones e interdependencias sean visibles. Entender la relación entre los componentes de un sistema les permite reconfigurarlos en algo nuevo, de modo que puedan surgir enfoques y procedimientos novedosos. Al ponerlos en práctica, una persona que piensa de forma sistémica establece un flujo temprano de feedback e información para permitir adaptaciones y ajustes a pequeña escala.

La investigadora Linda Booth Sweeney, en su artículo «Systems Thinking: A Means to Understand Our Complex World», definió nueve componentes del pensamiento sistémico:[10]

1. Ve el panorama completo en lugar de acontecimientos o instantes aislados.
2. Comprende las interacciones entre las variables de un sistema.
3. Reconoce la influencia que tienen las relaciones entre los elementos de un sistema en los patrones de comportamiento y en los acontecimientos a los que reaccionamos.
4. Sabe que una empresa (igual que la vida) está siempre moviéndose y cambiando.
5. Entiende cómo influye un acontecimiento en otro, incluso cuando el segundo ocurre mucho tiempo después o muy alejado del primero.
6. Sabe que lo que pasa a nuestro alrededor depende de dónde estamos en el sistema.
7. Cuestiona nuestras propias suposiciones sobre cómo funciona la empresa (o el mundo) y es consciente del modo en que estas limitan nuestro pensamiento.
8. Piensa en el impacto a corto y largo plazo de las acciones.
9. Formula preguntas incisivas cuando las cosas no salen como se esperaba.

Si bien el pensamiento analítico es muy importante y profundo, el sistémico es fundamental para resolver problemas, y a su vez implica un pensamiento diagnóstico e hipotético. Se trata de un enfoque holístico que analiza las relaciones y la comunicación entre las diferentes partes de un sistema; se desarrolla a lo largo del tiempo y en el contexto de sistemas cada vez más grandes, a partir de los cuales se genera valor.

El pensamiento sistémico posibilita que los líderes de alto rendimiento traten cuatro tipos de problemas esenciales:

- Los que van más allá de la experiencia o el enfoque funcional de cualquier parte de la organización.
- Los problemas crónicos que persisten, junto con sus efectos negativos.
- Los problemas familiares con una historia y unos efectos conocidos.
- Los problemas persistentes para los que los intentos previos de resolución no tuvieron éxito.

El pensamiento sistémico eficaz puede provocar reacciones negativas cuando se descubre la verdad. Cuando un problema es el resultado de errores funcionales u operativos, los intentos de involucrarse y resolver el problema pueden provocar sentimientos de incompetencia, culpa o miedo a medida que se va quitando capas a esa cebolla. En ocasiones, esto puede generar un comportamiento defensivo y disruptivo de los trabajadores que intentan ocultar sus esfuerzos. Aun así, persistir en estas fases negativas suele provocar avances y un aumento del flujo de información.

A pesar de las múltiples direcciones que adopta el pensamiento sistémico en toda la empresa, quienes tienen esta forma de pensar tienden a ser lineales o secuenciales cuando se trata de diseñar etapas hacia la implementación. Mientras que la perspectiva holística nos sirve de guía para dirigir y focalizar la atención, la implementación se construye mediante una serie de interacciones y transferencias. Esta es una de las razones por las que creemos que las empresas compartimentan el proceso de desarrollo estratégico y evitan que las personas con mentalidad operativa «contaminen» la evolución de la estrategia: es como volver al «nosotros pensamos, que otros hagan». El proceso de implementación se percibe como algo separado y distinto de la consideración de posibilidades y opciones. Por supuesto, muy poca gente piensa en la estrategia y la ejecución como *un solo* proceso, y las empresas refuerzan aún más esta separación al distribuir las responsabilidades funcionales.

Mentalidad procesual

La manera de hacer las cosas puede ser tan relevante como los resultados que se obtienen, y los líderes que se obsesionan con que el proceso funcione de manera adecuada suelen lograr mejores resultados. Si bien el rendimiento es el juez definitivo, la excelencia del proceso es uno de los mejores indicadores predictivos. Es famosa la frase de Edwards Deming (gurú de la Gestión de la Calidad Total o GCT): «Si no puedes describir lo que haces como un proceso, entonces no sabes lo que haces».[11]

Nuestro estudio con líderes de alto rendimiento, en especial quienes cuentan con una gran experiencia en operaciones, logística o cadena de distribución, ha demostrado que el afán de crear y desarrollar procesos graduables domina gran parte del enfoque estratégico y táctico de su trabajo: estratégico en el sentido de elegir en qué focalizarse, y táctico en términos de los procesos específicos a desarrollar. En el nivel más básico, los procesos intentan eliminar la variación mediante pasos estandarizados y cauces de decisión.

La clave de este pensamiento procesual es que tiene un valor relativamente pequeño si lo aislamos del pensamiento sistémico global del que forma parte. Nosotros sostenemos con firmeza que, sin un pensamiento sistémico integral, la mentalidad procesual nos llevará a identificar los problemas de forma aislada respecto a los sistemas que los han generado. Por tanto, las «soluciones» a estos problemas aislados no tendrán en cuenta las interdependencias que se generan a lo largo de un sistema y provocarán el resultado más indeseable: un problema que se «resuelve» en una parte de la organización, pero que genera otros seis en diferentes componentes del sistema. Dicho de otro modo, sin un pensamiento sistémico más global, una mentalidad procesual puede generar mayores ineficiencias de las que pretende resolver.

El pensamiento procesual (o de proceso), aunque se aplica con el objetivo de escalar el comportamiento para reducir el error y la variación, rara vez es estático. Los líderes de alto rendimiento, en vez de tener una sensación de engreída satisfacción cuando resuelven un problema o desarrollan un proceso, están siempre preguntándose qué podrían mejorar. Para captar y codificar estas contribuciones se ha desarrollado todo un campo de mejora de procesos e ingeniería de procesos. Estos pretenden reforzar el pensamiento procesual y plantear preguntas como las siguientes:

- ¿Es esto lo mejor que podemos hacer?
- ¿Qué grado de solidez tiene este proceso ante cambios previstos e imprevistos?
- ¿Se podrían hacer modificaciones en el proceso para llegar antes al estado final?
- ¿Se podrían implementar variaciones en el proceso para lograr mejores resultados?

Estas preguntas suponen que nada (ni siquiera los elementos que están funcionando bien en este momento) es perfecto, y que todo puede mejorarse (incluso las cosas de las que nadie se queja). Los líderes de alto rendimiento, en lugar de regodearse en su brillantez al resolver un problema o desarrollar un proceso, están siempre pensando en qué podrían mejorar y qué es lo siguiente que harán. En el Capítulo 7 hemos hablado de la importancia de esta actitud cuando describíamos a los líderes como catalizadores: personas que promueven el cambio cuando parece que las cosas van muy bien. La mejora de los procesos es la otra cara de la moneda.

Relación causal

Si la mentalidad procesual se da al principio e identifica todos los pasos necesarios para lograr un resultado satisfactorio, los pensadores causales, por su parte, analizan el resultado y se preguntan: «¿Cómo hemos llegado hasta aquí?». Si pudiéramos entender las variables antecedentes, seríamos capaces de ver los resultados con una claridad expositiva. Bien, pues a pesar de ser una forma de pensamiento muy lógica, a mucha gente le cuesta entenderla.

Recuerdo que, siendo un joven estudiante, me fascinaba la causalidad, y al intentar responder a la pregunta de por qué comenzó la Segunda Guerra Mundial en 1939 (1941 para los estadounidenses), descubrí que la causalidad tenía muchas capas. La causalidad posee un macronivel donde la existencia de temas crea las condiciones generales para un evento tan catastrófico como una guerra mundial. Por ejemplo, el conflicto de 1939 se originó en el Tratado de Versalles de 1919 y en las reparaciones exigidas a Alemania, que permitieron a Hitler aprovechar el resentimiento necesario para echar abajo la democracia alemana. Pero la causalidad también posee microelementos, como la invasión de Polonia por parte de Alemania y la posterior entrada alemana en Bélgica, en un momento en que la guerra ya era inevitable.

La manera de pensar en la causalidad es fundamental para determinar cómo vemos los problemas y qué hacemos para resolverlos. Si identificamos las variables equivocadas, podemos acabar obteniendo soluciones inútiles. La causalidad es básica, porque nos obliga a indagar en la causa original, en el evento desencadenante que provocó las consecuencias que ahora estamos tratando de resolver.

Cuando los líderes de alto rendimiento analizan las causas originales, para asegurarse de que están centrando sus energías en el lugar adecuado reconocen que las raíces son estructuras complejas, con muchas partes interdependientes disparando en múltiples direcciones. El análisis de las causas originales pretende desentrañar estructuras complejas para determinar cómo estaban las fichas de dominó antes de caer. Pero esto no siempre resulta claro o evidente.

La agencia para la investigación y la calidad de la atención médica (AHRQ, por sus siglas en inglés) determinó varias áreas de análisis que podrían arrojar luz sobre los factores causales. Según esto, los líderes deberían trabajar de forma sistemática en cada una de las siguientes áreas:[12]

- **Institucional/regulatoria**: en qué medida los factores legales (externos) han presionado el sistema.
- **Organizacional/de gestión**: en qué medida han influido los cambios internos, estratégicos o políticos.
- **Entorno laboral**: si los cambios presupuestarios o de objetivos han generado una cadena causal.
- **Entorno del equipo**: en qué grado los cambios en la composición del equipo o en sus funciones han dado lugar a presiones sistémicas.

- **Personal**: si los niveles de compromiso de cada miembro del equipo o unas expectativas estresantes han generado tensión y presión sobre las actividades laborales.
- **Factores relacionados con las tareas**: si los cambios en la forma de completar las tareas no fueron respaldados por una formación paralela, lo que provocó en el personal cierta inseguridad sobre los protocolos.
- **Comportamiento de la clientela**: si los cambios en las necesidades y expectativas de la clientela han causado presiones a corto plazo en los sistemas y servicios.

Se trata de un marco de delimitación muy útil que ayuda a los líderes a pensar en la alteración causal y en los factores que provocan estrés en el funcionamiento del sistema. Es recomendable que, para cada caso, los líderes desarrollen una hipótesis comprobable mediante la recopilación de datos y el análisis de pruebas. Por ejemplo, si la empresa hizo cambios en la estructura de compensación que afectaron a la remuneración de la plantilla, esto debería examinarse para determinar si el personal afectado estaba a favor o en contra de los cambios propuestos, y si hubo algún impacto posterior en su desempeño.

Algunos autores han afirmado que el análisis de las causas originales debería basarse en ciertos principios o suposiciones.[13] Tableau, la consultora online basada en datos, describió los principios que siguen para analizar de forma eficaz las causas originales:

- Centrarse en corregir y remediar las causas originales, no solo los síntomas.
- Tener en cuenta el tratamiento de los síntomas para el alivio a corto plazo.
- Reconocer que puede haber (y, de hecho, hay) múltiples causas originales.
- Centrarse en *cómo* y *por qué* ha ocurrido algo, y no en *quién* ha sido su responsable.
- Actuar de un modo metódico y reunir pruebas concretas causa-efecto para respaldar las afirmaciones.

- Ofrecer suficiente información sobre las medidas correctivas que deben adoptarse.
- Pensar en cómo podría prevenirse (o replicarse) una causa original en el futuro.

Estos «principios» son más bien directrices y precauciones, pero resultan útiles para garantizar que el análisis de las causas originales dé en el blanco y estas se determinen con precisión. Siguiendo estas recomendaciones se consiguen resultados extraordinarios. Se trata de áreas de enfoque útiles para completar el análisis de las causas fundamentales y generar un equilibrio adecuado para influir en la toma de decisiones. Pero, además, se necesita Talento para poner en práctica las soluciones.

Orientación al detalle

Una persona orientada a los detalles es capaz de poner toda su atención en una tarea, y detectar errores y cambios antes de que se conviertan en problemas más serios. El valor de esto es evidente, y de suma importancia en el intercambio de información y la responsabilidad empresarial. La información que se transmite de los niveles ejecutivos al consejo de administración y la comunidad inversora se considera crítica, y requiere de gran precisión; una documentación inapropiada o descuidada puede ser la sentencia de muerte para la imagen de marca de una empresa.

Puesto que la orientación al detalle es un rasgo de carácter, no se puede desarrollar con facilidad. Por ello, los líderes con dificultades en este sentido deberían tenerlo muy en cuenta al componer sus equipos: ¿tienes a alguien en tu equipo que pueda abordar esta tarea? ¿Está esa persona bien posicionada para llevarla a cabo? Cualquier consejero delegado de una empresa que cotice en bolsa conoce este requisito de inmediato, al igual que deberían hacerlo los aspirantes a líderes.

Nuestra investigación ha revelado que pocas personas están orientadas a los detalles en todas las áreas; una gran mayoría se centra en ellos solo en áreas específicas, por un interés o necesidad particular. Los líderes deberían reflexionar sobre sus propias características para determinar su nivel de orientación al detalle, sobre todo en relación con los tipos de situaciones y de información que les resultan más difíciles de detectar.

He aquí algunas señales típicas de gozar de gran orientación al detalle:

- Comprobar hasta dos y tres veces un trabajo antes de entregarlo.
- Tener muy buena memoria para números o acontecimientos.
- Preferir el trabajo metódico o secuencial, en el que las tareas se hacen una detrás de otra.
- Obtener satisfacción por la calidad, más que por la cantidad, del trabajo hecho.
- Detectar con rapidez errores tipográficos, de formato, sintácticos y de puntuación en un documento o correo electrónico.
- Revisar el trabajo de otras personas, en especial, de los miembros de tu equipo, casi siempre sin que lo sepan.
- Buscar más datos o información antes de sentirte capaz de iniciar un proyecto.

Por deseables que sean algunas de estas características, ciertas formas de orientación al detalle se extienden a otras áreas menos obvias, que añaden poco valor y son más bien una forma de obsesión:

- Ser incapaz de sentarte en una habitación con un cuadro torcido en la pared sin levantarte a ponerlo recto.
- Estar siempre juntando y ordenando papeles y documentos para alinearlos con las esquinas de la mesa.
- Implementar un sistema de clasificación para los libros de la estantería, más allá de ordenarlos por tamaño o color.
- Colocar por orden alfabético los botes de especias de la cocina.
- Organizar y mantener la bandeja de entrada del correo electrónico con al menos dos subcategorías para cada categoría principal.
- Mantener un sistema de archivo perfectamente indexado para facilitar el almacenamiento y la recuperación de documentos.
- Organizar la ropa en el armario por color, estación, ocasión, longitud, etc.

Algunas de estas características pueden indicar una fuerte tendencia *gestalt*, que hace referencia a un deseo de perfección que en ocasiones se interpone en las acciones porque los requerimientos de precisión no se cumplen... y nunca se cumplirán.[14] Estas tendencias pueden llevar a otras personas a ver a los líderes muy detallistas como inflexibles o intransigentes, a pesar de ser también individuos muy organizados. La base psicológica de la Gestalt predice que una persona exhibirá un intenso deseo de agrupar o estructurar la información en cuatro tipos de organización:

- **Similitud**: las cosas se almacenan por sus características similares.
- **Proximidad**: hace referencia a la información que es adyacente o físicamente interdependiente de otra, como los datos de rendimiento empresarial de un trimestre específico.
- **Continuidad**: se observan patrones de datos o resultados similares y se percibe que pertenecen a un conjunto para facilitar su recuperación futura.
- **Salvar las diferencias**: el líder con orientación al detalle ve diferencias en los datos y cree que agrupando elementos similares está eliminándolas.

Pensamiento contingente

La teoría contingente sostiene que no existe mejor manera de organizar nada, menos aún una empresa, porque el camino óptimo para avanzar depende de circunstancias y variables cambiantes, que no se pueden predecir ni controlar. En 2016, los investigadores Esponda y Vespa definieron el pensamiento contingente como «una forma de pensamiento "¿y si...? que implica razonar sobre los acontecimientos sin saber si son o no verdaderos o si ocurrirán o no».[15]

La pregunta fundamental que aborda el pensamiento contingente es: «¿Qué podría salir mal y cuáles son nuestras opciones para hacer frente a esta situación?».

Dado que la «contingencia» es, en gran medida, el equilibrio de probabilidad de acontecimientos futuros, esto la pone fuera del alcance de mucha gente. En su excelente artículo de 2019, «Failures in Contingent Reasoning: The Role of Uncertainty», Martínez-Marquina, Niederle y Vespa afirman que el razonamiento contingente es difícil por la cantidad de incertidumbre inherente a todo análisis de estados futuros.[16] Lo describen de la siguiente manera: «Cuando cambias de un entorno con un estado de valor conocido a otro con múltiples valores posibles, se producen dos cambios. Por un lado, aumenta el número de valores a considerar y, por otro, el valor del estado (futuro) es incierto».

Para mostrarte lo difícil que puede ser el pensamiento contingente vamos a poner un ejemplo. Este caso fue elaborado por Samuelson y Bazerman en 1985:

> Un líder se está planteando la compra de una empresa por 500 millones de dólares. Sabe que existe la misma probabilidad de que su valor sea inferior a 500 millones (supongamos que el valor más bajo sea de 400 millones) o superior a 500 millones (digamos que el valor máximo sea de 600 millones). Así pues, aunque creen que el valor es de 500 millones de dólares, también saben que, con la misma probabilidad, podría ser de 400 o de 600. El líder presenta una oferta de P. Adquiere la empresa cuando P = ≤500 millones y su ganancia es de 1,5 x 500 millones – P; de lo contrario, no compra la empresa y su ganancia es cero.[17]

En 2009, Charness y Levin demostraron que, incluso en una versión tan simple del problema, con solo dos contingencias a tener en cuenta, la mayoría de los líderes no elige el precio que maximiza los beneficios;[18] apuntan bajo y fallan, creyendo que así tienen más posibilidades de maximizar el valor del activo. Pero sin activo no hay valor. El pensamiento contingente, pues, parece estar fuera del alcance de muchos líderes.

Pero ¿qué hacen nuestros líderes de alto rendimiento con el análisis de las contingencias? Ya hemos mencionado esto como elemento del pensamiento estratégico, y volvió a salir al hablar de la ejecución eficaz. Lo que hacen los líderes de alto rendimiento es buscar información y pruebas que refuten su hipótesis. Se preguntan sobre la clase de obstáculos y contratiempos a los que se enfrentaron en el pasado y cómo se resolvieron los problemas no anticipados. Al observar a los mejores pensadores contingentes, vimos que sus reflexiones y consideraciones giraban en torno a cinco áreas clave:

1. **Esperar el fracaso**. Los líderes de alto rendimiento anticipan problemas futuros y desarrollan un plan para tratar cada situación. Si los sucesos

negativos que habían identificado no ocurren, pero suceden otros imprevistos, la disciplina de haber hecho ya una planificación detallada para cada escenario les hace contar con más preparación para trazar planes sobre la marcha. Digamos que han desarrollado un músculo flexible.

2. **Definir responsabilidades.** Un equipo nunca debería ser responsable de un proceso o acción; una persona sí. Esta persona se implica e implica a otras en el análisis de las contingencias, pero asume plena responsabilidad del proceso. Es quien garantiza que se hayan identificado entre tres y cinco escenarios, y que se hayan desarrollado planes para abordar cada uno.
3. **Obsesionarse por las comprobaciones y los equilibrios.** ¿Quién más está poniendo a prueba los planes y acciones? ¿Quién revisa y controla cómo se está desarrollando el plan y si las contingencias se están tratando en las áreas correctas? Si no detectas y controlas las cosas pequeñas, las grandes se volverán enormes y no podrás abordarlas. Obsesionarse con los detalles es una garantía de que se prestará la atención adecuada a los problemas que puedan surgir.
4. **Refinar el plan en respuesta a los cambios de las circunstancias.** Los líderes mediocres se aferran demasiado tiempo a los planes fallidos, con la esperanza de que algún día funcionarán. En cambio, los pensadores contingentes son ágiles y reaccionan (con precaución) cuando cambian las circunstancias. En el siguiente apartado desarrollaremos la idea del pensamiento ágil y flexible como elemento esencial de la ejecución.
5. **Mantenerse cerca de la clientela y de los trabajadores de atención al público.** Estas son las personas a las que primero afectarán los problemas; hay que escucharles y prestar atención a sus temas de conversación. Los empleados de atención al público y los clientes son el sistema de alerta temprana de tu empresa. Cuando algo vaya mal, serán las primeras personas en notarlo.

Estas cinco áreas de atención garantizan que el pensamiento contingente se tome en serio y que la capacidad de la organización para adaptarse al cambio no corra peligro. La planificación contingente inspira confianza y asegura que el riesgo se pueda gestionar, lo que da a la gente libertad para experimentar. Lejos de ser la fuerza restrictiva y limitante que muchos creen que es, el pensamiento contingente puede tener efectos muy positivos en la empresa. Si estás intentando edificar una organización que aprenda e innove, la libertad que da el pensamiento contingente puede ser lo necesario para quitarse las anteojeras y pensar de forma más agresiva. A nuestros líderes de alto rendimiento el pensamiento contingente les sale de forma natural.

Te animamos a que reflexiones sobre los retos que plantean la estructura y los procesos en función de tus propios rasgos y disposiciones. Seguro que algunas de estas descripciones te resultarán familiares y otras no. Ser consciente de ello puede ser la clave para convertirte en un líder eficaz que guíe una ejecución excelente.

COORDINACIÓN Y COMPLEJIDAD

Definición de la investigación: las cosas cambian, en ocasiones, de forma inesperada, y los líderes han de saber cuándo y a qué ritmo han de cambiar para mantener el impulso y que los equipos sigan estando comprometidos. Los líderes de alto rendimiento saben cómo gestionar proyectos y comunicaciones complejos para que todo el mundo sepa qué debe suceder a continuación.

¿Has visto alguna vez una orquesta tocando una pieza musical? Todos los componentes que participan en la obra están allí: músicos, instrumentos, partituras (estas son el plan)..., pero nada ni nadie importa sin un director de orquesta que controle quién toca qué y cuándo. La figura del director está allí para crear música, bonitas sinfonías de sonidos coordinados que sacan lo mejor de cada músico, manteniendo al conjunto en armonía.

La esencia de la orquestación es la combinación de actividades, ejecutadas con rapidez y precisión, teniendo en cuenta la extrema complejidad sin cometer errores ni perder el ritmo.

Del mismo modo, lo fundamental de la orquestación empresarial es que los líderes, como los controladores aéreos y los directores de orquesta, gestionen una amplia gama de variables complejas, poniendo el foco en las personas. Estas suelen estar organizadas en grupos por procesos o funciones bien definidos, y son responsables de actividades específicas. Diferentes flujos de trabajo, superposiciones y transferencias ayudan a cada entidad a cumplir sus objetivos, y a la organización en conjunto a lograr un objetivo mayor.

La tensión y la naturaleza complementaria de la estructura y la orquestación

Si la estructura y los procesos son un pilar de la ejecución, la orquestación, junto con la capacidad de los líderes para gestionar la complejidad, son el otro. Estas dos partes, estructura y orquestación, parecen estar en tensión, casi como si fueran contradictorias, pero nosotros sostenemos que se complementan.

«¿Cómo te sentirías si, justo cuando acabas de decidir qué vas a hacer, todo cambia y tienes que empezar de nuevo?»

Esta pregunta pone de manifiesto el equilibrio entre un «estado constante» asumido y el cambio. Las respuestas a esta pregunta se bifurcan dependiendo de cómo un sentimiento domine sobre el otro. Si un líder se frustra es porque le molesta el cambio, aunque sepa que es inevitable; le molesta porque tendrá que revisar o empezar de nuevo todos sus meticulosos planes. Todo ese tiempo y esfuerzo desperdiciados. Por eso hay líderes que se aferran a sus planes y evitan hacer cambios durante demasiado tiempo. Y, cuando por fin los hacen, el coste en la motivación y eficacia del personal es negativo, porque han esperado mucho y el proceso de cambio se hace aún más difícil.

Por el contrario, el líder que disfruta haciendo cambios puede a veces hacerlos tan rápido —antes incluso de que se manifieste por completo el cambio externo— que luego tiene que hacer otra serie de adaptaciones a medida que se desarrollan los acontecimientos. En su caso, actuó demasiado pronto. Existe un término medio, pero es difícil de calcular. Un líder entusiasta tenderá a actuar antes de lo que debiera; uno planificador lo hará más tarde de lo debido. La manera de calcular el riesgo en ambos escenarios determinará cuál es preferible.

Evidencia sobre la orquestación eficaz

Las personas que mejor asumen el papel de coordinación gozan de una visión de conjunto tal que ven la totalidad del mundo en el que operan, algo así como los pensadores sistémicos que comentábamos antes. Todas las partes interconectadas son visibles y el flujo de actividad se gestiona para evitar interrupciones. Por supuesto, esto rara vez se consigue del todo, aunque ese era el deseo de nuestros líderes de alto rendimiento. Si bien los objetivos inalcanzables como la perfección son los que impulsan a los líderes a coordinar las actividades lo mejor posible, hay ciertos indicadores que sugieren que se está avanzando hacia la perfección:

- **Mayor colaboración**: esto debería ponerse de manifiesto en dos áreas concretas: la primera son los equipos, donde cada miembro hace lo posible por ayudar a los demás y resolver los problemas juntos; la segunda es entre equipos, donde se transfieren los trabajos y la actitud de cada equipo es lo más servicial y constructiva posible hacia los demás, para resolver juntos los problemas. La coordinación ineficaz casi siempre genera aislamiento y trincheras; es decir, divisiones artificiales, pero reales, que impiden que se haga el trabajo.
- **Mayor compromiso de cada trabajador**: la dimensión social y relacional del trabajo es crucial, y cuando las relaciones se desarrollan y se refuerzan suele aumentar el compromiso de los trabajadores. Esto provoca que las relaciones sean más productivas y que haya un mayor nivel de confianza en la labor ajena. En la medida en que los equipos estén en contacto directo con la clientela, esto tendrá un gran efecto en la percepción positiva de aquellos respecto a su relación con la empresa.
- **Mayor compromiso de la clientela:** trabajadores felices no siempre significa clientes felices, pero sí ayuda. La clientela no suele quedarse satisfecha al tratar con trabajadores que tienen una actitud negativa y de enfado, ni con quienes se dedican a criticar a sus colegas de otras áreas de la empresa.
- **Objetividad en la toma de decisiones**: los números son nuestro único lenguaje común, porque establecen la verdad objetiva (o lo intentan), siempre que los usemos para guiar nuestro pensamiento y nuestras acciones. La evidencia de que los equipos comparten análisis numéricos sugiere que van más allá de la típica postura de un equipo inmaduro que intenta afirmar su superioridad sobre otro. La evidencia de datos compartidos sugiere que los equipos están dispuestos a reunirse en el punto donde los datos y la verdad se cruzan.

- **Trabajo a escala**: cuando el flujo de trabajo y las transferencias se llevan a cabo sin problemas, se necesita menos personal para solucionar los problemas causados por la ineficacia y compensarlos con más personal para resolver lo que los equipos existentes no pueden. En una ocasión trabajamos con una empresa que acababa de introducir el sistema de gestión de recursos humanos Workday y, aun así, se vio obligada a contratar a más gente, porque algunos departamentos no estaban dispuestos a compartir información por miedo a perder el control. Lo único que las personas pueden hacer es ejecutar flujos de trabajo manuales cuando las interrupciones del sistema impiden que se haga de forma automática.
- **Reconciliación, adaptación y ajustes**: las personas con un perfil «orquestador» suelen entrometerse: quieren tocar todas las teclas; hacen retoques y ajustes, convencen y animan. Los mejores coordinadores reconocen que no existe un estado constante y que la variabilidad puede ser un estímulo a corto plazo para impulsar la mejora. Los coordinadores están siempre tratando de equilibrar oferta y demanda, y evaluando las capacidades para adaptarse y mejorar.

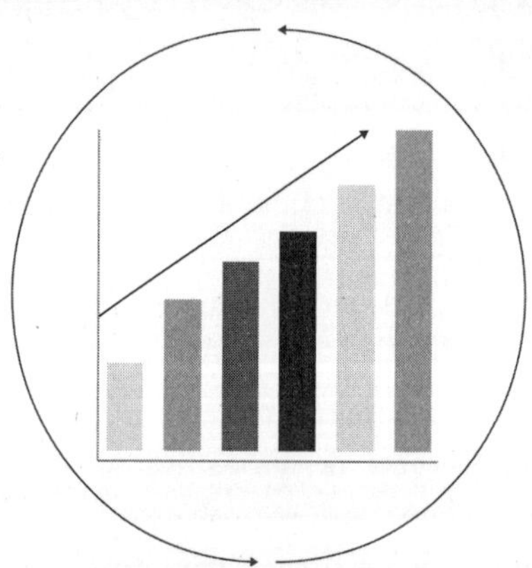

Indicadores de una ejecución eficaz

- Mayor colaboración interdepartamental.
- Aumento del compromiso del personal.
- Aumento del compromiso de la clientela.
- Más decisiones basadas en análisis objetivos.
- El trabajo a escala es más eficaz.
- Continua reconciliación y mejora.

La coordinación es una cosa o un proceso

La coordinación, igual que la estrategia, se puede definir como una cosa o como un proceso (forma de pensar). Como «cosa», la coordinación consiste en:

- Reducir las tareas repetitivas.
- Reducir los costes operativos.
- Mejorar los plazos de finalización de las tareas.
- Reducir errores mediante la validación, estandarización y eliminación de la duplicidad.
- Mejorar el flujo de trabajo y las transferencias.
- Conectar sistemas aislados para garantizar que añaden valor combinado.
- Impulsar las medidas y los controles adecuados.
- Implementar procesos estandarizados para fijar la excelencia, pero prepararse para desarrollar soluciones a medida.

Como forma de pensar, la coordinación se basa en la flexibilidad y la adaptabilidad, que son los indicadores esenciales de una mente en constante aprendizaje. Los líderes de alto rendimiento con este Talento concreto replantean las típicas cuestiones empresariales basándose en la seguridad de una ejecución coherente de los procesos empresariales:

- ¿Cómo podemos servir de manera rentable a la clientela de los mercados emergentes que se sitúan en la base de la pirámide?
- ¿Cómo podemos escapar de la trampa de la comodidad?
- ¿Cómo podemos crecer fuera de nuestro mercado principal?
- ¿Cómo podemos ofrecer una experiencia de cliente integrada a través de todas las áreas de nuestra empresa?
- ¿Cómo incrementamos los ingresos de un producto de bajo coste?
- ¿Por qué deberíamos aceptar que los productos en crecimiento acabarán decayendo?
- ¿Por qué no todos los productos que vendemos cumplen nuestro margen de contribución mínimo esperado?

Por lo que se refiere a la ejecución, los líderes extraordinarios tienen la habilidad de plantear cuestiones que requieren una gran coordinación y una mentalidad flexible para detectar y aprovechar oportunidades menos evidentes. Es el proceso de coordinación lo que genera este enfoque. Los líderes de alto rendimiento, como los directores de orquesta, mantienen la energía fluyendo a través de los recursos que tienen a su disposición, lo que a su vez genera ideas y respuestas a importantes cuestiones empresariales. La flexibilidad y la adaptabilidad en el pensamiento son capacidades de ejecución clave para los líderes.

Agilidad de aprendizaje

Una cuestión esencial de las discusiones sobre la flexibilidad y adaptabilidad del liderazgo es si un líder específico tiene la suficiente apertura a ideas y métodos nuevos. Muchas veces escuchamos preguntas del tipo: «¿Tiene una mente abierta?», lo que en general quiere decir: «¿Está esta persona abierta a nuevas ideas y enfoques?». El caso es que abrirse a nuevas formas de pensar, y desarrollar ideas y planes basados en nuevas formas de pensar son dos cosas distintas.

Cuando hablamos de que alguien está abierto a nuevas formas de pensar no nos referimos a la idea en sí, sino a si estas ideas nuevas dan resultados eficaces. Se suele emplear el término «agilidad de aprendizaje» para describir esta capacidad. La agilidad de aprendizaje se define, de forma habitual, como «un conjunto de habilidades complejas que nos permiten aprender algo nuevo en un lugar y luego aplicar lo aprendido en otro lugar, en una situación muy diferente».[19]

Pese a tratarse de una definición muy extendida, a nosotros no nos gusta. En 1985, el político británico Benjamin Disraeli describió al entonces primer ministro, Sir Robert Peel, como «un ladrón del intelecto ajeno, que comercia con las ideas y la inteligencia de otros».[20] Y continuó diciendo que toda la vida política de Peel era «una gran cláusula de apropiación». Nos parece que la agilidad de aprendizaje no es más que una versión matizada del plagio de ideas, y este es un concepto demasiado limitado.

Para que la agilidad de aprendizaje sea verdadera tiene que ocurrir en el cerebro. Esto quiere decir que, cuando evaluamos si un líder es ágil o no en el aprendizaje, tenemos que analizar si es capaz de reconfigurar información antigua para transformarla en algo nuevo, o identificar un modo mejor y más eficaz de hacer algo que tenga un impacto en el rendimiento. Dicho de otro modo para que la agilidad de aprendizaje tenga sentido y valor debe ir más allá de tomar una idea de una situación y aplicarla a otra.

La reconfiguración es fundamental en la agilidad de aprendizaje, porque evita que esta se convierta en un mero proceso de adaptación. Así, nuestra definición de agilidad de aprendizaje es la siguiente: «Ser capaz de desmontar y volver a montar los componentes con una forma nueva que tenga un impacto positivo y compuesto en el rendimiento futuro».

La agilidad de aprendizaje no se manifiesta haciendo bocadillos

Gary Burnison, consejero delegado de Korn Ferry, cree que la agilidad de aprendizaje se puede determinar haciendo una pregunta inusual y viendo cómo reacciona la gente. Por ejemplo: «¿Cómo se prepara un bocadillo de atún?».[21] No sé qué cree Gary que está aprendiendo con este tipo de preguntas, pero la necesidad de dar una respuesta inmediata que le satisfaga es poco probable que dé lugar a alumnos extremadamente ágiles.

Sin embargo, afirma con rotundidad que «la agilidad de aprendizaje es tan crucial que nuestra empresa la considera el primer indicador del éxito». No queremos malgastar tiempo ni recursos cognitivos buscando fallos en un entorno tan rico en objetivos como es la publicación mencionada antes, pero, por muy relevante que sea la agilidad de aprendizaje para un líder con perspicacia operativa, sin duda no es el principal indicador del éxito. No hay ningún resultado de investigación que respalde tal afirmación.

La agilidad de aprendizaje no es una habilidad

El Center for Creative Leadership (CCL) ha recopilado algunas sugerencias sobre cómo pueden los líderes desarrollar la agilidad de aprendizaje.[2] Proporcionan con este fin un buen conjunto de indicadores:

- Dedícate a buscar. Lo que quiere decir:
    * Acepta el desafío de lo desconocido.
    * Acepta un reto nuevo que te dé miedo.
    * No te atasques en las soluciones iniciales.
    * Acostúmbrate a promover ideas nuevas.

- Afina tu sentido común:
  - Escucha para comprender lo que dicen otras personas.
  - Cuando te estreses, haz una pausa.
  - Busca otra forma de entender un problema.
- Interioriza las experiencias y los aprendizajes:
  - Pide feedback y mantente abierto a las críticas.
  - No te defiendas.
  - Reflexiona a solas y con otras personas.
- Adáptate y aplica:
  - Aprende a confiar en tu intuición.
  - No pienses demasiado.

Los lectores atentos verán que estas sugerencias se solapan con las que hicimos en el Capítulo 5 al hablar de la estrategia como un proceso y una forma de pensamiento. Pero el error que comete el CCL es suponer que todo el mundo puede seguir estos consejos. Y no es tan sencillo. Por ejemplo: «Busca otra forma de entender un problema» parece algo positivo, pero a ciertas personas les cuesta transferir el aprendizaje de esta manera; entienden un concepto en una situación, pero no son capaces de ver su relevancia en otra. Por tanto, definir la agilidad de pensamiento como una serie de acciones que cualquiera puede emprender, y no como una capacidad innata, supone convertir el liderazgo en una serie de interruptores de la luz. Y es mucho más complicado.

La agilidad de aprendizaje es una característica fundamental a la que los líderes deberían prestar mucha atención. Nuestro principal consejo para los líderes que no saben pensar con agilidad es que se asocien con otros que tengan una gran capacidad natural en este ámbito y les den la oportunidad de contribuir a su forma de pensar. Este es el enfoque que adoptan los líderes de alto rendimiento. El momento propicio para esta contribución es la fase inicial del pensamiento estratégico, cuando todavía se están identificando las opciones y posibilidades.

Complejidad

Una última característica que ayuda a definir la orquestación o coordinación como factor clave de la ejecución eficaz es la complejidad. El presente es complejo, pero nadie diría que el futuro va a serlo menos. Mucha gente cree que la complejidad ha llegado para quedarse y que en el futuro será incluso mayor y más difícil de predecir.

Pero ¿qué es la complejidad y qué papel juega en ayudar a los líderes a gestionar entornos y problemas cada vez más complicados?

La complejidad no es saber gestionar un número cada vez mayor de variables, sino hacerlo a una velocidad cada vez más alta. Piensa en un artista de circo que hace girar diez platos (u otros objetos planos) sobre un palo. Para poder añadir más objetos a su número tiene que efectuar una serie de movimientos pequeños y rápidos que le permitan seguir el ritmo de la creciente complejidad que supone controlar quince objetos en lugar de solo diez. La cantidad y la velocidad son, por tanto, dos componentes básicos de la complejidad. Nuestros controladores aéreos saben que cada día se van a topar con niveles de complejidad cada vez mayores y más impredecibles.

A pesar de la gran cantidad de pruebas y datos que revelan la complejidad del mundo, esta no se empezó a estudiar hasta hace unos treinta años. Gary Grobman definió la complejidad como «situaciones que presentan incertidumbre y no linealidad».[23] Él basó esta definición en el trabajo de Plsek, Lindberg y Zimmerman, que sostenían que un sistema complejo adaptable es «un sistema de agentes individuales, que tienen libertad para actuar de formas que no siempre son predecibles, y cuyas acciones están interconectadas de tal manera que las acciones de un agente cambian el contexto de los otros agentes».[24]

Grobman creía que los nuevos enfoques de las ciencias naturales (en concreto, la física y la biología) podían aplicarse a las organizaciones y al liderazgo para identificar nuevas formas de abordar problemas y oportunidades. En su artículo «Complex Theory: A New Way to Look at Organizational Change», resumía varios principios de gestión que chocan con los típicos enfoques de ciertas empresas, consistentes en gestionar desde arriba o de mandar y controlar:[25]

- Considera tu organización como un sistema complejo y no una línea de montaje o una máquina.
- Ofrece las especificaciones mínimas, y evita planes y procedimientos demasiado detallados.
- Reconoce situaciones en las que «seguir tu instinto» es más apropiado que «hacer caso a la información».

- Mantén un nivel sano de incomodidad y descontento para promover la creatividad.
- Reconoce que hay un límite para el número de relaciones que una persona puede gestionar, y controla el tamaño de los equipos de trabajo.
- Deja que las situaciones inestables «hiervan a fuego lento» hasta que una solución emerja, en vez de lanzarte a resolverlas.
- Incorpora cierta redundancia de información y habilidades para garantizar la longevidad y seguridad del sistema.

Estamos de acuerdo.

Complejidad e interacciones sociales

Es clave que los líderes sepan que la complejidad genera mucha imprevisibilidad. Cuanto más complejo es el sistema, más importancia debería darse a las interacciones sociales para que la complejidad se pueda aprovechar con efectos positivos. En su artículo de 2009, Uhl-Bien y Marion sostienen que los líderes necesitan gestionar la complejidad a través de estas tres áreas:[26]

1. **Interacciones sociales**: el cambio es estresante. Aprovecha la fuerza de las relaciones sociales para unir a las personas con el fin de compartir experiencias e interactuar de manera más productiva, en lugar de querer controlarlo todo y mostrar características más autocráticas.
2. **Liderazgo compartido**: la complejidad se gestiona mejor a través de un liderazgo en el que la autoridad no es de una sola persona, sino que cualquiera de la empresa puede hacer una contribución decisiva a través de la fuerza de su capital social.
3. **Todo el mundo influye en cierta medida**: cada miembro de la organización, si posee de verdad un compromiso firme, ejerce influencia y tiene un impacto positivo en sus resultados.

No hay nada crítico en estas áreas de interés, pero, a medida que los líderes se enfrentan a niveles de complejidad cada vez mayores, el enfoque para ayudar a las empresas a sortear esta complejidad pasa por aplicar los principios básicos en torno a las relaciones y el nivel de compromiso y participación que se espera de cada persona.

LO QUE DE VERDAD IMPORTA

Este capítulo trata de que un concepto relativamente simple como la ejecución es mucho más complejo y desafiante de lo que pensamos. Más que ser una expresión para referirse a las cosas que se hacen es una forma de pensar que empieza con la formulación estratégica que destacábamos en el capítulo sobre el sentido de la dirección.

La ejecución es la consecuencia de estructura + procesos, unidos a coordinación y complejidad. Aunque los líderes de alto rendimiento pueden tener problemas para destacar en cada una de estas áreas, crean equipos y organizaciones a su alrededor para garantizar la gestión eficaz de cada elemento:

- La falta de continuidad y flujo desde la estrategia a la ejecución es un problema que provoca muchas interrupciones en la implementación. Los líderes de alto rendimiento trabajan muy duro para determinar la dirección estratégica de la organización, y construyen el marco estructural más apropiado para garantizar que se ejecute de forma eficaz. Esto se construye, invariablemente, en torno a personas con altos niveles de Talento en áreas complementarias.
- En el liderazgo es importante ser capaz de gestionar el ritmo acelerado y la complejidad del trabajo. Las cosas cambian, a veces de forma inesperada, y los líderes han de saber cuándo deben cambiar, y hacerlo con rapidez, para así mantener el impulso y garantizar que los equipos sigan siendo productivos.

El equilibrio eficaz entre ambos componentes de la ejecución es fundamental para los líderes que se esfuerzan por resolver el problema de ejecutar la estrategia. Podrás liderar gracias a tu capacidad para ver cómo se hacen las cosas si...

- eres eficaz al organizar tus ideas y convertirlas en acciones, y luego te esfuerzas por alcanzar tus objetivos;
- quieres cumplir tus compromisos y organizas tu trabajo en una secuencia de pasos lógicos y manejables;

- sueles invertir mucha energía y eres tenaz en la consecución de tus objetivos; y
- eres eficaz al considerar y mitigar los riesgos si puedes controlar tu necesidad visceral de actuar.

La ejecución eficaz no consiste en «hacer cosas»: exige prestar una atención detallada a todas las variables que podrían afectar a tu planificación antes de actuar. Las siguientes preguntas te pueden ayudar a no olvidar detalles fundamentales ni caer víctima de barreras que deberías haber anticipado:

- ¿Estoy precipitándome a la acción sin planificar bien cada paso?
- ¿Estoy gestionando de manera eficaz mi carga de trabajo y evitando asumir demasiadas tareas?

Este capítulo pone fin a los descubrimientos de nuestro estudio que describen las disposiciones, los rasgos y las características de los líderes excelentes. Son cinco capítulos muy potentes —los Cinco Talentos que de verdad importan— que disipan la confusión, la distracción y la ofuscación que envuelven la mayor parte del trabajo sobre este tema. Ningún aspirante a líder debería persistir en su crecimiento y desarrollo profesional sin tener en cuenta estos cruciales hallazgos.

CUARTA PARTE

PREGUNTAS TRANSFORMADORAS, VERDADES INCÓMODAS Y NUESTRA INVITACIÓN PARA TI

CAPÍTULO 10

Cómo transformar el proceso de selección de personal de tu organización

TRATAR DE INTRODUCIR OBJETIVIDAD EN EL PROCESO DE SELECCIÓN DE TU empresa puede parecer abrumador por el esfuerzo que supone crear una evaluación con valor predictivo y cuyo efecto sea relevante, además de estadísticamente significativo, justo y fiable. Parte del problema reside en que los líderes quieren soluciones inmediatas a procesos que pueden tardar años en funcionar bien. Todo el mundo sabe que los responsables de contratación rara vez son expertos en estadística, pero no dejes que esto te desanime e introduce el método científico en tus métodos de selección siempre que puedas. Conseguirás cosas extraordinarias.

Hay varios pasos que toda organización debería seguir para incrementar la fiabilidad de su proceso de contratación sin necesidad de invertir grandes recursos. En esta parte del libro mencionaremos algunos de estos pasos y los beneficios que pueden aportar; además, se verán reforzados si se utiliza una evaluación con las características ya descritas.

Hasta ahora, hemos empleado la Evaluación del Liderazgo Ejecutivo para demostrar la aplicación del método científico a la selección de personal. Esta evaluación predice los resultados mucho mejor que cualquier ser humano poniendo todo su ingenio y sabiduría. Pero los puestos de liderazgo no son los únicos que hemos estudiado, también hemos aplicado nuestra metodología a muchos otros puestos técnicos y comerciales.

Es probable que este mismo enfoque pueda aplicarse a todos los puestos en los que se puede medir el rendimiento. Hemos creado, de hecho, evaluaciones para muchos tipos puestos, entre los que se incluyen jefes de departamento de atención al público, comerciales, representantes del servicio al cliente y analistas financieros. Y nuestros descubrimientos sobre la validez, fiabilidad e imparcialidad de estas evaluaciones como indicadores de éxito futuro son comparables a los descritos para la Evaluación del Liderazgo Ejecutivo. El incremento de ventas e ingresos es sin duda un tema crucial para muchas organizaciones, por lo que no debería sorprender que se convirtieran en uno de nuestros principales objetivos.

CONCLUSIONES DEL ESTUDIO SOBRE LOS MEJORES AGENTES COMERCIALES

El perfil de los agentes comerciales es bastante singular, sobre todo porque las expectativas de ingresos de la empresa al completo recaen sobre sus hombros. Hemos estudiado a fondo a las personas que ocupan este puesto y hemos visto que diferentes combinaciones de talentos comerciales predicen un alto rendimiento en una situación concreta, pero no en otra. Nuestros hallazgos también nos han ayudado a desterrar ciertos mitos sobre lo que hace excelente a un vendedor.

Existe la creencia (bastante extendida) de que un vendedor excelente es capaz de vender cualquier cosa. Todo el mundo lo cree, incluyendo a los propios comerciales, incluso los excepcionales…, pero casi nunca es verdad. Cuando les formulas las preguntas adecuadas enseguida reconocen que hay muchos factores que condicionan su talento comercial. Por ejemplo, les hemos preguntado a representantes de productos sanitarios si podrían vender tabaco y nos han contestado: «Por supuesto que no». Les hemos preguntado a comerciales de propuestas de servicios complejos B2B si podrían vender consumibles de bajo precio B2C y nos han contestado: «Probablemente no». Estas condiciones son básicas, porque cambian todo el contexto de la venta.

Incluso hemos encontrado que, dentro de un mismo sector, donde los valores de marca de las empresas difieren mucho, es difícil que un comercial de una empresa se traslade con éxito a otra y venda sus productos, porque les cuesta adaptarse a los diferentes valores de la nueva marca. Es como si estos valores y los del propio comercial fueran inseparables.

Los agentes comerciales son una población de estudio ideal, porque en la mayoría de los casos su rendimiento es fácil de medir. Sus jefes se arman de hojas de cálculo y son capaces de clasificar a todo el equipo de ventas. Pueden decirte hasta qué punto rinden bien sus comerciales en la venta de una amplia gama de productos, quién ha logrado el mayor aumento de ingresos en el último año y quién está cumpliendo (o superando) la cuota a medida que se acerca el final del año económico. Los equipos de ventas más sofisticados son capaces de correlacionar todos estos datos financieros con el compromiso y la satisfacción de sus clientes para aumentar (o disminuir) la confianza en la trayectoria actual de las ventas y mejorar así la precisión de las estimaciones. El perfil comercial es el sueño de cualquier investigador.

Lo divertido de analizar a equipos de ventas es que los comerciales casi siempre te dirán lo que piensan. Esta franqueza genera claridad y facilita la detección de diferencias entre perspectivas. Los comerciales suelen experimentar bastante seguridad cuando están con gente, y no les preocupa demasiado equivocarse, porque (en su opinión) rara vez lo hacen. Fue el estudio que hicimos con una muestra de comerciales lo que aceleró nuestro interés por desarrollar preguntas sobre el proceso de selección de personal, y tuvimos la oportunidad de validar los resultados en poco tiempo basándonos en el seguimiento de su rendimiento a lo largo del tiempo. Nuestra manera de proceder fue la siguiente: primero, definimos los aspectos fundamentales del puesto de comercial; a continuación, elaboramos preguntas para obtener información sobre estos comportamientos y características, y, por último, medimos los efectos sobre el rendimiento de las ventas a lo largo del tiempo. Aprendimos mucho sobre los comerciales de alto rendimiento gracias a este método de entrevistas estructuradas. El siguiente es un resumen de nuestros aprendizajes:

- Los directivos con mayor talento para el liderazgo en ventas despedían a los comerciales con bajo rendimiento casi dos veces más rápido que los de menor talento.

- Los directivos con mayor talento para el liderazgo en ventas contrataban a comerciales con mayor talento comercial, al contrario de lo que vimos en los directivos con menor talento, que contrataban siempre a comerciales menos competentes.
- Los comerciales con mayor talento vendían más y aumentaban más rápido el número de clientes que quienes tenían menos talento comercial. Es así de sencillo. Este punto es el que más impulsa el crecimiento de los ingresos.
- Los comerciales con mayor talento y que vendían más solían permanecer más tiempo en la empresa, siempre y cuando su responsable también tuviera un buen talento comercial. Si esta persona estaba menos dotada para sus funciones, sus comerciales se iban rápido.
- A los comerciales con mayor talento les adoran sus clientes.
- Los comerciales con mayor talento no siempre son fáciles de dirigir.
- Muchas empresas se ven tan influenciadas por el rendimiento de su departamento de ventas que no tienen ni idea de qué es la excelencia o ser «de primera categoría». En todos los proyectos de evaluación comparativa del talento comercial que hemos llevado a cabo, solo entre el 5 y el 15 % de los comerciales alcanzan el cuartil superior de su sector.
- Los mejores comerciales presentan rasgos diferentes en una evaluación de ventas. Esto difiere de lo que desean o esperan sus colegas menos competentes, ya que valoran (de manera errónea) ciertas actitudes con independencia de si correlacionan o no con un alto rendimiento comercial.

Pocos líderes argumentarían en contra de estas conclusiones, a las que llegamos gracias al desarrollo de una serie de aptitudes para las entrevistas y adaptándolas al entorno de las ventas. En otras palabras, aplicamos lo aprendido —analizando a docentes y otros profesionales— a las empresas de ventas, con efectos similares, en ocasiones incluso mucho más impresionantes. Por tanto, el mismo enfoque se puede aplicar a casi cualquier tipo de puesto; el único requisito es que el rendimiento se pueda medir y definir con precisión. Esto supone un gran esfuerzo para muchas empresas.

Digamos que resulta difícil, pero no imposible, diseñar una herramienta de evaluación que sea válida y predictiva. Sin embargo, muchas empresas no reconocen de inmediato la importancia de invertir en algo así. Si es el caso, los líderes y las personas responsables de contratación pueden aumentar la eficacia de la selección incorporando algunos de los siguientes métodos. Recomendamos a las organizaciones que incorporen tantos como sea posible, y que los vayan perfeccionando hasta que puedan beneficiarse del valor de las predicciones fiables. Hasta el momento hemos asesorado a docenas de empresas en este camino. Las siguientes recomendaciones son procesos que ejercen un gran impacto sin tener que asumir grandes gastos globales.

LAS CARTAS DE SELECCIÓN DEFINEN LAS EXPECTATIVAS CON PRECISIÓN

Una Carta de Selección explica, en términos precisos, lo que los aspirantes a un puesto pueden esperar cuando participan en el proceso de selección de una empresa. Este tipo de documento proporciona a las organizaciones un enfoque más coherente para interactuar con sus candidatos, eliminando la confusión y manteniendo la integridad del proceso.

Codificar y hacer cumplir estos principios es un primer paso hacia la mejora de un proceso de selección que, de otro modo, estaría plagado de prejuicios. Mediante una Carta de Selección se fijan las expectativas (internas y externas) sobre los pasos apropiados en un proceso justo y equilibrado.

A medida que leas las siguientes afirmaciones, piensa en el proceso de selección de tu empresa y en las deficiencias que se deberían subsanar para que cumpliera estas expectativas. Piensa también en los principios que tus equipos de selección de personal y contratación deberían seguir para alcanzar este grado de profesionalidad. Por norma, los aspirantes deberían sentir que se les atiende y valora por el tiempo que dedican; también que se les han dado las oportunidades justas y apropiadas para demostrar sus Talentos. Luego, tanto si su candidatura prospera como si no, estas personas deberían ser tratadas con mucho respeto, para que recomienden a la empresa como un lugar excelente en el que trabajar, aunque no les hayan seleccionado:

- La descripción y los requisitos del puesto serán la base de la evaluación que hace la empresa de las candidaturas, y quien mejor cumpla tales requisitos, o los supere, será con mayor probabilidad la persona elegida para el puesto.

- Evaluamos muchas fuentes de datos para determinar si alguien encaja o no en un puesto. Las decisiones se cotejan con la evidencia, ya sea experiencia, conocimientos, habilidades u otras características que ayudarían al aspirante a situarse mejor.
- Es posible que la empresa esté entrevistando a muchos aspirantes como parte de este proceso.
- Todas las personas que presentan su candidatura para un puesto (sean internas o externas a la empresa) tendrán las mismas oportunidades de demostrar sus capacidades.
- Aunque es posible expresar agradecimiento y reconocimiento a los aspirantes a medida que avanzan por las fases del proceso de selección, no se les informará de nada específico hasta que se haya tomado la decisión final.
- Si bien los aspirantes pueden sentirse más o menos optimistas sobre los diferentes aspectos del proceso, no deberían suponer que se les hace ningún favor ni desprecio debido a las conversaciones con representantes de la empresa.
- A los aspirantes a quienes se haya rechazado se les informará del resultado una vez se haya elegido a alguien para el puesto y se hayan acordado los términos y condiciones del contrato con esa persona. A quienes no se haya elegido se les informará del modo en que se les dará feedback sobre su proceso de selección y de la forma que tendrá esa retroalimentación.
- Que no elijan a alguien para un puesto no debería verse como una decisión negativa contra esa persona. A veces entrevistamos a un aspirante a un puesto y luego nos damos cuenta de que podría encajar mejor en otro más adelante.
- Que te rechacen para un puesto nunca es agradable, pero esto no quiere decir que esa persona sea deficiente en algún aspecto, solo que creemos haber hallado a otra que se ajusta mucho mejor a lo que buscamos. Tener un interés serio en un aspirante indica que consideramos a ese individuo muy fiable y capaz.

LOS RESPONSABLES DE CONTRATACIÓN PUEDEN SER GRANDES CAZATALENTOS

Creemos que las empresas de selección de personal (cazatalentos) pueden ser socias muy valiosas para ayudar a cualquier empresa a buscar una amplia muestra de aspirantes que cumplan con sus requisitos. Pero también tenemos el convencimiento de que son muchas las empresas que confían demasiado en las opiniones y recomendaciones de este tipo de asesores, y que el conflicto de intereses inherente al hecho de que una empresa de cazatalentos busque y evalúe a sus propios candidatos es demasiado grande como para ignorarlo. Nuestra recomendación es que las empresas de cazatalentos tengan una responsabilidad más limitada en lo que a la búsqueda de candidaturas se refiere, y que tanto el análisis como la evaluación de la adecuación de dichos aspirantes se haga de forma interna o la lleve a cabo un tercero.

La búsqueda de candidaturas se puede hacer de muchas maneras: a través de una empresa especializada en esa labor, de las referencias de un trabajador, o incluso de alguien de la empresa que esté buscando un cambio interno (hacia arriba o en otro puesto similar al que tiene). Una de las mejores fuentes de candidaturas que hemos visto es el personal directivo que nunca deja de buscar en su red a personas con Talento que puedan unirse a su equipo. En cualquier caso, vengan de donde vengan las personas candidatas, deberían ser evaluadas siempre de la misma manera, y no se debería tomar ninguna decisión ni compromiso hasta que se recaben todas las pruebas y concluya el proceso.

LAS ENTREVISTAS ESTRUCTURADAS MEJORAN LA IMPARCIALIDAD Y FIABILIDAD DE LAS EVALUACIONES DE CANDIDATURAS

El primer paso para desarrollar un proceso de selección que implique resiliencia es hacer entrevistas estructuradas. Ya hablamos de una diferencia clave entre estas y las no estructuradas en el Capítulo 2, al describir cómo abordan muchas empresas las entrevistas presenciales. Las preguntas no estructuradas son las que no cuentan con un criterio de análisis predefinido; es decir, no tienen una respuesta correcta, sino que el aspirante solo ha de decir lo que quiere oír quien le hace la entrevista. Las preguntas estructuradas, en cambio, poseen un criterio explícito, bien en forma de múltiples opciones de respuesta o de palabras y frases clave contenidas en la respuesta. Por tanto, la estructura en una entrevista introduce un plus de imparcialidad y es el primer paso para poder rastrear el valor predictivo de las preguntas:

- Estas deberían intentar revelar las características innatas de la persona candidata, es decir, sus Talentos. Admitimos que esto puede ser difícil. En el caso de nuestra Evaluación del Liderazgo Ejecutivo, tuvimos que pasar años observando a líderes, organizando grupos de discusión y administrando una gran cantidad de pruebas psicométricas; pero no te obsesiones con esto. Al principio basta con que hagas las preguntas que crees que revelarán los Talentos del aspirante. Se trata de un proceso repetitivo: con el tiempo, tus preguntas mejorarán y te ayudarán a reconocer las capacidades naturales de la persona.
- Las preguntas «bifurcadas» son las que establecen dos grupos en función de la respuesta. Lo ideal es que tus preguntas estructuradas puedan distinguir si cada aspirante posee o no el Talento que estás buscando. Pero insisto: es un proceso que requiere práctica. Una buena pregunta bifurcada tiene respuestas que pueden parecer igualmente interesantes, pero la correcta es la única que predice el Talento de esa persona. Evita, pues, formular preguntas con respuestas obviamente correctas e incorrectas, porque no sirven de nada.
- Las entrevistas deberían hacerse por teléfono u online (con la cámara apagada). De esta manera se reducen los prejuicios intrínsecos a las entrevistas cara a cara. Además, deberías formar a tu equipo de entrevistadores para que formulen las preguntas y califiquen las respuestas de forma coherente entre sí, esto es, empleando los mismos criterios. Sin este paso, todo el proceso se vendrá abajo. Los datos solo proporcionarán patrones significativos si hay acuerdo sobre el significado de cada elemento de la entrevista. A los entrevistadores también se les enseñará que no deben ayudar a los aspirantes de ninguna manera. La parte más difícil es cuando la persona entrevistada está casi diciendo lo correcto, pero omite una parte clave de los criterios. En este caso, quien le entreviste debe resistir la tentación de orientarle hacia la respuesta correcta.

Por supuesto, es difícil dar con preguntas que cumplan estos criterios, por eso hemos elaborado una lista de ejemplos que los cumplen:

Preguntas sobre Marcar el rumbo

Pregunta: «¿Cómo describirías una buena reunión de equipo?»

Los líderes más eficaces se resisten a tomar decisiones inmediatas y superficiales; en lugar de ello, comparan varias opciones y luego planifican la acción. La pregunta evalúa si este planteamiento reflexivo es algo hacia lo que se inclinan de forma natural los aspirantes, hasta el punto de ser una preferencia clara, por ejemplo, en las reuniones de equipo. Cuando los miembros del equipo están impacientes por actuar y progresar, ¿resisten sus líderes la tentación de intervenir y, en vez de eso, promueven una reflexión más profunda sobre el tema en cuestión?

Respuesta

La respuesta debería empezar siempre con la exploración de ideas y el debate correspondiente sobre la mejor manera de lograr algo. Palabras como «debate», «intercambio» y «disconformidad» deberían, pues, estar presentes. Si todo el discurso va sobre una gestión eficaz de la agenda y la sensación de tachar puntos de la lista, es decir, una «lectura» de las actividades, es muy probable que esa persona vaya a perpetuar el problema que está sufriendo la empresa.

Pregunta: «¿Cómo describirías los riesgos que contemplas cuando tomas decisiones importantes?»

En muchos los líderes dan excesivo protagonismo a la toma de decisiones rápida, porque creen que así lograrán antes el éxito. De este modo, dan más importancia a la rapidez que a la eficacia, autoconvenciéndose de que consiguen ambas cosas, pero no es así. Esta pregunta se formula para ver si los líderes son tan conscientes como deberían de los diferentes tipos de riesgo. Por ejemplo:

- Tomar decisiones sin tener a mano toda la información o sin haber consultado a suficientes fuentes expertas.
- Dar demasiada relevancia a las experiencias pasadas.

- Suponer que el problema actual es igual a otro del pasado.
- Experimentar la «parálisis del análisis», que ocurre cuando la necesidad de contar con más información y datos te impide tomar hasta las decisiones más básicas.

Respuesta

Queremos que los aspirantes describan un análisis equilibrado, haciendo hincapié en la amplitud de ideas y pruebas. Es mejor que el líder sea capaz de juzgar el riesgo inherente en cada decisión, por insignificante que sea. El objetivo es «acertar», no «equivocarse», y esto es más fácil de conseguir equilibrando el riesgo. Los líderes que no logran esto se pasarán la vida apagando fuegos. Hay que tener cuidado con quienes tienen dificultades para detectar riesgos relevantes, incluso aunque afirmen analizarlos al detalle. Si alguien que es líder tiene la costumbre de calcular y equilibrar el riesgo, entonces no debería tener problemas para dar múltiples ejemplos en poco tiempo.

Pregunta: «¿Te ha pasado alguna vez que tras tomar una decisión se te ocurren ideas mejores?»

Una de las características más interesantes de los líderes creativos por naturaleza es que no tienen «interruptor de apagado»: están siempre generando ideas. El objetivo de esta pregunta es identificarles, puesto que la capacidad para generar ideas y opciones nuevas y diferentes es lo que alimenta el proceso de pensamiento estratégico. Esta capacidad, no obstante, tiene una clara desventaja, ya que revisar las decisiones *a posteriori* genera un falso ímpetu y una actividad constante de parar y volver a empezar que consume mucha energía y puede provocar una considerable desmotivación. Por eso es una pregunta inteligente. Si eres de naturaleza creativa, sabrás que este enfoque tiene más probabilidades de éxito, porque gracias a él se obtienen mejores soluciones o resultados.

Respuesta

Esta es una de esas preguntas en las que la respuesta dividirá a creativos eficaces y a quienes prefieren decidir y no revisar luego las ideas. Por supuesto, el hecho de que se te ocurran mejores ideas no implica que tengas que poner el cronómetro a cero y empezar de nuevo; si fuera así nunca se lograría nada.

Pero tener este tipo de pensamientos es un signo de creatividad constante que puede aportar valor a medida que se implementan las ideas y se identifican formas de mejorar las sugerencias iniciales.

Preguntas sobre Aprovechar la energía

Pregunta: «¿Qué es, de lo siguiente, lo que más merece tu atención?»

- La queja de uno de tus mejores clientes.
- La noticia de que un miembro clave del equipo acaba de dimitir.
- Problemas con el transporte que afectarán a la disponibilidad de productos para tus clientes.
- Noticias sobre incentivos fiscales locales para fomentar la construcción de edificios de apartamentos de precio medio.

Muchos líderes sienten una especial motivación para el «crecimiento», pero no conocen los elementos que lo impulsan. Uno de ellos es la habilidad para reconocer oportunidades y anteponerlas a otros asuntos que a corto plazo pueden parecer más urgentes. Los líderes de alto rendimiento hacen las dos cosas: tratan los problemas urgentes, pero no a expensas de dejar pasar oportunidades de crecimiento. Cuando se toman decisiones difíciles, vemos en tiempo real cómo el líder equilibra entre lo «urgente» y lo «importante». Poca gente lo hace bien. La pregunta no implica que debas ocuparte de una situación e ignorar las demás; si eres un líder con orientación al crecimiento, solo uno de estos temas destacará como una verdadera oportunidad de crecimiento. Si lees esta explicación y te cuesta entender por qué las novedades sobre incentivos fiscales son un problema de crecimiento —o, peor aún, consideras que cuestiones como las quejas de clientes son oportunidades para impulsar el crecimiento—, entonces es probable que tengas tus propios retos de crecimiento.

Respuesta

Una muy buena respuesta sería delegar los primeros tres temas a miembros del equipo competentes para que tú puedas dedicarte a pensar en las implicaciones de esos incentivos fiscales para el crecimiento de tu empresa. ¿Ofrece la afluencia de nuevo personal oportunidades de contratación y tal vez de venta a clientes? ¿Es posible que tus proveedores estén creciendo y contratando a más gente? Habrá aspirantes al puesto que verán esta pregunta como un ejercicio de «bandeja de entrada», en el que haces primero las cosas más urgentes (por ejemplo, en primer lugar los problemas de transporte y luego la queja del cliente) y te olvidas de las oportunidades reales. Te interesa escuchar a los líderes comprometerse con ideas y oportunidades inusuales, para detectar oportunidades de crecimiento. Puede que no se materialicen esta vez, pero alguien de mente inquieta e inquisitiva las verá más que alguien con menor compromiso intelectual.

Pregunta: «¿Cuál de las siguientes opciones te parece más arriesgada, y a qué aspirante elegirías con mayor probabilidad?»

- Aspirante A: es una persona joven, inexperta, arrogante, con mucho Talento, podría generar divisiones en el equipo.
- Aspirante B: es una persona más madura, con mucha experiencia, cordial, de Talento moderado, encajará bien en el equipo.

Preguntas como esta no son especialmente difíciles, pero suponen un dilema, porque ambas opciones tienen sus trampas. Este es el quid de la cuestión, y lo que la convierte en una buena pregunta es que ambas opciones podrían resultar atractivas dependiendo de las circunstancias, unas que cada candidato tendrá que determinar por su cuenta. Su respuesta ayudará a entender qué postura tiene con respecto al crecimiento de la empresa. El riesgo del aspirante A es que su Talento viene acompañado de menos experiencia y de la probabilidad de que sea más difícil de dirigir (como suele ocurrir con las personas talentosas), lo que podría provocar cierta fricción con otros miembros del equipo. Aun así, esta persona promete. El riesgo del aspirante B es que tendrás en el equipo a una persona cordial y estable, pero con un Talento moderado, lo que supone que será más difícil que obtenga resultados extraordinarios. La respuesta «fácil de dirigir» sugiere elegir al aspirante B y conformarse con un comportamiento estable y resultados normales; la respuesta orientada al crecimiento y al rendimiento implicaría seleccionar al aspirante A y prepararse para un viaje más agitado. La pregunta pretende evaluar la tolerancia al riesgo de cada candidato y dónde preferiría invertir su tiempo: gestionando problemas de comportamiento de alguien con alto rendimiento o formando a una persona que se integre bien en el equipo para mejorar su rendimiento.

Respuesta

Deberías escuchar cómo la persona entrevistada sopesa el riesgo de ambos aspirantes. ¿Por cuál siente más atracción? La reticencia hacia el aspirante A indicaría que le preocupa más el posible impacto negativo de su comportamiento en los demás que conseguir un nivel mayor de rendimiento. Si, en esta línea, expresa una fuerte preferencia por la madurez del aspirante B, es porque prefiere a alguien que encaje, aunque no influya en los resultados clave de la empresa. En realidad, creer que podrás formar a alguien de escaso talento para que tenga un alto rendimiento es una de las falacias que inundan las actitudes sobre una gestión eficaz. Si bien el aspirante A es una opción más arriesgada, debería ser la preferida. Quizá este razonamiento te resulte difícil e ilógico, pero en vez de plantearte si estás de acuerdo con la recomendación primero deberías reflexionar sobre lo que esto podría decir de ti.

Pregunta: «¿Alguna vez has sentido cierta sobrecarga en el trabajo, con demasiadas cosas por hacer y poco tiempo? ¿Cómo te has sentido?»

Todo el mundo, en algún momento de su carrera, ha tenido la sensación abrumadora de tener tantas ocupaciones que le resulta difícil avanzar o siquiera cumplir su cometido. Por eso, mucha gente con una gran responsabilidad y ganas de triunfar trabaja muchas horas. Son personas que han asumido compromisos y pretenden cumplirlos. Pero, si cualquiera se siente así en algún momento de su carrera, ¿por qué plantear esta pregunta? Existen dos razones. En primer lugar, ¿con qué frecuencia se presentan estos sentimientos? ¿Cada semana, a diario? En segundo lugar, cuando las personas entrevistadas describen su trabajo en esas ocasiones, ¿mencionan sentirse muy mal, sufrir mucho estrés y sobrecarga, o más bien motivación altas dosis de energía? Esta pregunta pretende revelar si la realidad de experimentar sobrecarga motiva o desmotiva a la persona.

Respuesta

Nos gusta la gente que se esfuerza más ante los retos y el rechazo. Para las personas de alto rendimiento, el trabajo es algo divertido, y parecen ser más capaces que muchos otros de verlo de forma positiva, y gestionar su tiempo y recursos personales de forma más eficaz. En cambio, quienes se centran en los aspectos negativos de la sobrecarga no suelen tener la capacidad para llegar a una conclusión satisfactoria ni para experimentar las buenas sensaciones que provoca.

Preguntas sobre Ejercer presión

Pregunta: «Si no está roto, ¿por qué arreglarlo? ¿Qué te parece esta frase?»

Esta pregunta se basa en una actitud común en el ámbito laboral: ya tenemos suficientes problemas como para que tú nos crees más; si ya funciona, ¿por qué te metes? Verás que mucha gente está de acuerdo con esto, y recurre a un argumento que hace más hincapié en solucionar los problemas «reales» que los autoinfligidos. Sin embargo, el verdadero valor de un líder se basa en cómo ejerce presión sobre las áreas funcionales de la organización que, aunque no estén dañadas, son capaces de alcanzar un mayor rendimiento y mejores resultados. A veces, esto requiere desmontar algo para volverlo a montar, incrementando así su calidad.

Respuesta

A veces es necesario romper cosas para lograr mejores resultados. Es probable que a quienes rechazan esta idea o ponen demasiadas limitaciones para hacerlo de manera eficaz les satisfaga la situación actual, lo que siempre les llevará a obtener un rendimiento deficiente.

Pregunta: «¿Qué circunstancias te llevarían a intervenir en tu equipo?»

Al personal directivo muy responsable le cuesta no influir en la labor de los miembros de su equipo, a pesar de que es bueno dejarles probar y equivocarse. Al creer que es mejor estar cerca, siempre tienen a punto un consejo, orientación o una dirección más firme. El personal directivo experimentado que ya ha visto problemas similares reconoce la necesidad de guiar e influir en el momento. Poca gente sabe delegar, y muchos intervienen antes de lo que deberían. La clave de la gestión y el liderazgo eficaces es hacer dos cosas: en primer lugar, conservar la paciencia en todo momento y dejar que el equipo aprenda de sus propios errores; en segundo lugar, mantener una prudente distancia con tu equipo, la justa para evitar que los impedimentos y obstáculos les desvíen de su camino. Uno de los comportamientos más gratificantes de un líder es eliminar los obstáculos futuros y luego permitir que el equipo siga adelante y asuma su responsabilidad.

Respuesta

Verás que a muchos líderes les cuesta contenerse, pero los de mayor éxito ganan esta batalla. Quienes enseguida ven razones para intervenir suelen tener problemas para desarrollar a futuros líderes. Estas personas, en lugar de querer ser los héroes que creen que su equipo apreciará, lucharán contra la tentación de controlarles en exceso mientras niegan que esa sea su intención. Los mejores líderes aprenden a dejar que su equipo fracase varias veces antes de intervenir.

Pregunta: «Cuando crees que tienes razón, ¿tienes tendencia a defender tu postura o a ceder?»

Se trata de una pregunta muy difícil para una entrevista, porque ambas opciones parecen fuertes. La frase crucial es «cuando crees que tienes razón». Muchas personas creen tenerla casi siempre, pero quienes la tienen con mayor frecuencia lo han visto confirmado por la evidencia y la experiencia. Por su parte, quienes afirman tener razón, pero la evidencia posterior les demuestra que no es así, también aprenden de la experiencia, lo cual predice la mejor respuesta.

Respuesta

Siempre es preferible un líder que se mantiene firme y defiende su postura que alguien que acaba cediendo, justo por cómo ha sido la experiencia en el pasado. Afirmar que tienes razón cuando las pruebas te acaban obligando a ceder indica que siempre acabarás haciendo esto último. En cambio, si tienes la costumbre de mantenerte firme y defender tu postura para luego demostrar que tenías razón, es mucho más probable que exhibas este comportamiento en el futuro.

Preguntas sobre Aumentar la conectividad

Pregunta: «¿Cuánto tiempo y esfuerzo serías capaz de dedicar a la formación de alguien mediocre?»

Nadie quiere que le consideren un líder insensible e impaciente, que despide de inmediato a la gente por no haber dedicado suficiente tiempo a ayudarla a corregir su comportamiento o mejorar su rendimiento. Pero ¿cuánto tiempo habría que dedicar a esto? Una respuesta que solemos escuchar, por parte de los líderes que han pasado por esta situación, es que se arrepienten de no haber actuado enseguida, de haber dejado que el problema se prolongara demasiado, lo cual ha sido perjudicial para la empresa y para el propio trabajador. Los trabajadores profesionales y responsables que no prosperan o fracasan en un puesto no lo están pasando bien, pero su lealtad podría ser infundada y perseveran por más tiempo del razonable. Un jefe comprensivo y un trabajador responsable nunca son una buena combinación cuando se busca una solución al bajo rendimiento. Cuando la persona entrevistada esté analizando sus razones, procura evitar una serie interminable de «últimas oportunidades»; es mejor despedir a alguien que intentar formarle hasta el agotamiento. El tiempo que se debe dar para intentar revertir esta mala situación es de tres meses.

Respuesta

Escucha a la persona entrevistada para fijar expectativas claras y un plan de desarrollo, con la intención de llegar a una conclusión en un máximo de tres meses; es un plazo suficiente para demostrar mejoría en casi cualquier situación. En algunos casos, deberías ver síntomas de mejora mucho antes. Este es el tipo de claridad que habría de esperarse de un buen aspirante.

Pregunta: «¿Cómo de amplias son tus redes sociales y profesionales? ¿En qué porcentaje han crecido el año pasado?»

Pocos líderes de alto rendimiento distinguen entre sus redes sociales y profesionales, así que desconfía de quienes señalen esta distinción como si les pareciera relevante. En análisis de redes organizacionales demuestra que las personas clave hacen de «nodos de comunicación», con una fuerte conectividad con otras, y la información fluye a través de ellas. Los líderes que ocupan estos nodos tienen una enorme influencia en la empresa: son personas de referencia y se vinculan con muchos temas clave de la organización. Por otro lado, las redes sociales y profesionales no son estáticas, están en constante crecimiento, y cada año los líderes de alto rendimiento buscan expandir su conectividad, convirtiendo conexiones distantes en otras más cercanas, y a su vez las relaciones más cercanas en defensores y amigos. Están en contacto con la gente y generan vínculos antes de que el trabajo les exija hacerlo, y aprovechan sus redes para pedir consejo, ayuda directa y apoyo cuando lo necesitan. Los dos temas clave son: que sus redes sean extensas y que las vayan ampliando a propósito.

Respuesta

Tendrías que esperar un número de contactos superior a mil y un porcentaje de incremento del 10 % anual. Las respuestas imprecisas indican que la persona entrevistada nunca ha pensado en ello, y esto ya es bastante significativo.

Pregunta: «¿Por qué razones optarías por no delegar una tarea a un subordinado?»

Cuando a los aspirantes se les pregunta sobre sus capacidades y prácticas al delegar tareas, suelen conocer la respuesta correcta: «Por supuesto, delegaría…»; «Por supuesto, lo haría siempre…»; «Siempre busco oportunidades para delegar…»; «Sí, los trabajadores a mi cargo mejoran mucho gracias a mis habilidades de delegación». Es decir, todo el mundo asume que se le da muy bien delegar. Sin embargo, esta pregunta va más allá de lo obvio y plantea algo mucho más difícil de responder.

Respuesta

Es una pregunta inteligente, porque casi todas las personas a las que les cuesta delegar pueden ver una respuesta afirmativa obvia: nunca delegarías en alguien que no fuera competente, ¿verdad? Esta pregunta tiende a provocar respuestas como esta. Pero ahora piénsalo de esta manera: los líderes de alto rendimiento no tienen a personas incompetentes en su equipo. No las toleran. Cuando un líder de alto rendimiento oye esta pregunta no es capaz de pensar en una buena razón para no delegar en alguien de su equipo, porque este es tan fuerte y compacto que cualquiera de sus miembros sería capaz de asumir cualquier tarea, por exigente que sea. En cambio, los líderes de bajo rendimiento no forman equipos tan fuertes, porque suelen tener miedo de la gente con Talento; tienen un cuidado extremo al delegar tareas, porque dudan de que su gente sepa tratar la complejidad, y les preocupa que los malos resultados afecten de forma negativa a su liderazgo.

Preguntas sobre Controlar el tráfico

Pregunta: «¿Cómo describirías tu proceso de planificación?»
Una idea común, pero incorrecta, es que la función de planificación es general, y que las distintas personas solo difieren en el nivel de detalle de sus planes. Todo el mundo sabe que los mejores planes empiezan teniendo el final en mente —el estado u objetivo futuro— y van retrocediendo hasta el punto de partida, en una especie de ingeniería inversa. Para poder alcanzar el objetivo se identifican los recursos necesarios, y es el líder quien tendrá que mantener encauzado el proyecto para llegar al resultado deseado. Ahora bien, los líderes de alto rendimiento son diferentes: no arrancan con un objetivo único, sino con una serie de posibles objetivos, y es su proceso de planificación lo que da flexibilidad a la ejecución, de modo que si las circunstancias cambian con rapidez son flexibles y pueden modificar su enfoque, tanto a mitad del plan como de la ejecución.

Respuesta
Un plan flexible en su ejecución debería tener múltiples objetivos. En general, las personas entrevistadas identifican solo las diferentes etapas de la planificación, y hablan de los recursos necesarios que tendrán que gestionar. Pero la clave de una planificación eficaz es saber manejar los elementos inesperados que seguro surgirán y que podrían desviarnos del camino marcado. Por eso los líderes de alto rendimiento dan una gran importancia a la planificación de contingencias.

Pregunta: «¿Cómo describirías una ocasión en la que te sorprendiste en el trabajo?»
Las sorpresas ocurren, y afectan a todo el mundo. Sin embargo, a los líderes de alto rendimiento se les sorprende menos. Esta pregunta ofrece la oportunidad de indagar en dicha cuestión. Una de las primeras cosas que hay que tener en cuenta es cuándo ocurrió la sorpresa que describe la persona entrevistada: ¿fue al principio de esta semana, la semana pasada, ayer? Los líderes de alto rendimiento han de retroceder bastante en el tiempo para buscar ese ejemplo, porque suelen tener pocas sorpresas. Resulta también clave valorar la magnitud de la sorpresa y ver si se podría haber evitado.

Respuesta
Una sorpresa poco frecuente y difícil de predecir.

Pregunta: «¿Cómo te sientes con las interrupciones constantes en el trabajo?»
Las interrupciones frecuentes en el trabajo son muy molestas y frustrantes para las personas más rígidas, menos abiertas y más contenidas, ya que les impiden cumplir con su labor. Así, aunque estas personas dijeran: «Mi puerta está siempre abierta», poca gente se atrevería a entrar. En cambio, los líderes de alto rendimiento agradecen las interrupciones, porque les brindan la oportunidad de debatir, preguntar y hacer participar a los demás. También dicen: «Mi puerta está siempre abierta», pero saben que tiene bisagras que la abren en ambos sentidos, y tienden tanto a salir e interactuar con los demás —interrumpiéndoles— como a dejar que otras personas lo hagan. Cada vez que alguien va a hablar con un líder de alto rendimiento o le interrumpe, este piensa en los beneficios que obtendrá de ello, y lo admite y fomenta.

Respuesta
Las interrupciones son una señal (bienvenida) de que otros quieren participar y debatir temas importantes, lo bastante como para provocarla.

Dese luego, no esperamos que las empresas prescindan por completo de las entrevistas presenciales no estructuradas; más bien aconsejamos combinarlas con entrevistas estructuradas que contengan preguntas como las que se han enumerado aquí. Para que la charla discurra sin problemas, debería haber tres entrevistadores, y que cada cual formule cinco de estas preguntas, además de mencionar cualquier otra cuestión que pudiera ser relevante.

CÓMO EVALUAR DE FORMA OBJETIVA LA EXPERIENCIA DE CADA ASPIRANTE

Cuando ayudamos a una empresa a redefinir sus criterios de selección, solemos preguntar a sus responsables si es posible que un aspirante tenga una larga trayectoria profesional, pero relativamente poca experiencia. Les pedimos hacer esta reflexión para que caigan en la cuenta de que el tiempo trabajado

—el número de años que el aspirante ha ocupado un puesto— no es garantía de que haya tenido un número suficiente de experiencias y oportunidades de desarrollo como para destacar en el cargo para el que se le está entrevistando.

Las descripciones del puesto de trabajo suelen incluir un número mínimo de años de experiencia que deberían tener los aspirantes. En cambio, nuestra recomendación es identificar las experiencias concretas y los resultados obtenidos, porque reflejan con mayor exactitud el entorno laboral y ayudan a identificar a quienes tendrán mayor probabilidad de éxito. Antes de describir nuestro planteamiento en este sentido, comentaremos algunas experiencias que no deberían influir mucho en la decisión final.

Experiencias que (apenas) importan

Experiencias como expatriados

Son innumerables los líderes, excepcionales y mediocres, que nos han contado que su experiencia laboral en otro país ha sido fundamental en su trayectoria de liderazgo. Cualquiera que haya vivido una experiencia en el extranjero la describe en términos muy personales por lo que respecta al impacto en su identidad como líder.

Por supuesto que no negamos el valor de estos trabajos en el extranjero, pero, si bien estas oportunidades son apreciadas por quienes tienen el privilegio de gozarlas, hay algo más mundano que aporta tanto o más: dirigir una empresa con alcance y presencia internacional.

Dicho de otro modo: en lugar de operar en un único mercado extranjero, ¿por qué no retar y desarrollar a nuestros líderes con más Talento para que dirijan una empresa con presencia en muchos países? Este tipo de experiencia requiere de cierto grado de responsabilidad por los resultados obtenidos en estos países, no solo visitarlos de vez en cuando. Tales líderes tendrán que comprometerse con una serie de accionistas de otros lugares del mundo, trabajar codo con codo con equipos locales para desarrollar una estrategia y una ejecución conjuntas, y conocer la dinámica de los mercados y la competencia locales. Y está claro que lograr todo esto en múltiples y variadas realidades socioculturales, en vez de en un solo país —como suele ser el caso de los expatriados—, requiere un nivel de atención y esfuerzo descomunal.

Si bien los altos cargos comerciales suelen ofrecer experiencias de desarrollo en múltiples localizaciones geográficas, casi todas las áreas funcionales de una empresa pueden ofrecer algo similar, ya sea en operaciones, cadena de distribución, recursos humanos, finanzas o asuntos legales. El enfoque y la experiencia varían en cada caso, pero oportunidades para dar a los líderes emergentes experiencias fundamentales existen en todas las áreas de una empresa. Por desgracia, se piensa de forma demasiado unidireccional en este sentido. Por ejemplo, las empresas estadounidenses consideran que estas oportunidades de desarrollo son cruciales para sus líderes nacionales, y se esfuerzan por proporcionárselas; es raro que tengan el mismo interés en ofrecer tales experiencias a sus líderes en desarrollo de sus divisiones internacionales. En la mayoría de los casos, el término «expatriado» hace referencia a un individuo estadounidense en el extranjero, lo cual tiene poco sentido.

Adquisición de una nueva empresa

Algunas empresas cometen el error de dar demasiada importancia a la experiencia de un líder en la adquisición de nuevos negocios. Y podemos entenderlo, porque a veces son proyectos muy complejos y difíciles. No hay duda de que liderar un proceso de adquisición es una oportunidad de aprendizaje increíble, pero los responsables de muchas compañías se quedan en blanco cuando se les pregunta cuál de estas oportunidades es la principal para el crecimiento de alguien. En realidad, hay tres aspectos esenciales que contribuyen a una adquisición exitosa:

1. Buscar y seleccionar el objetivo.
2. Abordar las diligencias necesarias antes de emitir una carta de interés y desarrollar la oferta inicial y la estructura del acuerdo.
3. Gestionar la integración posterior a la adquisición.

La mayoría de las empresas no suelen reconocer las diferencias entre cada etapa del proceso, y la contribución de cada una al crecimiento del líder es muy distinta dependiendo del contexto específico de la adquisición. No queremos decir con esto que dichas etapas no aporten ningún valor a las capacidades experienciales de un líder, sino que no es fiable afirmar que la adquisición de nuevos negocios les proporcione *per se* una experiencia de desarrollo significativa para la mejora de su liderazgo.

Hay muchas otras experiencias que se promocionan como integrales para el desarrollo de todo líder de éxito. Cada ejemplo de los siguientes destaca considerables aportaciones experienciales al currículum de un líder, y todos pueden ser muy desafiantes y difíciles. Pero el hecho de que algo sea difícil no implica, por necesidad, que sea más relevante en términos de experiencia. De hecho, creemos que el grado de dificultad es un predictor bastante malo para fijar los estándares experienciales de la mayoría de los líderes.

A continuación, presentamos algunos asuntos «difíciles» que deberían incluirse en todos los currículos:

- Reducción de personal en una organización.
- Despido de una persona cercana del equipo.
- Cierre de una empresa.
- Venta de activos de una empresa.
- Apertura de una nueva unidad de negocio.
- Reestructuración de una parte importante de la empresa.
- Visibilidad y exposición pública a inversores y accionistas externos.

En cada ejemplo hay grados de dificultad y oportunidad que podrían equiparar su relevancia a la de cualquier negocio, pero en nuestra opinión ejemplos como esos han de ser la apuesta mínima en el análisis de experiencias de los líderes. A la hora de contratar a alguien para el cargo de director ejecutivo, entre varios aspirantes externos, cada asunto tendrá que ser evaluado, pero ninguno tendrá un peso real en la decisión final. Esto es así porque su ausencia puede restar valor al candidato, pero su presencia no lo añade. Si trabajas para una organización que concede más valor a estas cuestiones que a otras, eso puede indicar que existen problemas más graves en la alta dirección que deben abordarse.

Experiencias que sí importan

Hemos llevado a cabo una investigación experimental de gran relevancia en muchas organizaciones, con el objetivo de descubrir qué experiencias son fundamentales y aportan valor a los Talentos descritos. Y gracias a ello hemos visto que, aunque algunas eran muy comunes —como la de trabajar un tiempo en un puesto de marketing—, rara vez contribuían de manera significativa al éxito y la eficacia del líder, y no eran más que experiencias «de paso» que les ayudaron a conocer más la empresa, pero poco más. En cambio, las siguientes experiencias sí aportaron valor; en las compañías que hemos estudiado, fueron las que ayudaron a multiplicar los Talentos y capacidades de una persona.

No tenemos una lista de las experiencias específicas por las que ha de pasar un líder para ser excelente, pero sí hemos definido un marco descriptivo para analizarlas en función de su valor potencial. El riesgo es un elemento constante en las mejores oportunidades de desarrollo y crecimiento del liderazgo, y cada una de las siguientes experiencias debería dejar claro cuál es su grado de riesgo.

Cumplir con un proyecto de alto riesgo y fuera del propio ámbito de especialización

«Cumplir» significa obtener un resultado satisfactorio en una serie de términos predefinidos, expresados en ingresos, margen de beneficio u otros criterios cuantificables. «Alto riesgo» puede significar varias cosas: un coste alto de oportunidad, en el que una inversión multimillonaria tiene unas ganancias potenciales de 1,5 a 2 veces en el primer año; o que el resultado esté ligado al desarrollo profesional del líder, es decir, que fracasar implicaría su despido.

«Fuera del propio ámbito de especialización» quiere decir que el líder está trabajando fuera de su zona de confort, liderando un proyecto no por sus conocimientos técnicos, sino porque se le considera la mejor opción para coordinar los conocimientos técnicos de otras personas. Incluso es posible que otros miembros del equipo del proyecto tengan más conocimientos que su líder.

Un aspecto interesante de este tipo de experiencia es que suele darse en una etapa temprana de la carrera profesional de los líderes, de manera que se sienten en la obligación de salir de su zona de confort. Es el caso de los ascensos a puestos que van más allá de sus capacidades (en términos de experiencia, habilidades y conocimientos, pero no de Talento), con una visibilidad notable por parte de la alta dirección, un grado alto de autonomía y un profundo enfoque funcional. Estas experiencias tienen consecuencias financieras cruciales y exponen a estas personas a líderes de nivel ejecutivo. Muchas veces se trata de situaciones clásicas de «hundirse o mantenerse a flote».

Reestructuración empresarial

¿A quién elegirías para liderar una reestructuración de la compañía? Suponemos que dependerá de la situación en la que esté la empresa: hasta qué punto es tóxica, cuánto estrés está padeciendo, y si la reestructuración pretende estabilizar los costes o es una transformación global, orientada al crecimiento. ¿Podría esa reestructuración llevar a una venta de activos? Una cosa debe quedar clara: no será misión fácil, por eso aparece en nuestra lista de experiencias críticas que contribuyen al crecimiento y desarrollo de un futuro líder.

El contexto es clave para la reestructuración empresarial, pero, en general, es el líder quien se ofrece a llevarla a cabo, o bien se le pide hacerse cargo de una división «estresada» o tóxica. La toxicidad puede ser externa y provocada por el mercado (como por la actividad de la competencia) o interna (por ejemplo, debido a que una fábrica funciona de manera precaria, perjudicando así a toda la empresa). Esta experiencia no trata solo de optimizar una oportunidad, sino de detener un declive que podría ser fatal; este debe ser lo bastante significativo para que, si no se revierte, el fracaso pueda afectar a toda la empresa.

Liderar una iniciativa relevante orientada al cliente

Las empresas suelen encomendar las iniciativas orientadas al cliente a sus líderes de mayor confianza. Muchas permiten que sean sus trabajadores con salarios más bajos y en contacto directo con la clientela quienes definan sus relaciones con esta. Invertir en programas e iniciativas para gestionar mejor las relaciones con los clientes a largo plazo presenta un riesgo significativo, pero también un enorme potencial de beneficios. Misiones como esta exigen que los líderes se conecten de forma especial con la esencia de su negocio; requieren un conocimiento a fondo de las operaciones básicas, así como la interpretación de las motivaciones de la clientela para desarrollar ideas originales.

Si bien los líderes suelen tener más relación con la clientela al principio de su carreras, estos proyectos son relevantes para los líderes de alto rendimiento que hemos analizado, porque suelen ocurrir mucho más tarde, casi siempre una vez que se han consolidado como líderes. Y pueden implicar la resolución de problemas técnicos, pero son mucho más exigentes que todo eso, porque además implican lo siguiente:

- Conocer a fondo las relaciones y cultivarlas.
- Contextualizar las decisiones dentro de amplios ámbitos.
- Dominar habilidades como la comunicación, la delegación, la planificación y la estrategia, expresadas y usadas de manera diferente en este cargo que en cualquier otro previo.
- Responsabilidad total sobre los resultados financieros, operativos, con la clientela y con la plantilla.
- Liderar asignaciones en una nueva dirección con un impacto experiencial y directo sobre los clientes.

Liderar con éxito un proyecto técnico complejo

Casi todos los proyectos que dirigen los líderes ejecutivos son al mismo tiempo complejos y técnicos. Sin embargo, la experiencia que describimos aquí hace referencia a los más complejos y a los que contienen elementos más técnicos Un ejemplo podría ser liderar la integración de una nueva plataforma de planificación de recursos, como son Oracle o SAP. El mero hecho de mencionar proyectos de este alcance y complejidad provoca temor y ansiedad en quienes conocen de verdad su magnitud. Sin duda, son los más complicados, y en cada área funcional son muy técnicos.

Estas experiencias necesitan que los líderes cambien su actitud de «lo puedo hacer por mi cuenta» a «necesito hacerlo con más gente». Es a través de esta transición como los líderes demuestran un enfoque sistemático y holístico. Este tipo de funciones y tareas les exige olvidarse de los elementos (productos, servicios y clientes individuales) y centrarse en el conjunto: «¿En qué medida concebimos, desarrollamos, producimos y vendemos nuestros productos a nuestra clientela al completo?». Este cambio de actitud se consigue gracias a la complejidad del proyecto y a la necesidad de jugar un buen papel de coordinación.

Formar y liderar un equipo interdepartamental

El componente esencial de esto que parece bastante sencillo es que sea el líder quien seleccione al equipo. En la mayoría de los proyectos, se asigna un líder a un proyecto que ya tiene un equipo. Puede ser que esa persona forme parte del equipo y se la ascienda para liderarlo. Seleccionar a un equipo es una tarea muy difícil que casi siempre se tiene que hacer a contrarreloj porque el proyecto ya está en marcha y se aproxima la fecha de entrega.

El elemento interdepartamental hace que la formación del equipo sea más compleja y exigente. El nuevo líder tendrá que evaluar a los futuros miembros del equipo basándose en las recomendaciones de colaboradores que a lo mejor no los conocen bien o no han tenido ninguna relación con ellos. El líder debe ayudar al equipo a abordar cuestiones como la gestión y evaluación de proyectos, el paso por las distintas etapas, las actualizaciones y las presentaciones. Y al mismo tiempo ha de rendir cuentas del proyecto a la organización. Los proyectos de este tipo solo salen adelante si los miembros del equipo se comprometen de verdad con las cuestiones que han de resolver, lo que casi siempre es resultado de una gestión eficaz y un buen liderazgo.

Preguntas para evaluar la experiencia

Sobre la ejecución de un proyecto de alto riesgo y fuera del ámbito de la propia especialización

- ¿Has liderado alguna vez algún proyecto cuyo fracaso haya perjudicado tu carrera?
- ¿Te han pedido en alguna ocasión liderar una iniciativa relevante de la que no sabías nada?
- ¿Qué grado de respaldo tuviste para este proyecto?
- ¿A quién informabas de los resultados?
- ¿Cómo describirías a las personas y los equipos que tuviste que reunir?
- ¿Tuvo éxito el proyecto? ¿Cuáles fueron sus resultados cuantificables?

Sobre una reestructuración empresarial

- ¿Te han asignado alguna vez o te has ofrecido para alguna tarea relacionada con la reestructuración de una empresa que podría tener consecuencias fatales?
- ¿Eras la única persona responsable?
- ¿A quién informabas de los resultados?

- ¿Cómo describirías a las personas y los equipos que tuviste que reunir?
- ¿Cómo cuantificarías tu éxito?

Sobre liderar una iniciativa relevante orientada al cliente

- ¿Has desarrollado e implementado alguna vez una idea que tuviera un gran impacto en la clientela o has modificado la forma de trabajar de tu empresa con sus clientes?
- ¿Ha resuelto tu idea un problema existente o ha definido una nueva oportunidad?
- ¿Qué impacto estructural o conductual tuvo tu idea en la empresa?
- ¿Cuál fue el beneficio de tu idea?

Sobre liderar con éxito un proyecto técnico complejo

- ¿Cuándo fue la primera vez que te enfrentaste a un proyecto y te diste cuenta de que no podías llevarlo a cabo sin ayuda?
- Describe cómo llegaste a un resultado satisfactorio.
- ¿Qué aprendiste de esta experiencia que influyera en tu manera de gestionar proyectos similares en el futuro?
- ¿Cómo asignas responsabilidades de proyectos complejos como ese?
- ¿Alguna vez has delegado responsabilidades y te ha salido mal? ¿Por qué te salió mal?
- ¿Cómo ha influido esto en tu comportamiento como líder?

Sobre formar y liderar a un equipo multidisciplinar

- ¿Cómo describirías una ocasión en la que te pidieran liderar a un equipo multidisciplinar formado por gente a la que no habías dirigido antes?
- ¿Quién te eligió y por qué?
- ¿De qué naturaleza era el proyecto que lideraste?
- ¿Cómo seleccionaste a las personas del equipo?
- ¿Cómo evaluaste su actuación?
- ¿Qué crees que aprendiste?
- ¿Tuvo éxito el proyecto?

- ¿Cómo afectó el resultado del proyecto a la percepción que se tenía de ti como líder?

Estas preguntas y su análisis no solo deberían emplearse para la selección de aspirantes; recomendamos a todas las empresas que se tomen en serio los planes de relevo que utilicen tales herramientas para garantizar que los futuros líderes se enfrenten a los retos adecuados gracias a estas experiencias únicas y poderosas. Hay muchas empresas que pierden la oportunidad de poner a prueba a sus líderes en formación con estas experiencias en favor de sus líderes ya consolidados. Sugerimos hacer un seguimiento de su Talento de liderazgo interno y de las experiencias clave que necesitan o a las que se les ha expuesto.

Esta información debería ser el resultado de una entrevista con cada líder o líder potencial. La mejor manera de prepararla es enviando a cada líder las preguntas que acabamos de presentar, para que pueda responder a ellas y comentarlas. El resultado será un gráfico con ciertas cualidades «semáforo»: algunas áreas estarán, es obvio, en verde, y otras en rojo; habrá algunas en amarillo, al no saberse a ciencia cierta qué se ha conseguido. De todas formas, el resultado será un plan en el que debería basarse el de relevo. Es clave que las organizaciones aborden esta cuestión con diligencia y esmero para hacerlo bien.

Hay dos temas más que ayudarán a cualquier empresa a mejorar sus procesos de selección: la toma de decisiones y el trato de los aspirantes.

RESÉRVATE PARA EL MEJOR ASPIRANTE

Al final del proceso de selección habrá que seleccionar una candidatura, aunque nadie cumpla con los criterios predefinidos. En estos casos, recomendamos iniciar de nuevo el proceso en lugar de invertir en una opción que lo más probable es que sea peor. El objetivo debería ser comparar a dos o tres de los aspirantes más fuertes con todas las fuentes de evidencia disponibles. Se trata, no obstante, de una práctica bastante difícil si los responsables de contratación han desarrollado una fuerte preferencia por un aspirante en concreto por la relación que se ha forjado durante una entrevista.

Algunos de los mejores ejemplos que hemos visto de la evaluación de múltiples candidatos fiables son aquellos en los que se desarrolló antes un sistema de ponderación y puntuación. Por ejemplo, el 60 % de la decisión podría determinarse mediante una evaluación formal, el 30 % en función de atributos y características predefinidos, determinados durante las entrevistas, y el 10 % restante basándose en una evaluación de la experiencia. Estas ponderaciones y puntuaciones variarán para cada puesto/función, pero la idea de tener unos criterios de puntuación es de suma importancia. Sin ellos, nunca sabríamos cómo sopesan las empresas las diversas fuentes de evidencia de las que disponen. Este proceso debería servir para acotar una lista extensa de candidaturas o para reducir una más corta a un solo candidato final. Las empresas deberían evitar tomar una decisión rápida «por consenso»; lo ideal es esperar al mejor aspirante.

También habría que resistir a la presión que en ocasiones ejercen los aspirantes que están recibiendo ofertas de diferentes empresas para otros puestos. Esto es parecido al caso de los rehenes, y las compañías no deberían entrar en ese juego. Es demasiado fácil autoconvencerse de que se perderá al candidato ideal si no se le hace rápido una oferta. Pero esto casi siempre implica un tipo de compromiso que rara vez se justifica. Con frecuencia oímos a responsables de recursos humanos con ansiedad por cubrir una vacante y no enfadar a los responsables de contratación por «perder» a alguien cuya candidatura estaban considerando muy seriamente. Nuestro consejo, siempre, es dejarlos ir.

TRATA A CADA ASPIRANTE CON CUIDADO Y DIGNIDAD

Un elemento clave de nuestro proceso de evaluación es proporcionar feedback a todos los aspirantes a puestos de liderazgo, sea cual sea el resultado de la selección. En estas conversaciones, lo que más suelen criticar las personas que han sido descartadas es la falta de información tras una experiencia, por lo demás, positiva. Cada aspirante a un puesto pasa por una avalancha de entrevistas... y después no le dicen nada. Este hecho es aún más chocante si tenemos en cuenta la motivación que recibieron en esas entrevistas. Pues, aun así, tras varios intentos de contactar con alguien responsable de recursos humanos o de contratación, no obtienen respuesta. Hay que decir que la falta de atención adecuada ocurre en casi todos los niveles de una organización, y contradice el supuesto «valor de las personas» que proclama la mayoría de las empresas.

El hecho de que nadie se tome la molestia de telefonear a los aspirantes a quienes se ha descartado para informarles de que no se les ha seleccionados reduce las posibilidades de que en el futuro se presenten suficientes candidaturas a esa empresa.

Los aspirantes, en especial para puestos de liderazgo ejecutivo, trabajan en un entorno de selección muy competitivo, y los mejores suelen tener que elegir entre varias opciones laborales. Aunque alguien podría no encajar ahora en un puesto determinado, quizá sea ideal para otro en el futuro. Las personas que hayan sido descartadas han de quedarse con una sensación positiva de su experiencia, por si en el futuro quieren incorporarse a la empresa; es lo mismo que le ocurre a la clientela. En caso contrario, las personas descartadas compartirán su experiencia negativa con sus colegas del sector, y la empresa perderá oportunidades de contratar a los mejores perfiles.

Recomendamos, pues, mantener la comunicación con todos los aspirantes, sea cual sea el resultado, e informar a quienes se rechace en cuanto se haya tomado una decisión. Esto es básico, sobre todo en el caso de las empresas que recurren a una metodología de selección que mide el rendimiento futuro, ya que esa persona podría encajar bien en un puesto diferente más adelante. En definitiva, estar «a buenas» con los candidatos descartados hace que las decisiones de selección futuras sean más fáciles.

CAPÍTULO 11

Cuatro verdades incómodas

NUESTRA INVESTIGACIÓN NOS HA ABIERTO LOS OJOS A CIERTAS REALIdades ocultas de la selección, el liderazgo y el talento de hoy en día. Algunos de estos descubrimientos son controvertidos, pero nos reafirmamos en nuestros datos y conclusiones, que se ven respaldados por investigaciones llevadas a cabo en otros campos. Si no estás de acuerdo con alguno de los siguientes temas —y sospechamos que así será— te pedimos que utilices las mismas herramientas para validar o invalidar tu opinión.

No nos avergüenza subrayar y cuestionar las tonterías dondequiera que las veamos, y podemos asegurar que vemos muchas. Parece ser que el ámbito de la selección de personal genera un entorno rico en objetivos. Sin ir más lejos, el empeño de utilizar, en Francia, la escritura a mano para evaluar la personalidad humana es solo un ejemplo ridículo. La persistencia de quienes creen que el cerebro humano es como un trozo de plastilina que puede adoptar cualquier forma es otro ejemplo. Y ya nos cansa (aunque no del todo) desmentir las afirmaciones de quienes se denominan «expertos en lenguaje corporal», que dicen ser capaces de detectar cuándo una persona miente por cómo se rasca la nariz. Como resumió a la perfección el científico Massimo Pigliucci en el título de su libro sobre este tema, *Nonsense on Stilts: How to Tell Science from Bunk*, (Tonterías sin sentido: cómo distinguir la ciencia de las estupideces), hay demasiadas tonterías.[1]

La revisión es un componente fundamental del método científico, y por eso hemos incluido las referencias de todos los estudios que mencionamos en el libro, para que cualquiera pueda leerlos y decidir si estamos dando la información con rigor. Siempre tenemos en cuenta la calidad de la investigación, la reputación de sus autores y la trayectoria de la revista que la publicó. La ciencia no está, por supuesto, exenta de fraude y controversia. Sitios web como Retraction Watch, donde se hace un seguimiento de las retractaciones de revistas científicas, son herramientas útiles para garantizar que una publicación o un equipo de investigación son fiables. Claro que los artículos en los que nos basamos para las siguientes conclusiones no se han librado de las críticas, pero están bien fundamentados y son fiables. Se trata de verdades incómodas sobre el liderazgo y es posible que no te gusten.

NO TODO EL MUNDO PUEDE SER LÍDER

Aplicando medidas objetivas con valor predictivo se aumenta la eficacia del proceso de selección de cualquier empresa. En este libro nos hemos centrado sobre todo en los líderes y en la Evaluación del Liderazgo Ejecutivo, pero esta metodología puede servir para cualquier nivel, aunque las preguntas y técnicas de evaluación serán diferentes. Hemos diseñado evaluaciones similares para jefes comerciales, profesionales sin experiencia, gente que trabaja por horas, responsables de atención al público, jefes de personal directivo, etc. Y los patrones que hemos deducido de los datos son los mismos para cualquier nivel: hay personas excepcionales, pero la gran mayoría no lo es.

A lo mejor ya has llegado a esta conclusión lógica, pero tenemos que hacer una aclaración: no todo el mundo puede ser excepcional en todo. La mayoría de las personas no serán nunca buenos líderes, y menos aún excepcionales. Los mejores líderes se miden por su extraordinario rendimiento, y se explican y predicen por sus Talentos innatos. Lo mismo ocurre con los jefes de ventas y con los demás puestos que hemos comentado. Hay personas que simplemente no cuentan con las cualidades necesarias para determinados puestos, lo que se traduce en un rendimiento mediocre o deficiente en el desempeño de esas funciones. En cambio, el líder excepcional destaca sobre la mayoría: es la excepción que confirma la regla. Y las empresas deberían estar tan focalizadas en encontrar a los mejores trabajadores y mandos intermedios como lo están en seleccionar a los mejores líderes. Bien, pues nuestra evidencia demuestra que... nada más lejos de la realidad.

Aunque los gurús de la autoayuda y numerosos libros de psicología popular empresarial intenten convencerte de lo contrario, una persona no cambia tanto a lo largo de su vida; sus características y Talentos innatos son y serán siempre los mismos. Piensa en un rasgo tuyo; por ejemplo, si te gusta o no hablar en público. ¿Ha cambiado a lo largo de tu vida? La investigación al respecto indica que lo más probable es que no. ¿Has intentado alguna vez convertirte en experto o experta en algo que antes te costaba? La misma estabilidad que vemos en los Talentos que medimos en nuestras evaluaciones se da en otras medidas psicométricas y en el cociente intelectual (CI). Este tipo de consistencia indica que es difícil cambiar los rasgos psicológicos, porque están determinados por la genética.

Justo al principio de este libro he mencionado que un programa de orientación profesional en secundaria me recomendó ser director de funeraria como posible salida laboral. Aunque esa carrera nunca se materializó, el análisis que hicieron de mis rasgos y disposiciones, y que predijeron dicha posibilidad, ha seguido siendo el mismo toda mi vida. Hoy en día, aún me agota la sola idea de mantener interacciones sociales complejas, y prefiero estar solo que acompañado. Y claro que es posible que haya aprendido a afrontar esto mejor con el paso de los años, pero la naturaleza obstinada de mi necesidad de aislamiento social se ha mantenido.

Por consiguiente, cuando pienses en el progreso de tu carrera tendrás que equilibrar tus aspiraciones con una buena dosis de realidad. Por mucho que quieras ascender hasta un puesto de liderazgo en una empresa, solo estarán accesibles para ti los primeros peldaños de esa escalera. Y cuando tu ego te convenza de hacer más, tus capacidades te situarán en un nivel inferior. Por mucho que te cueste aceptar esta realidad, a la larga será lo mejor para ti. Es mucho más interesante ser feliz y productivo en un puesto de nivel inferior que ser infeliz, estresarse y tener menos productividad en un cargo de nombre rimbombante. También será mejor, sin duda, para las personas que trabajen contigo.

ES DIFÍCIL DESARROLLAR LAS CARACTERÍSTICAS DE UN LÍDER

Toma con reservas las afirmaciones de quienes dicen que el liderazgo se puede enseñar y aprender. Esto solo es cierto para quienes poseen los Talentos, rasgos y disposiciones descritos en este libro, y esas personas son muy pocas. Si no estás de acuerdo, piensa en cuántas veces has conseguido cambiar algunas de las características menos deseables de tu pareja o de otra persona importante para ti, desde que la conoces. Es muy complicado cambiar a las personas, o enseñarles, si prefieres llamarlo así. Desde luego, puede resultar desalentador descubrir que las características que están fuera de tu alcance lo seguirán estando, pero por eso este capítulo lleva en el título «verdades incómodas». Si todo el mundo pudiera aprender a ser líder no veríamos semejante escasez de Talento en la cúpula de las empresas…, pero la vemos. Demasiada gente cree que el liderazgo se puede enseñar, lo que es lo mismo que el debate sobre «naturaleza o educación», y no se consigue una gran mejora a través de la educación.

Si preguntas a cualquiera si tiene *más* impacto en la personalidad la naturaleza (la herencia) o la educación, es probable que te diga que es una combinación de ambos factores, que influyen en el desarrollo de diferente manera. Pero afirmando que es «un poco de las dos cosas» se evitan una discusión difícil y técnica en la que poca gente está cualificada para participar. Si le preguntas a un profesional de la neurociencia seguro que te dirá que tu fuerza dominante es la *naturaleza*, es decir, tu composición genética.

Nuestros genes son responsables de lo que somos

La composición de nuestros genes tiene más influencia que la educación en cómo somos y seremos. Se trata de una cuestión polémica, pero es una verdad necesaria que debemos aceptar si queremos ver un mundo en el que las mejores personas ocupan los puestos para los que están mejor preparadas. Los gurús del desarrollo y la formación, así como los de la corriente de la plasticidad cerebral, odian esta realidad, porque reduce el ámbito donde difundir sus afirmaciones sin base científica. No, el cerebro no es moldeable hasta el infinito. No, el coraje no se puede enseñar en un programa de formación. *Puedes intentar enseñarme a ser empático, pero solo conseguirás que diga cosas bonitas de forma amenazante y agresiva.*

¿Por qué la naturaleza es la variable que más influye en nuestra manera de ser? Los seres humanos poseemos tendencias y capacidades comunes a toda la especie, porque compartimos el mismo ADN. El ADN es el código que tiene cada ser humano y da lugar a la expresión variable de características innatas o preprogramadas en el cerebro. Estas emergen con la madurez, el desarrollo o la experiencia. En este sentido, Kevin Mitchell señaló:

> De alguna manera, en las moléculas de ADN que hay en un óvulo fecundado de cualquiera de estas especies existe un código o programa de desarrollo que producirá un organismo con la naturaleza típica de su especie. Lo básico es que esto entraña la concreción de cómo se desarrolla el cerebro para conectar tales tendencias y capacidades conductuales. La naturaleza humana así definida está codificada en nuestro genoma y conectada en nuestro cerebro de la misma manera.[2]

La naturaleza de una persona es el resultado directo de su cerebro y, por supuesto, no existe separada de él, al contrario de lo que afirman quienes defienden la existencia de un «alma» humana. Algunos de los rasgos variables que observamos en las personas, incluso en los familiares más cercanos, se deben a las diferencias en la estructura física del cerebro, como el tamaño, la organización estructural, la potencia de las conexiones entre diferentes zonas, la interconexión de los microcircuitos, el volumen y la densidad de los distintos tipos de células, el equilibro neuroquímico entre las células, etc. Todos estos factores contribuyen a la variabilidad y diversidad de las expresiones conductuales que caracterizan a cada individuo dentro de cada especie. Esta es la razón fundamental por la que todos somos diferentes, aunque sea poco.

No obstante, estamos lejos aún de ser capaces de establecer una conexión entre determinados genes y rasgos psicológicos como la *extroversión*. Ni siquiera el cerebro funciona así. Las diferencias se explican por cómo estaba conectado el cerebro antes de nacer. Pero, de la misma manera que los genes son una parte fundamental de lo que nos hacer ser quienes somos, esos mismos genes trazan un programa de desarrollo que moldea con exactitud en quiénes nos convertiremos. Y es en el curso de este desarrollo (que es también genético) donde emergen muchas de nuestras diferencias.

Influencias del desarrollo frente a influencias del ambiente

El hecho de que la variación de los rasgos sea solo en parte una cuestión genética no implica que las suposiciones predeterminadas sobre el entorno (la educación) llenen el vacío restante; se llena, más bien, con las influencias ambientales (naturaleza). Es decir, incluso aunque dos personas tuvieran un código genético idéntico, seguirían siendo diferentes en cierto modo, y esta diferencia se debería más a las influencias del proceso de desarrollo que a las ambientales, lo cual reforzaría aún más la tesis de que nuestras tendencias y capacidades son sobre todo innatas y genéticas, y esto es un argumento a favor de la naturaleza. Tener estas tres variables en mente resulta esencial para entender la variabilidad en los seres humanos: los genes (la naturaleza), el desarrollo (la naturaleza y el modo en que los genes se expresan a lo largo del tiempo) y el ambiente (la educación, es decir, las condiciones específicas en las que experimentamos la vida). Esto se ha visto en numerosos estudios con gemelos idénticos y no idénticos.

Las medidas del cociente intelectual (CI) a una edad temprana demuestran que hay ciertas similitudes según la familia y el entorno, lo que sugiere que estos factores tienen un impacto temprano en la inteligencia. Sin embargo, con el tiempo estas similitudes se convierten en diferencias que acentúan los CI iniciales. Por ejemplo, se midió el CI de un par de hermanos adoptivos a una edad temprana y el resultado fue muy similar; pero cuando se volvió a medir en su juventud, las puntuaciones ya no se parecían entre sí. La única conclusión lógica es que el efecto del ambiente suele ser temprano y de corta duración, más que permanente y acumulativo. De hecho, una vez que el efecto familiar sobre el CI disminuye con el tiempo, la base genética de la inteligencia representa entre el 75 y el 80 % de la variabilidad observada, y la varianza atribuida al entorno familiar es cero.

Si bien el CI es el ejemplo más claro del impacto del ambiente, la variabilidad sigue siendo moderada y se debe más que nada al potencial hereditario de la inteligencia. Existe una fuerte correlación entre niños con un CI más alto y padres con un CI también alto. Los niños más inteligentes se benefician de vivir en hogares donde hay más libros, porque sus progenitores leen más y conceden más valor a la educación. Así pues, aunque existen factores ambientales que influyen en el desarrollo de la inteligencia, el potencial hereditario (genética) sigue siendo el factor crucial.

Los resultados de los estudios con gemelos han demostrado lo que cabría esperar si la naturaleza (o genética) fuera la influencia dominante en el desarrollo humano.

¿Los líderes nacen o se hacen?

El debate entre naturaleza y educación debería, pues, estar zanjado, pero esta conclusión podría importar menos al pensar en el liderazgo y en la manera de ayudar a los líderes a mejorar. En realidad, preguntar si un líder nace o se hace es lo mismo que el debate naturaleza *versus* educación. Hay muchas pruebas científicas que corroboran el argumento de que se puede «mejorar», pero la pregunta sigue siendo qué cantidad de información genética (Talentos, características y disposiciones naturales) nos proporciona un punto de partida eficaz, una «ventaja». Sabemos, por ejemplo, que se puede enseñar a la gente que determinados comportamientos deseables en una situación pueden ser problemáticos en otra. Piensa en alguien excelente defendiendo argumentos sólidos en acalorados debates y que ahora centra su atención en orientar a un miembro de su equipo especialmente sensible.

Sabemos que podemos enseñar a los líderes a disminuir su actividad y considerar mejor las opciones que tienen disponibles. Lo que no sabemos es si estas mejoras en su comportamiento modifican los rasgos fundamentales de esa persona o si solo estamos enseñándole a gestionarlos. Esto es básico, porque los cambios en el comportamiento son más frágiles y tienen más tendencia a regresar a su estado original bajo presión o cuando cuesta adaptarse a la conducta adquirida. Pero hallar la respuesta correcta puede que, en el fondo, dé igual.

Si somos capaces de ayudar a otras personas a comportarse de una manera más beneficiosa para ellas y para los demás, entonces ¿a quién le importa? Lo que no podemos negar es que la presencia de determinadas disposiciones favorables al liderazgo eficaz beneficiará a quienes las posean y perjudicará a quienes no. Sabemos que podemos ayudar a la gente a mejorar, pero es poco probable que nadie lo haga hasta el punto de que eso tenga un impacto significativo. Lo máximo sería hallar formas de ayudar a alguien a gestionar sus puntos débiles, para evitar que estas deficiencias afecten de forma negativa a su contribución general. Los gurús de la autoayuda creen que las mayores debilidades pueden convertirse en grandes fortalezas, pero sabemos que no es así.

NUNCA SOLVENTAREMOS LA FALTA DE DIVERSIDAD EN EL ENTORNO LABORAL

En el año 2023, las compañías Fortune 500 lograron el récord de tener a ocho consejeros delegados de color.[3] A pesar de que esta cifra duplica la de 2020, sigue siendo ridícula, e indica lo poco que han hecho las grandes empresas por garantizar la imparcialidad y la representación de las minorías en la selección de personal, en general, y en los altos cargos, en particular. ¿Cómo puede ser que un grupo como el de la población afroamericana, que son el 13,6 % en Estados Unidos, solo tenga un 1,6 % de consejeros delegados entre las 500 empresas más importantes? ¿Por qué tantas compañías siguen teniendo problemas para crear organizaciones que sean representativas de la población o de sus comunidades locales? En las últimas dos décadas de nuestro análisis, hemos visto tanto multinacionales como compañías de ámbito regional fracasar en la generación de métodos de selección de personal que fomenten entornos laborales de verdad diversos, equitativos e inclusivos.

En el Capítulo 2 hablamos sobre los métodos de selección problemáticos que la mayoría de empresas emplean para contratar a su personal. En ese contexto, nos preocupaba en especial la falta de valor predictivo de los procesos de selección de personal actuales. En este sentido, los métodos que confían más en las entrevistas presenciales rara vez dan buenos resultados en lo que se refiere al rendimiento futuro del aspirante. Sin embargo, existe otro peligro —tal vez mayor— al confiar en los procesos de selección que no ha sido moderados a través de medidas de validez estadística como el impacto adverso.[4]

Cada vez existe más evidencia científica sobre el riesgo de las entrevistas presenciales. Por ejemplo, un estudio de 2020 concluyó que en las entrevistas grabadas en vídeo, los «solicitantes estigmatizados (en comparación con los no estigmatizados, pero igual de cualificados) recibían valoraciones más bajas».[5] En este estudio, el término «estigmatizado» se refiere a miembros de una minoría étnica, personas obesas, con discapacidades físicas o poco atractivas. Otro estudio reveló que las entrevistas presenciales sufren el problema de la primera impresión: «Cuando se entrevista a solicitantes estigmatizados, la valoración alternativa [...] se suele construir sobre la base de información sesgada (por ejemplo, respuestas a ciertas preguntas que intentan confirmar la impresión inicial). Por tanto, la valoración final no se desviará lo suficiente de la impresión inicial».[6]

Que hay sesgos inherentes a las entrevistas presenciales no es nada nuevo. Ya en 1929, Rice sostuvo que «la posibilidad de que el entrevistador, por muy imparcial que intente ser, influya no solo en la selección o el registro de la información en la mente del entrevistado, sino también en el contenido de dicha información, parece estar siempre presente, a menos que las condiciones de la entrevista se controlen de forma estricta».[7] Este efecto ha sido medido muchas veces, como en una investigación llevada a cabo en 1993, donde se demostró que en las admisiones universitarias «el atractivo físico estaba muy relacionado con las opiniones de los entrevistadores sobre cada aspirante en una entrevista cara a cara».[8]

En la mayoría de las empresas no son conscientes de los problemas que surgen mucho antes de que los prejuicios afecten al proceso de selección de personal presencial. Y es que incluso antes de que una persona sea vista o entrevistada, los prejuicios subliminales ya están perjudicando a los aspirantes cuyos nombres no «suenan» ingleses. El apellido suele indicar el origen nacional o étnico, lo cual influye en la manera de evaluar un currículum. En un estudio de 2023 se enviaron 12.000 currículos idénticos de seis grupos étnicos para 4000 puestos vacantes; lo que se descubrió fue que los solicitantes de empleo con apellidos que sonaban más ingleses tenían el doble de probabilidades de recibir una respuesta positiva de las empresas que quienes tenían apellidos que sonaban más «exóticos».[9] Esta preferencia se dio tanto en el caso de candidaturas a puestos de liderazgo como para otros niveles, y fue especialmente pronunciada en los que implicaban contacto directo con la clientela. Y esto ocurrió a pesar del énfasis de las empresas en contratar a personas de «listas diversas» de solicitantes; se incluyó en la muestra, además, a empresas que habían nombrado a responsables de DEI (diversidad, equidad e inclusión) y en las que se afirmaba haber invertido mucho en iniciativas y formación en este ámbito. Parecía como si a los solicitantes más diversos ni se les viera. Los currículos de estas personas, igual de cualificadas, están esparcidos de forma generosa por todo el cubo de la basura. Por supuesto, absolutamente todos los responsables de recursos humanos de todas las empresas lo niegan, y las empresas de selección de personal parecen ajenas a tales influencias y son incapaces de ofrecer ayuda para abordar esta realidad: ninguna está dispuesta a compartir datos sobre el origen étnico de los aspirantes que figuran en sus archivos.

Pero los prejuicios que afectan de manera desproporcionada a las minorías no se dan solo en las entrevistas. Hoy en día en las empresas abundan los sistemas discriminatorios, y todas deberían invertir de manera contundente en su erradicación. En la década pasada, en concreto, hemos visto —para satisfacción nuestra— que muchas compañías están empezando a prestar atención a este complejo problema. Remediar el daño de estos sistemas no es fácil, pero las empresas se han esmerado en diseñar entornos laborales justos y equitativos. Esta ansiedad ha sido exacerbada por el clima social de la era digital, donde las injusticias enseguida salen a la luz y las marcas están a merced de su próxima aparición en los titulares. En un entorno como este, las organizaciones se han estrellado, pero ¿qué ha quedado? ¿Qué iniciativas DEI funcionan de verdad?

Nombrar a responsables de diversidad

Muchas empresas dispuestas a resolver el problema de la discriminación han optado por nombrar a responsables de diversidad. Se trata de personal ejecutivo con la misión de inculcar justicia e imparcialidad en la organización de varias maneras: fomentando la contratación y los ascensos diversos, organizando programas de formación sobre diversidad, corrigiendo sistemas y eventos discriminatorios y aconsejando a otros líderes sobre los requerimientos legales en materia de diversidad y otros temas relacionados. Por supuesto, las empresas que han creado este puesto deben ser elogiadas por su esfuerzo, aunque, de todas formas es posible que decisiones así no supongan tantos cambios como esperan.

Una investigación llevada a cabo por el National Bureau of Economic Research, que examinó 462 universidades entre 2001 y 2016, reveló que «la proporción de profesores de minorías contratados por universidades que tienen responsable de diversidad es 2,8 puntos porcentuales menos diversa que en universidades sin esta figura, con un nivel de significancia del 10 %».[10] Un resultado sorprendente teniendo en cuenta que se podría esperar y desear que las universidades con este responsable contratasen a docentes de grupos diversos en una proporción mayor que las que no lo tienen. Este estudio no es, por supuesto, una prueba de que este cargo sea irrelevante o incluso perjudicial; sin embargo, sí que pone de manifiesto la clara necesidad de investigar más sobre la eficacia de esta figura.

Una causa posible de estos resultados podría ser que, pese a que organizaciones legales como el EEOC (en Estados Unidos) o la Comisión de Igualdad de Oportunidades (en Reino Unido) tienen las mejores intenciones, y aunque existan disposiciones como la Regulación para la Protección de Datos Generales (GDPR, en Estados Unidos), la recopilación de datos demográficos sobre los solicitantes de empleo antes de la contratación está prohibida por ley. Esto hace que sea casi imposible para los responsables de diversidad y las organizaciones, por muy buena intención que tengan, determinar si los aspirantes que luego se elegirán constituyen una buena representación estadística de quienes solicitaron o fueron considerados para el puesto.

Ya que los responsables de diversidad no pueden medir la eficacia de sus contrataciones, como ocurre en el caso de las universidades analizadas, acaban teniendo una representación casi idéntica. Muchas de las empresas con las que trabajamos han observado pocos cambios en la distribución demográfica de su plantilla tras haber nombrado a un responsable de diversidad. Además, también se ha visto que la presencia de esta figura tiene escaso efecto en la tasa de ocurrencia de eventos discriminatorios. Esto se ve respaldado por investigaciones que indican que los programas de formación en diversidad no son demasiado eficaces. En este sentido, los metaanálisis de varios estudios llevados a cabo en universidades y empresas revela una multitud de razones por las que estas formaciones no dan resultado:

- Un metaanálisis de 426 estudios descubrió efectos inmediatos débiles en el prejuicio inconsciente, y aún más débiles en el explícito. Una prueba comparativa de 17 intervenciones para reducir los prejuicios de los individuos blancos hacia los de otros grupos étnicos reveló que ocho de ellas redujeron el sesgo inconsciente, pero en un examen *a posteriori* en el que se analizaron ocho intervenciones de sesgo implícito y una simulada, las nueve funcionaron, lo cual sugiere que los sujetos podían haber aprendido a manipular la prueba de sesgo.
- Décadas de investigaciones sobre todo tipo de formación en contextos laborales sugieren que esta, por sí sola, no sirve de nada.

- Estudios tanto de campo como de laboratorio han revelado que pedir a la gente que renuncie a los estereotipos no hace más que reforzarlos, al hacerlos accesibles a la conciencia.
- Trabajos de investigación recientes sugieren que la formación inspira una confianza poco realista en los programas antidiscriminación, lo que hace que los trabajadores se vuelvan complacientes con sus propios prejuicios.
- Cuando al personal de una empresa se le dice que sus jefes han puesto en marcha medidas en pro de la diversidad, como la formación, asumen que su entorno laboral está libre de prejuicios y reaccionan con mayor dureza ante las denuncias de discriminación.
- Estudios sobre la autodeterminación han mostrado que cuando las empresas plantean los motivos para fijar un objetivo como algo interno, originado dentro de la propia empresa, aumenta el compromiso, pero cuando los motivos vienen de fuera lo que aumenta es la rebelión.[11]

Aunque los programas de formación en diversidad son necesarios para luchar contra las injusticias, la investigación al respecto todavía no ha sido capaz de respaldar su eficacia. Parece desalentador, y para nosotros lo es. ¿Cómo pueden las empresas llegar a ser diversas, equitativas e inclusivas si no existe una exploración inteligente e intencionada los sesgos y el contexto?

Por qué la diversidad sigue siendo inaccesible

¿Por qué aún no son diversas las organizaciones? Porque siempre han efectuado sus contrataciones favoreciendo a un grupo privilegiado. Pero ¿por qué contrataban de manera desproporcionada a hombres blancos? Porque las decisiones de selección de personal se tomaban empleando métodos plagados de sesgos. Volviendo a aquel artículo de 1929 sobre los prejuicios en las entrevistas presenciales, Rice concluía: «La moraleja, en lo que se refiere a la necesidad de una técnica de entrevista controlada en cualquier situación, apenas necesita ser mencionada».[12] En este contexto, Rice está describiendo un método de entrevista estandarizado, estructurado y cuantificable. Dicho de otro modo, defiende un proceso de entrevista cuyo objetivo sea reducir los prejuicios inherentes a las interacciones humanas.

Diferencias demográficas como la etnia o el género no deberían influir en las puntuaciones de una persona sobre parámetros objetivos. Sean blancas, asiáticas, de color, hispanas o latinas, todas las personas son igual de capaces de puntuar alto o bajo. Tampoco el género influye en el Talento de alguien. El hecho de ser un individuo de alto rendimiento o no serlo no tiene nada que ver con las características demográficas. Esto quiere decir que, si las decisiones de selección de personal se basan solo en medidas objetivas, las elecciones resultantes deberían ser representaciones casi exactas de la población. Cualquier organización que tenga problemas con la diversidad solo tiene que reconocer que esta objetividad subyacente es la clave para revertir décadas de discriminación étnica y de género.

El proceso de selección de personal es fundamental para la distribución representativa de una empresa y, sin embargo, son muchas las que confían en el instinto de sus responsables de contratación y entrevistadores para conseguir una plantilla equitativa. Pero tenemos una mala noticia: esto nunca funcionará. Los responsables de diversidad tienen las manos atadas cuando se trata de medir la imparcialidad del proceso de contratación, y por eso su eficacia es difícil de demostrar. Los prejuicios que provocan una contratación discriminatoria no solo no cambian con los programas de formación, sino que incluso pueden agravar el problema, al proporcionar una falsa sensación de seguridad.

Recomendamos a las empresas que quieran fomentar la diversidad que contraten a un responsable de medidas antidiscriminación que cumpla los siguientes requisitos:

- Que sea una persona experta en evaluación psicométrica.
- Que tenga experiencia en medidas estadísticas de validez, fiabilidad e imparcialidad.
- Que se encargue de resolver el problema de los sesgos no controlados en el proceso de selección de personal.

Esta figura es una opción excelente para las organizaciones que quieran incorporar medidas objetivas de capacidad de predicción en su proceso de selección de personal. Estos responsables tienen formación suficiente para reconocer los prejuicios inherentes a todas las interacciones humanas y pueden luchar muy bien contra ellos; si son competentes sabrán ver los beneficios de un enfoque de evaluación cuantitativa.

La diversidad a partir de los datos

Uno de los aspectos más gratificantes del trabajo con nuestros clientes es la posibilidad de ofrecer apoyo a los aspirantes miembros de minorías que cumplen los requisitos para ocupar altos cargos. En el prefacio del libro hemos descrito uno de estos ejemplos, pero no es más que un caso; constantemente descubrimos a líderes ocultos en las organizaciones que analizamos. Son personas que han sido ignoradas por varias (e irrelevantes) razones, se trata de las víctimas de procesos sesgados. La mayoría proceden de grupos minoritarios y padecen la histórica discriminación sistémica propia de los métodos de selección genéricos.

Un hallazgo sorprendente —que salió a la luz mientras diseñábamos y poníamos en práctica nuestra Evaluación del Liderazgo Ejecutivo— es que los miembros de grupos minoritarios que ya ocupan puestos de liderazgo obtienen puntuaciones más altas que sus colegas. Antes de que las empresas utilizaran nuestra evaluación en su proceso de selección, las mujeres líderes, los líderes de color, asiáticos, hispanos o latinos tenían que ser mucho más fuertes en sus Talentos innatos que sus homólogos masculinos blancos. Esto no nos sorprendió, pero, aun así, fue impactante ver la misma historia contada a través de medidas objetivas.

¿Ocurre esto en tu empresa? ¿Tienen que demostrar más las personas de grupos minoritarios para ser contratadas o ascendidas? A no ser que el proceso de selección de personal de tu empresa incorpore medidas objetivas específicas del impacto adverso, la respuesta, casi seguro, será que sí. Y espero que eso te decepcione tanto como a nosotros.

La injusticia en la selección de personal que muchas empresas cometen es innecesaria, y superarla se ha convertido en la principal misión de la nuestra. Queremos vivir en un mundo en el que los aspirantes excepcionales accedan a los puestos que más encajen con sus Talentos. Con esta intención, hemos desarrollado decenas de evaluaciones que predicen el rendimiento futuro para una variedad de puestos, la más popular de las cuales es la Evaluación del

Liderazgo Ejecutivo. Pero no queremos que las empresas sean clientes nuestras para implementar este cambio. Lo que pretendemos es que compañías de todo el mundo usen medidas objetivas, justas y validadas para tomar decisiones de selección de personal que den lugar a un entorno laboral diverso, equitativo e inclusivo.

LA PERSONALIDAD Y EL TALENTO NO SON LO MISMO

Hace casi cien años que existen las pruebas de personalidad, y herramientas de evaluación como el Myers-Briggs Type Indicator (MBTI) han incrementado su popularidad como herramientas para clasificar a las personas en función de su carácter. No obstante, y a pesar de su popularidad, el MBTI se califica de pseudociencia, compitiendo con la astrología más que con la meteorología en términos de eficacia. No es el objetivo de este libro verter aún más desprecio sobre las evaluaciones desacreditadas, aunque sí sostenemos que las empresas deberían procurar no usarlas; en caso de hacerlo, que nunca sea en el proceso de selección de personal.[13]

La mayoría de las pruebas de personalidad se basan en la teoría de los «cinco grandes», que aglutina los innumerables descriptores de la personalidad en cinco tipos generales: responsabilidad, amabilidad, neuroticismo, apertura a la experiencia y extraversión.[14] Estas amplias dimensiones son, en esencia, diferentes del Talento. La personalidad se puede medir en todas las personas de cualquier nivel social y edad. El Talento, en cambio, suele manifestarse en un subconjunto mucho más reducido de la sociedad, en lo que respecta a las características y disposiciones que son esenciales para un alto rendimiento en una función o puesto específico. Por lo tanto, personalidad y Talento nunca deberían confundirse ni mezclarse.

Por consiguiente, si estás usando una evaluación de personalidad para seleccionar personal para tu empresa, los resultados serán, casi seguro, insignificantes y el tamaño del efecto apenas relevante. Es bastante sencillo: cuando se emplean evaluaciones basadas en la personalidad para la selección de personal, dejan de tener validez predictiva, e incluso algunas presentan una base bastante deficiente respecto al tema que acabamos de comentar: el impacto adverso y la diversidad en general. Un documental de HBO Max titulado *Persona: The Dark Truth Behind Personality Tests* ha sabido explicar de una manera extraordinaria por qué no deberían aplicarse pruebas de personalidad para la selección de personal, como también afirmó Aimee Harel en su artículo «The Problems with Using Personality Tests for Hiring».[15]

Las evaluaciones del Talento, por otro lado, se elaboran para predecir el éxito en puestos específicos, y son mucho más fiables, justas y válidas. Así pues, si quieres empezar a mejorar las prácticas de selección de personal de tu empresa, deja de aplicar pruebas de personalidad en el proceso.

RESUMEN

Este libro ha sido un viaje, tanto personal como empresarial, en el que te hemos presentado los Cinco Talentos que de verdad importan en el liderazgo. Los descubrimientos descritos en él se basan en investigaciones fiables (muchas, de hecho), y además te hemos ofrecido herramientas y recursos; algunas de dichas herramientas te servirán en tu viaje personal de liderazgo, y otras te serán útiles para introducirlas en tu empresa. Nuestra intención es ayudarte a mejorar como líder y, al mismo tiempo, contribuir a que las organizaciones mejoren su enfoque global en la selección de líderes. Ambas mejoras deben ir de la mano: no serviría de mucho ayudarte como líder y dejar que tu organización siguiera como en el siglo XIX. El cambio y la mejora deben ser generalizados. Esperamos que estés a la altura de la tarea.

La última sección del libro describe cómo poner en práctica nuestra evaluación de liderazgo ejecutivo.

CAPÍTULO 12

¿Eres un líder excepcional?

NUESTRO DESEO ES QUE ESTE LIBRO INSPIRE A UNA NUEVA GENERACIÓN de líderes que reconozcan tener los Talentos que de verdad importan para ser un líder eficaz. Hay muchos líderes excepcionales que están ocultos en sus propias empresas. Nuestra evaluación de liderazgo ejecutivo permite descubrir a estas personas; pone de relieve el Talento, la esencia de un líder. Nuestra esperanza es garantizar que se les encamine por la vía que mejor se les adapte.

Ningún líder posee todos los Talentos, disposiciones o rasgos del liderazgo de alto rendimiento, y tú no serás el primer caso. Además, no existe un único camino para alcanzar el éxito como líder, y tampoco un solo molde que dé forma a todos los grandes líderes. No hay un punto de partida común ni un conjunto de experiencias determinado. Tus diferencias te hacen ser una persona única. Pero, sin duda, podemos aprender de quienes lideran equipos y empresas y logran grandes resultados, y su historia se ha contado en estas páginas. Y no te equivoques, el rendimiento de los líderes se puede medir, y es aprendiendo de los mejores como se puede empezar a comprender lo que de verdad importa en materia de liderazgo.

En los capítulos previos hemos tratado un proceso de selección de líderes más eficaz y que hace hincapié en las características innatas que producen los más altos niveles de rendimiento ejecutivo. Nos hemos centrado en este nivel, el ejecutivo, porque el coste de las decisiones mal tomadas en él es muy elevado. Y no nos referimos solo a los costes de contratación, reubicación e incorporación que las empresas han de tener en cuenta al elegir a alguien para un puesto de liderazgo; también han de considerar cuán grande es la oportunidad de hacer crecer y transformar un negocio, al tiempo que se influye de manera positiva en la vida de quienes habitan su esfera de influencia.

Las empresas siempre estarán batallando con la realidad de que no existe la perfección en el liderazgo. Por mucho que alguien destaque en un área por sus altas capacidades, habrá otras áreas que le costarán más. Estas dificultades serán limitadas y, casi siempre, visibles. El liderazgo consiste en hacer concesiones (trade-off) sobre a qué dedicar tiempo y energía. Al sopesarlas es crucial conocer los límites de lo que se puede desarrollar y comenzar por priorizar las características inmutables que a menudo se dan por sentadas, se miden de forma deficiente o se ignoran al evaluar quién es el mejor líder para el puesto.

A las personas que quieren desarrollarse y mejorar les puede costar hacer un autoexamen preciso de sus capacidades de liderazgo. Incluso quienes han tenido la suerte de recibir feedbacks justos, directos y precisos no saben aún cómo comparar esas opiniones con las de líderes de fuera de su empresa o sector. Lo normal de una comparación es que sea subjetiva y cuestionable. En este libro hemos intentado centrar tu autoconocimiento en las cosas que de verdad importan en el liderazgo, pero sabemos que siempre será una equiparación difícil para hacer por tu cuenta. Aunque hemos proporcionado una estructura que te ayudará a pensar en tu desarrollo, no tienes un punto de partida para la medición y, desde luego, tampoco una medida potencial de mejora a lo largo del tiempo.

La realidad es que no sabes qué calidad posees ahora como líder ni cuánta podrías llegar a tener en el futuro. Es cierto que tienes potencial, pero ¿para qué?

Una evaluación psicométrica eficaz de las características que hemos definido en este libro es el mejor punto de partida para autoevaluarte. Hay pocas ofertas fiables de tipo individual, lo normal es que los proveedores de evaluaciones exijan contratos con empresas y no tengan flexibilidad para ofrecer este servicio de forma personal. Es posible que trabajes para una compañía que use un inventario de personalidad como parte de su oferta de desarrollo, pero los resultados —que se presentan en forma de arquetipos y estilos poco claros— no dan el tipo de información que permita conocer qué te hace un individuo único y cómo enfocar de la mejor manera tu desarrollo como líder. Nuestro objetivo es abordar este problema.

Te ofrecemos, pues, la posibilidad de hacer tu propia Evaluación de Liderazgo Ejecutivo. Esta no es para todo el mundo: no se trata de una medida de «dulzura y luz», sino de la eficacia potencial del liderazgo. A continuación, presentamos algunas consideraciones para determinar si es la evaluación adecuada para ti:

- ¿Ocupas en la actualidad un puesto donde tienes una clara perspectiva de avance hacia un puesto de alto liderazgo ejecutivo? Recuerda que esta evaluación efectúa una predicción del éxito en cargos ejecutivos que no estén más allá de tres niveles por debajo del de consejero delegado de la empresa. Si te sitúas más abajo de ese nivel, esta evaluación no es para ti…, pero podría serlo algún día.
- ¿Tienes más de treinta y dos años? En general, hemos observado mayor variabilidad en los resultados de las pocas personas por debajo de esta edad que han hecho la evaluación.
- ¿Estás buscando de forma activa recibir feedback sobre ti y tu rendimiento, y los sueles aceptar con una actitud positiva? Si te cuesta recibir feedback sobre ti (y sabemos que a mucha gente le cuesta), entonces deberías detenerte y pensarlo bien antes de seguir adelante.
- ¿Sueles tener una visión más positiva de ti que la que tienen otras personas cuando evalúan tus capacidades? En este caso, también, piensa si te interesa seguir con este proceso: la evaluación puede ser incluso humillante, y con seguridad sus resultados no casarán con la fragilidad de tu ego.
- ¿Estás buscando de forma activa una nueva oportunidad laboral y quieres una evaluación objetiva de tus capacidades de liderazgo? Esta evaluación puede serte de gran ayuda.

- ¿Estás en un puesto alto de liderazgo y quieres ideas para tu desarrollo futuro? Esta evaluación puede serte de gran ayuda.

Puedes acceder a toda la información que necesitas para hacer la evaluación y describir tus particulares Talentos de liderazgo en nuestra web. Esperamos que disfrutes respondiendo a nuestras preguntas y estamos deseando interactuar con quienes deseen recibir feedbacks más directos:

www.conchie.com

AGRADECIMIENTOS

NOS GUSTARÍA RENDIR HOMENAJE A LOS CASI 60.000 LÍDERES QUE figuran en nuestra base de datos de evaluación, así como a clientes y organizaciones con los que hemos estado trabajando a lo largo de los años. Su información anónima nos ha permitido construir y validar nuestro método de evaluación, y está claro que sin su colaboración nuestros conocimientos y descubrimientos no habrían visto la luz.

Deseamos hacer extensivo nuestro agradecimiento a clientes, amigos y colaboradores que nos han ayudado, con sus observaciones y comentarios, en el proceso de elaboración del primer borrador del manuscrito. Los libros no quedan nunca como se escribieron inicialmente; evolucionan gracias a la influencia de muchas personas, y, aunque son demasiadas para mencionarlas una por una, apreciamos mucho sus contribuciones.

Querríamos dar las gracias, en particular, a nuestra maravillosa agente literaria, Leah Spiro, que nos ha dado consejos y orientación de gran valor durante este proceso. Ella nos presentó a nuestra redactora de propuestas, Lisa Shannon, y a nuestro socio y editor, Dan Ambrosio, de Hachette Go. También hemos disfrutado de una larga colaboración con Barbara Cave Hendricks que se remonta a su ayuda en la estrategia de marketing de *Strengths Based Leadership*, y nos sentimos afortunados y agradecidos por su aportación, una vez más, en este proyecto.

En el primer plano de nuestro agradecimiento hay dos personas con un apellido que resultará familiar a los lectores. Estas han jugado un papel fundamental al principio y al final del proceso de edición. Por un lado, Amy Conchie ya tenía experiencia editorial, y nos ha ayudado a mantener el rumbo firme cuando había que enfocar y reforzar bien el mensaje que queríamos dar. Por su parte, Thomas Conchie ha sido un ayudante fenomenal, diseñando con esmero la secuencia y el flujo de nuestro contenido; no solo ha aportado inteligencia y experiencia en el tema, también su habilidad para ser específico al presentar argumentos y generar una narrativa convincente. Sin duda, estamos en deuda con ambos. Ha sido un esfuerzo familiar, ya que, junto con la esposa de Barry, Nicola Conchie, han contribuido a mantener en marcha este proyecto.

También queremos destacar la colaboración de nuestras analistas ejecutivas, Keith Conchie y Jasmin Lillesve. Keith ha sabido evaluar, analizar y codificar con diligencia los datos de cientos de líderes, y nos ha ayudado a cotejar la fiabilidad y validez de nuestros datos. Jasmin, además de su excelente trabajo de analista, ha seleccionado y diseñado los gráficos del libro. Su visión creativa y atención al detalle han dado vida a estas páginas, consiguiendo así que los elementos visuales complementaran y reforzaran nuestro mensaje.

Por mi parte, quiero destacar a tres mujeres que, además de tener un Talento extraordinario y de ser muy capaces como líderes, también han dado un ejemplo excepcional de liderazgo femenino. Anne Precious ha sido directora de la Honley High School de Huddersfield, Reino Unido, y es una líder sobresaliente. Liz Ryan ha sido presidenta de junta directiva y abogada especializada en representar a familias con niños que tienen necesidades especiales; es una profesional con una increíble visión positiva de la educación. Por último, Connie Rath, doctora, ha sido decana de la Universidad Gallup, y mi jefa y guía profesional cuando llegué a Washington, DC. Todas ellas han ejercido una influencia diferente pero profunda en mi vida y desarrollo profesional. Les doy las gracias por ello. Este libro no habría sido posible sin su contribución a mi carrera profesional.

Hay otras personas que han estado siempre presentes en nuestro trabajo y en nuestra vida, y su influencia se puede sentir en estas páginas: Ali Bebo fue una de las primeras clientas que conocí cuando llegué a Estados Unidos, y siempre ha estado presente en mi vida profesional. Estoy orgulloso de colaborar con ella. Otras contribuciones valiosas fueron las de John Clendening, Kevin Christoffersen, Curt Hartman, Shaelie Lambarth, Heather Cohen, Ken Shearer, Stefan Larsson, el doctor Ted Hayes, Pat Beyer, Jim Heath, JP Lebudel, la doctora Jennifer Meade, el doctor Tom Rath, Alex LeJeune, Adam Burke, el doctor Don Ronchi, Mark Lipscomb, Tim Scannell, Erik Anderson, Essex Mitchell, Steve MacMillan, Elie Azar, John Kibarian, John Ferrell y Maria Brinck. Por último, quería dedicar un agradecimiento especial a Pamela Stroko, por creer en la integridad de nuestro trabajo y por su apoyo para garantizar que este libro obtuviera la visibilidad adecuada en el mercado de gestión del capital humano. Hay muchas otras personas, demasiadas para nombrarlas a todas, que han contribuido de manera decisiva a nuestro trabajo y a nuestra forma de pensar.

NOTAS

Prefacio

1. Brian Kennedy y Meg Hefferon, «What Americans Know About Science», Pew Research Center, 28 de marzo de 2019, https://www.pewresearch.org/science/2019/03/28/what-americans-know-about-science/. El método científico no se entiende demasiado bien fuera de las ciencias naturales, por lo que los resultados de este estudio no deberían sorprendernos. Creemos que no es realista aconsejar a todo el mundo leer el trabajo de Karl Popper sobre la «falsificación», pero este concepto es central en la investigación científica.

2. Michael Shermer, *Why Smart People Believe Weird Things: Pseudoscience, Superstition, and Other Confusions of Our Time* (Nueva York: Holt McDougal, 2002).

Capítulo 1. Lo que personas y empresas malinterpretan acerca del liderazgo

1. Jim Collins, *Good to Great: Why Some Companies Make the Leap and Others Don't* (Londres: Random House Business Books, 2001).

2. Steven D. Levitt, «From Good to Great… to Below Average», *Freakonomics*, 28 de julio de 2008, https://freakonomics.com/2008/07/from-good-to-great-to-below average/. Creemos que Levitt es demasiado blando en su tratamiento de este libro icónico. El título, en nuestra opinión, debería ser *Good to Great and Back Again*.

3. Robert K. Greenleaf, *Servant Leadership: A Journey into the Nature of Legitimate Power and Greatness*, ed. 25 aniversario (Mahwah, NJ: Paulist Press, 2002).

4. Hermann Hesse, *The Journey to the East* (Nueva York: Picador, 1956).

5. Nathan Eva, Mulyadi Robin, Sen Sendjaya, Dirk Dierendonk y Robert C. Liden, «Servant Leadership: A Systematic Review and Call for Future Research», *Leadership Quarterly* 30, n.º 1 (2019): 111–132, https://doi.org/10.1016/j.leaqua.2018.07.004

6. Philip Rosenzweig, *The Halo Effect… and the Eight Other Business Delusions That Deceive Managers* (Nueva York: Free Press, 2007).

7. Stephen R. Covey, *The 7 Habits of Highly Effective People* (Londres: Simon & Schuster UK, 2020). A pesar de lo reverenciado que es Covey por este libro, no dice si los «hábitos» por los que aboga se pueden aprender. Es impresionante la cantidad de gente cree que todo se puede aprender si se enseña bien. Esta creencia no solo va en contra de la experiencia directa de todo el mundo en la escuela, sino que mete en la categoría de «vagos» a quienes no consiguen adquirir la habilidad deseada.

8. Glenn Llopis, «The Most Successful Leaders Do 15 Things Automatically, Every Day», *Forbes*, 18 de febrero de 2013, https://www.forbes.com/sites/glennllopis/2013/02/18/the-most-successful-leaders-do-15-things-automatically-every -day/?sh=58107a6869d7

9. Michael Page, «8 Must-Have Qualities of an Effective Leader», https://www.michaelpage.com/advice/management-advice/development-and-retention/8-must-have-qualities-effective-leader

10. James Collins y Jerry Porras, *Built to Last: Successful Habits of Visionary Companies* (Nueva York: HarperBusiness Essentials, 1994).

11. Jennifer Reingold y Ryan Underwood, «Was "Built to Last" Built to Last?», *Fast Company*, 1 de noviembre de 2004, https://www.fastcompany.com/50992/was-built-last-built-last

12. Daniel Kahneman, *Thinking, Fast and Slow* (Nueva York: Farrar, Straus y Giroux, 2011).

13. John Geirland, «Go with the Flow», *Wired*, 1 de septiembre de 1996, https://www.wired.com/1996/09/czik/. Este libro es igual de brillante que de decepcionante, según con quien hables de él. He tenido el privilegio de dar una charla en el mismo escenario que Mike Csikszentmihalyi, en un congreso de psicología en Italia en 2005, y su descripción de los «estados fluidos» y cómo se pueden crear a propósito es impresionante. Libro de lectura obligada para quien tenga interés en la prosperidad óptima.

14. Barbara Fredrickson, «The Broaden-and-Build Theory of Positive Emotions», *Philosophical Transactions of the Royal Society B: Biological Sciences* 359, n.º 1449 (29 de septiembre de 2004): 1367–1378, doi:10.1098/rstb.2004.1512. Barb ha sido muy criticada por la llamada «policía del pensamiento psicológico», que se burló de su trabajo con Lombardi sobre las ratios de elogio. La idea de que existe una forma eficaz de cuantificar los elogios por encima de las críticas fue demasiado para los críticos, que solo ven el lado negativo de cualquier esfuerzo humano y se burlaron de esta idea, calificándola de «discurso optimista». Sin embargo, su excelente trabajo sobre «ampliar y construir» sigue proporcionando un argumento convincente para ampliar la capacidad humana.

15. Adam Grant y Barry Schwartz, «Too Much of a Good Thing: The Challenge and Opportunity of the Inverted U», *Perspectives on Psychological Science* 6, n.º 1 (3 de febrero de 2011): 61–76, https://doi.org/10.1177/1745691610393523. Este artículo, en mayor medida que otros muchos, es culpable de un error básico de atribución: la idea, basada en la U invertida, de que cualquier cosa en exceso puede convertirse en una debilidad. Es un completo disparate. Sus autores usan ejemplos lineales y cuantitativos, como la idea de que la falta de coraje supone cobardía, pero un exceso de orgullo es vanidad. Y así sucesivamente… tediosamente. Pero se equivocan por completo. Una cualidad es una cualidad,

y cuando creemos que un atributo como el coraje representa una fortaleza, es un error describir cualquier aspecto de este como una debilidad. Pensemos en la comunicación: ¿en qué momento la comunicación eficaz se convierte en un problema, en un exceso?

16. Grant y Schwartz.

17. Robert M. Yerkes y John D. Dodson, «The Relation of Strength of Stimulus to Rapidity of Habit-Formation», *Journal of Comparative Neurology and Psychology* 18, n.º 5 (1908): 459–482, https://doi.org/10.1002/cne.920180503

18. Tomas Chamorro-Premuzic, *The Talent Delusion: Why Data, Not Intuition, Is the Key to Unlocking Human Potential* (Londres: Little, Brown, 2017).

19. Dan Rockwell, «Your Greatest Strength Is Your Weakness», *Leadership Freak*, 8 de marzo de 2010, https://leadershipfreak.blog/2010/03/08/your-greatest-strength-is-your-weakness/

20. «Survivorship Bias», Wikipedia, https://en.wikipedia.org/wiki/Survivorship bias#:~:text=Survivorship%20bias%20or%20survival%20bias,conclusions%20 because%20of%20incomplete%20data

Capítulo 2. En qué se equivocan las empresas al seleccionar a su personal

1. Peter Cappelli y J. R. Keller, «Talent Management: Conceptual Approaches and Practical Challenges», *Annual Review of Organizational Psychology & Behavior* 1 (2014): 305–331, https://doi.org/10.1146/annurev-orgpsych-031413 -091314

2. Gallup, «State of the American Workplace», 2013, https://mediaassets.kjrh.com/html/pdfs/unhappyemployees_gallup.pdf. Gallup es la organización principal en cuanto a medidas del compromiso del personal y, aunque el estudio referenciado aquí es de 2013, en www.gallup.com se pueden encontrar los informes anuales actualizados.

3. Gallup, «Employee Engagement», 2023, https://www.gallup.com/394373/indicator-employee-engagement.aspx

4. Peter Cappelli y J. R. Keller, «Talent Management: Conceptual Approaches and Practical Challenges», *Annual Review of Organizational Psychology and Organizational Behavior*, 1 de marzo de 2014: 305–331, https://doi.org/10.1146/annurev-orgpsych-031413 -091314; Gallup.

5. Beatrice I. J. M. van der Heijden y Andre H. J. Nijhof, «The Value of Subjectivity: Problems and Prospects for 360-Degree Appraisal Systems», *International Journal of Human Resource Management* 15, n.º 3 (2004): 493– 511, doi:10.1080/0958519042000181223

6. Jack Zenger y Joseph Folkman, «What Makes a 360-Degree Review Successful?», *Harvard Business Review*, diciembre de 2020, https://hbr.org/2020/12/what-makes-a-360-degree-review-successful. Aconsejamos cautela respecto a Zenger y Folkman y sus afirmaciones sobre las evaluaciones 360, porque todo su modelo de negocio gira en torno a ellas. Es un poco como la conversación que tuve una vez con un quiropráctico que afirmaba que cada dolencia y enfermedad que padece el cuerpo humano, desde el párkinson hasta el cáncer, puede curarse mediante la manipulación de la espalda y la columna vertebral.

7. Emma Rachel Andersson, Carolina E. Hagberg y Sara Hagg, «Gender Bias Impacts Top-Merited Candidates», *Frontiers in Research Metrics and Analytics* 6 (2021),

https://www.frontiersin.org/articles/10.3389/frma.2021.594424/full, doi:10.3389/frma.2021.594424

8. AESC, «The Role of Executive Assessments in the Search Process», https://www.aesc.org/insights/research/assessments-executive-selection

9. F. L. Schmidt y J. E. Hunter, «The Validity and Utility of Selection Methods in Personnel Psychology: Practical and Theoretical Implications of 85 Years of Research Findings», *Psychological Bulletin* 124, n.º 2 (1998): 262–274, https://doi.org/10.1037/0033-2909.124.2.262

Capítulo 3. Analizar a los mejores líderes

1. Emma Hinchliffe, «Women CEOs Run 10.4% of Fortune 500 Companies. A Quarter of the 52 Leaders Became CEO in the Last Year», *Fortune*, 5 de junio de 2023, https://fortune.com/2023/06/05/fortune-500-companies-2023-women-10-percent/

2. Anthony J. Kunnan, «Test Fairness», en *European Language Testing in a Global Context*, ed. Michael Milanovic y Cyril J. Weir (Cambridge, UK: Cambridge University Press), 27–48, https://www.cambridgeenglish.org/Images/329229-studies-in-language-testing-volume-18.pdf#page=48. Un ejemplo igual de interesante, que muestra cómo la cultura y el lenguaje se cruzan, es la pregunta: «¿Por qué las tapas de las alcantarillas son redondas?». Se trata de una reflexión excelente, y pocas personas entrevistadas son capaces de responder que una forma redonda es la única que no puede caerse por sí misma, lo que permite que los operarios la abran hacia arriba sin que atraviese el agujero y les caiga encima. Por desgracia, algunos países europeos no manejan el concepto de «tapa de alcantarilla», por lo que esta idea es difícil de traducir.

3. La bibliografía existente sobre la fiabilidad de la prueba y su aplicación en enfermería y otras profesiones médicas se presenta en «Test Retest Reliability», *ScienceDirect*, https://www.sciencedirect.com/topics/nursing-and-health-professions/test-retest-reliability

4. La bibliografía sobre el coeficiente alfa de Cronbach en enfermería y otras profesiones médicas se presenta en «Cronbach Alpha Coefficient», *ScienceDirect*, https://www.sciencedirect.com/topics/nursing-and-health-professions/cronbach-alphacoefficient#:~:text=Cronbach's%20alpha%20is%20a%20way,items%20relative%20to%20the%20varianc

Capítulo 4. ¿Qué hemos aprendido?

1. Marshall Goldsmith y Mark Reiter, *What Got You Here Won't Get You There* (Nueva York: Hyperion, 2007). No es un libro demasiado bueno, pero su título es excelente.

2. «Action Bias», Wikipedia, https://en.wikipedia.org/wiki/Action_bias. La tendencia a la acción es la que más afecta a los equipos directivos.

3. Michael P. Wilmot y Deniz S. Ones, «Agreeableness and Its Consequences: A Quantitative Review of Meta-analytic Findings», *Personality and Social Psychology Review* 26, n.º 3 (2022), https://doi.org/10.1177/10888683211073007

4. Gwendolyn Seidman, «Why Do We Like People Who Are Similar to Us?», *Psychology Today*, 18 de diciembre de 2018, https://www.psychologytoday.com/us/blog/

close-encounters/201812/why-do-we-people-who-are-similar-us#:~:text=Consensual%20validation%3A%20Meeting%20people%20who,and%20maybe%20even%20a%20virtue. Véase también Kendra Cherry, «What Is the Halo Effect?», *Verywell Mind*, 24 de octubre de 2022, https://www.verywellmind.com/what-is-the-halo-effect-2795906

Capítulo 5. Marcar el rumbo

1. Adrienne Fox, «Raising Engagement», *HR Magazine*, Society for Human Resource Management (SHRM), 1 de mayo de 2010, https://www.shrm.org/hr-today/news/hr-magazine/pages/0510fox.aspx

2. «Marx's Theory of Alienation», Wikipedia, https://en.wikipedia.org/wiki/Marx%27stheory_of_alienation

3. Amanda Shantz, Kerstin Alfes y Catherine Truss, «Alienation from Work: Marxist Ideologies and Twenty-First-Century Practice», *International Journal of Human Resource Management* 25, n.º 18 (2014): 2529–2550, doi:10.1080/09585192.2012.667431

4. Bryant P. H. Hui, Jacky C. K. Ng, Erica Berzaghi, Lauren A. Cunningham-Amos y Aleksandr Kogan, «Rewards of Kindness? A Meta-analysis of the Link Between Prosociality and Well-Being», *Psychological Bulletin* 146, n.º 12 (2020): 1084–1116, doi:10.1037/bul0000298

5. Adam M. Kuczynski, Max A. Halvorson, Lily R. Slater y Jonathan W. Kanter, «The Effect of Social Interaction Quantity and Quality on Depressed Mood and Loneliness: A Daily Diary Study», *Journal of Social and Personal Relationships* 39, n.º 3 (2022): 734–756, https://doi.org/10.1177/02654075211045717. En los últimos años se ha escrito mucho sobre la importancia de las diferencias generacionales en el trabajo. Se cree, por ejemplo, que los miembros de la generación Z necesitan un sentido mayor de misión, propósito y valor en su trabajo que las generaciones anteriores. El caso es que no hay ninguna investigación fiable que respalde esta hipótesis, que por lo demás es bastante vaga. En vez de hablar de la superposición de la curva de campana como explicación de esta tontería, digamos solo que la variación en esta cuestión es mucho mayor dentro de una supuesta «generación», y que siempre supera la variación entre las llamadas «generaciones». Las personas son, ante todo, individuos y deben ser tratadas como tales.

6. Sasmit Patra y Vijay Pratap Singh, «The Challenge of Retaining Employees: Employee Engagement, Reducing Cynicism and Determinants of Employee Retention», *Global Journal of Arts & Management* 2, n.º 1 (2012): 53–60, http://www.rrjp.in/admin/papers/P-12%20Vijay%20Pratap%20Singh.pdf

7. Marshall Goldsmith y Mark Reiter. *What Got You Here Won't Get You There: How Successful People Become Even More Successful* (New York: Hyperion, 2007).

8. Karolina Hubner, «Spinoza's Epistemology and Philosophy of Mind», *The Stanford Encyclopedia of Philosophy*, ed. Edward N. Zalta, primavera de 2022, https://plato.stanford.edu/archives/spr2022/entries/spinoza-epistemology-mind/

9. Javier DeFelipe, «The Evolution of the Brain, the Human Nature of Cortical Circuits, and Intellectual Creativity», *Frontiers in Neuroanatomy* 5 (16 de mayo de

2011), https://www.frontiersin.org/articles/10.3389/fnana.2011.00029/full, https://doi.org/10.3389/fnana.2011.00029

10. Mark P. Mattson, «Superior Pattern Processing Is the Essence of the Evolved Human Brain», *Frontiers in Neuroscience* 8 (2014), doi:10.3389/fnins.2014.00265

11. Hiroshi Ito y Aki Sakurai, «Familiar and Unfamiliar Face Recognition in a Crowd», *Psychology* 5, n.º 9 (2014): 1011–1018, doi:10.4236/psych.2014.59113. Se describe aquí un experimento fascinante sobre caras hechas con inteligencia artificial (IA) (https://this-person-does-not-exist.com/en) que ha llevado a mucha gente a creer que eran reales. Los investigadores descubrieron que las caras blancas generadas con IA se veían incluso más humanas que las reales. Ver Elizabeth J. Miller, Ben A. Steward, Zak Witkower, Clare A. M. Sutherland, Eva G. Krumhuber y Amy Dawel, «AI Hyperrealism: Why AI Faces Are Perceived as More Real Than Human Ones», *Psychological Science* 34, n.º 12 (13 de noviembre de 2023), https://journals.sagepub.com,doi:10.1177/09567976231207095

12. Anne Treisman, «How the Deployment of Attention Determines What We See», *Visual Cognition* 14, núms. 4–8 (2006): 411–443, doi:10.1080/13506280500195250

13. Genevieve Mortimer, «Business Planning for Unintended Consequences», *International Journal of Sustainable Strategic Management* 5, n.º 2 (2016): 87–102, https://doi.org/10.1504/IJSSM.2016.080467

14. Carey K. Morewedge y Daniel Kahneman, «Associative Processes in Intuitive Judgment», *Trends in Cognitive Sciences* 14, n.º 10 (2010): 435–440, https://doi.org/10.1016/j.tics.2010.07.004

15. Amos Tversky y Daniel Kahneman, «Availability: A Heuristic for Judging Frequency and Probability», *Cognitive Psychology* 5, n.º 2 (1973): 207–232, https://doi.org/10.1016/0010-0285(73)90033-9

16. Nassim Nicholas Taleb, *The Black Swan: The Impact of the Highly Improbable* (Nueva York: Random House, 2007).

17. «Cognitive Bias», Wikipedia, https://en.wikipedia.org/wiki/Cognitive_bias

18. Glenn S. Sanders y Robert S. Baron, «The Motivating Effects of Distraction on Task Performance», *Journal of Personality and Social Psychology* 32, n.º 6 (1975): 956–963, https://doi.org/10.1037/0022-3514.32.6.956

19. Todd Vogel, Zachary Savelson, A. Ross Otto y Mathieu Roy, «Forced Choices Reveal a Trade-off Between Cognitive Effort and Physical Pain», *eLife* 9 (17 de noviembre de 2020), doi:10.7554/eLife.59410

20. Karen E. Jacowitz y Daniel Kahneman, «Measures of Anchoring in Estimation Tasks», *Personality and Social Psychology Bulletin* 21, n.º 11 (1995): 1161–1166, https://doi.org/10.1177/01461672952111004

21. Lisa K. Fazio, David G. Ran y Gordon Pennycook, «Repetition Increases Perceived Truth Equally for Plausible and Implausible Statements», *Psychonomic Bulletin & Review* 26 (2019): 1705–1710, https://doi.org/10.3758/s13423-019-01651-4

22. Thomas Koch y Thomas Zerback, «Helpful or Harmful? How Frequent Repetition Affects Perceived Statement Credibility», *Journal of Communication* 63, n.º 6 (2013): 993–1010, https://doi.org/10.1111/jcom.12063

23. Daniel Kahneman, «A Psychological Point of View: Violations of Rational Rules as a Diagnostic of Mental Processes», *Behavioral and Brain Sciences* 23, n.º 5 (2000): 681–683, doi:10.1017/S0140525X00403432

24. Solomon E. Asch, «Forming Impressions of Personality», *Journal of Abnormal and Social Psychology* 411, n.º 3 (1946): 258–290, https://doi.org/10.1037/h0055756, https://www.romolocapuano.com/wp-content/uploads/2013/08/Asch-Forming-Impressions-Of-Personality.pdf

25. Asch, 270.

26. Solomon E. Asch, «Studies of Independence and Conformity: I. A Minority of One Against a Unanimous Majority», *Psychological Monographs: General and Applied* 70, n.º 9 (1956): 1–70, https://doi.org/10.1037/h0093718

27. Daniel Kahneman, *Thinking, Fast and Slow* (Nueva York: Farrar, Straus and Giroux, 2011), 82.

28. «Dunning-Kruger Effect», *Psychology Today*, https://www.psychologytoday.com/us/basics/dunning-kruger-effect

29. Emily Pronin y Kathleen Schmidt, «Claims and Denials of Bias and Their Implications for Policy», en *The Behavioral Foundations of Public Policy*, ed. E. Shafir (Princeton, NJ: Princeton University Press, 2013), 195–216, https://psycnet.apa.org/record/2013-00609-011

30. Kahneman, *Thinking, Fast and Slow*.

31. Kahneman.

32. Hugh M. Culbertson, «Breadth of Perspective: An Important Concept for Public Relations», *Public Relations Research Annual* 1, núms. 1–4 (1989): 3–25, doi:10.1207/s1532754xjprr0101-4_1

33. Vanderbilt University, «The Brain Doesn't Like Visual Gaps and Fills Them In», *ScienceDaily*, 21 de agosto de 2007, www.sciencedaily.com/releases/2007/08/070820135833.htm. Este artículo ofrece numerosos ejemplos, algunos ilógicos, que explican cómo la investigación de la corteza visual lleva a los humanos a ver el contorno de las imágenes y luego rellenar los huecos.

34. Caleb Crain, «Why We Don't Read, Revisited», *New Yorker*, 14 de junio de 2018, https://www.newyorker.com/culture/cultural-comment/why-we-dont-read-revisited

35. Paul Leinwand, Cesare Mainardi y Art Kleiner, «Only 8% of Leaders Are Good at Both Strategy and Execution», *Harvard Business Review*, 30 de diciembre de 2015, https://hbr.org /2015/12/only-8-of-leaders-are-good-at-both-strategy-and-execution

36. Michael D. Watkins, «Demystifying Strategy: The What, Who, How, and Why». *Harvard Business Review*, 10 de septiembre de 2007, https://hbr.org/2007/09/demystifying-strategy-the-what

37. John M. Bryson y Andre L. Delbecq, «A Contingent Approach to Strategy and Tactics in Project Planning», *Journal of the American Planning Association* 45, n.º 2 (1979): 167–179, doi:10.1080/01944367908976955

38. Carol S. Dweck, *Mindset: The New Psychology of Success* (Nueva York: Ballantine Books, 2008).

39. Yue Li y Timothy C. Bates, «Does Growth Mindset Improve Children's IQ, Educational Attainment or Response to Setbacks? Active-Control Interventions and Data on Children's Own Mindsets», *SocArXiv*, https://doi.org/10.31235/osf.io/tsdwy. Véase también «Growth Mindset Fails to Increase Grades or Non-cognitive Skills. What Now?», *Psychbrief*, 23 de julio de 2019, https://psychbrief.wordpress.com/2019/07/23/growth-mindset-fails/; y Zhen Huang, Xiangdong Wei, Runhao Lu y Jiannong Shi, «Whether and How Can a Growth Mindset Intervention Help Students in a Non-Western Culture? Evidence from a Field Experiment in China», *Educational Psychology* 42, n.º 7 (2022): 913–929, https://doi.org/10.1080/01443410.2022.2085669

40. A. Tversky y D. Kahneman, «Advances in Prospect Theory: Cumulative Representation of Uncertainty», *Journal of Risk and Uncertainty* 5 (1992): 297-323.

41. Daniel J. Sweeney, «What Drives Growth: Analyzing Quantitative Factors and Their Variation Across Sectors», *UF Journal of Undergraduate Research* 23 (2021), https://doi.org/10.32473/ufjur.v23i.128438

42. Geremy Cepin, «Talent Acquisition: What It Is, Why You Need It, What Is Involved, and Where to Start», *CPA Practice Management Forum* 13 (diciembre de 2013), https://heinonline.org/HOL/LandingPage?handle=hein.journals/cpamanf9&div=148&id=&page=

43. Kirsten Weir, «Why We Believe Alternative Facts», *Monitor on Psychology* 48, n.º 5 (2017), https://www.apa.org/monitor/2017/05/alternative-facts

44. George Sher, «But I Could Be Wrong», *Social Philosophy and Policy* 18, n.º 2 (2001): 64–78, doi:10.1017/S0265052500002909

45. Jonathan Masur y Eric A. Posner, «Against Feasibility Studies», 77 *University of Chicago Law Review* 657 (2010), https://chicagounbound.uchicago.edu/cgi/viewcontent.cgi?article=2785&context=journal_articles

46. Eva M. Krockow, «Are You Too Smart to Think Wisely?», *Psychology Today*, marzo de 2019, https://www.psychologytoday.com/us/blog/stretching-theory/201903/are-you-too-smart-think-wisely

47. Michael G. H. Coles, Marten K. Scheffer y Lisa Fournier, «Where Did You Go Wrong? Errors, Partial Errors, and the Nature of Human Information Processing», *Acta Psychologica* 90, núms. 1–3 (1995): 129–144, https://doi.org/10.1016/0001-6918(95)00020-U

48. Michael Roberto, «Strong Leaders Encourage Dissent and Gain Commitment», *Wharton School Publishing*, noviembre de 2005, https://knowledge.wharton.upenn.edu/article/strong-leaders-encourage-dissent-and-gain-commitment/

49. David Eagleman, *Livewired: The Inside Story of the Ever-Changing Brain* (New York: Pantheon Books, 2020).

50. J. Benitez, X. Delgado-Galvan, J. A. Gutierrez y J. Izquierdo, «Balancing Consistency and Expert Judgement in AHP», *Mathematical and Computer Modelling* 54, núms. 7–8 (2011): 1785–1790, https://doi.org/10.1016/j.mcm.2010.12.023

51. Ian Steadman, «Deepak Chopra Doesn't Understand Quantum Physics, So Brian Cox Wants $1,000,000 from Him», *New Statesman, Science & Tech*, 7 de julio de 2014, https://www.newstatesman.com/science-tech/2014/07/deepak-chopra-doesnt-understand-quantum-physics-so-brian-cox-wants-1000000-him. Más referencias sobre los

absurdos pronunciamientos de Deepak Chopra; en internet hay muchos ejemplos, pero este quizá sea uno de los mejores: «Deepak Chopra Faces a Real Theoretical Physicist», YouTube, https://www.youtube.com/watch?v=0qFGs -SIWB4

52. Christine K. Volkmann, Kim Oliver Tokarsk y Kati Ernst, *Social Entrepreneurship and Social Business: An Introduction and Discussion with Case Studies* (Wiesbaden, Germany: Gabler Verlag, 2012), https://doi.org/10.1007/978-3-8349-7093-0

53. Vivian Hunt, Dennis Layton y Sara Prince, «Why Diversity Matters», McKinsey & Company, enero de 2015, https://www.mckinsey.com/capabilities/people-and-organizational-performance/our-insights/why-diversity-matters. Véase también Vivian Hunt, Lareina Yee, Sara Hun y Sundiatu Dixon-Fyle, «Delivering Through Diversity», McKinsey & Company, enero de 2018, https://www.mckinsey.com/capabilities/people-and-organizational-performance/our-insights/delivering-through-diversity; y Vivian Hunt, Sundiatu Dixon-Fyle, Sara Prince y Kevin Dolan, «Diversity Wins: How Inclusion Matters», McKinsey & Company, mayo de 2020, https://www.mckinsey.com/~/media/mckinsey/featured%20insights/diversity%20and%20inclusion/diversity%20wins%20how%20inclusion%20matters/diversity-wins-how-inclusion-matters-vf.pdf. Para más y mejores estudios sobre el lugar de las mujeres en el liderazgo recomiendo el libro de Caroline Criado Perez *Invisible Women: Exposing Data Bias in a World Designed for Men* (Nueva York: Vintage, 2020).

54. Juliet Bourke, «The Diversity and Inclusion Revolution: Eight Powerful Truths», *Deloitte Review* 22 (22 de enero de 2018), https://www2.deloitte.com/us/en/insights/deloitte-review/issue-22/diversity-and-inclusion-at-work-eight-powerful-truths.html?zd_source=hrt&zd campaign=5328&zd_term=chiradeepbasumallick; Katherine W. Phillips, «How Diversity Makes Us Smarter» (citando el trabajo de Anthony Antonio), *Scientific American*, 1 de octubre de 2014, https://www.scientificamerican.com/article/how-diversity-makes-us-smarter/; Robert D. Austin y Gary P. Pisano, «Neurodiversity as a Competitive Advantage: Why You Should Embrace It in Your Workforce», *Harvard Business Review*, mayo-junio 2017, 96–103, https://hbr.org/2017/05/neurodiversity-as-a-competitive-advantage

55. Barry Richmond, «Operational Thinking», *The Systems Thinker* 9, https://thesystemsthinker.com/operational-thinking/

56. Reagan Panelli, «An Introduction to Agile Thinking and Agile Principles», *Leanscape*,18 de junio de 2021, https://leanscape.io/introduction-to-agile-thinking/

57. «Convergent Thinking», Wikipedia, https://en.wikipedia.org/wiki/Convergent_thinking

58. «Divergent Thinking», Wikipedia, https://en.wikipedia.org/wiki/Divergent thinking

59. «Critical Thinking», Wikipedia, https://en.wikipedia.org/wiki/Critical_thinking

60. Dara Ramalingam, Prue Anderson, Daniel Duckworth, Claire Scoula y Jonathan Heard, «Creative Thinking: Definition and Structure», Australian Council for Educational Research, 25 de febrero de 2020, https://research.acer.edu.au/ar_misc/43/

61. «The Discovery of DNA's Structure», PBS Evolution Library, https://www.pbs.org/wgbh/evolution/library/06/3/l_063_01.html#:~:text=Taken%20in%201952%2C%20this%20image,shape%20of%20the%20DNA%20molecue

62. Barbara Steinmann, Hannah Klu y Gunter Maier, «The Path Is the Goal: How Transformational Leaders Enhance Followers' Job Attitudes and Proactive Behavior», *Frontiers in Psychology* 9 (2018), doi:10.3389/fpsyg.2018.02338

Capítulo 6. Aprovechar la energía

1. V. H. Medvec, S. F. Made y T. Gilovich, «When Less Is More: Counterfactual Thinking and Satisfaction Among Olympic Medalists», *Journal of Personality and Social Psychology* 69, n.º 4 (1995): 603–610, https://doi.org/10.1037/0022-3514.69.4.603

2. Dani Peled, «Competitors vs. Achievers», Wix.com, https://www.liniyari.com/single-post/2017/11/10/Competitors-Vs-Achievers

3. Jennifer A. Epstein y Judith M. Harackiewicz, «Winning Is Not Enough: The Effects of Competition and Achievement Orientation on Intrinsic Interest», *Personality and Social Psychology Bulletin* 18, n.º 2 (1992), https://doi.org/10.1177/01461672921820

4. William W. George, *True North: Discover Your Authentic Leadership* (San Francisco: Jossey-Bass, 2007).

5. Barbara L. Fredrickson, «The Broaden-and-Build Theory of Positive Emotions», *Philosophical Transactions of the Royal Society London B* 359 (2004): 1367–1377, http://doi.org/10.1098/rstb.2004.1512

6. Robert E. Kaplan y Robert B. Kaiser, «Stop Overdoing Your Strengths», *Harvard Business Review*, febrero de 2009. Disponible en https://hbr.org/2009/02/stop-overdoing-your-strengths; Robert E. Kaplan y Rob B. Kaiser, *Fear Your Strengths: What You Are Best at Could Be Your Biggest Problem* (Oakland, CA: Berrett-Koehler Publishers, 2013).

7. Jerry L. Harbour, *The Basics of Performance Management* (Boca Raton, FL: CRC Press, 2017).

8. Paul R. Sackett, Charlene Zhang, Christopher M. Berry y Filip Lievens, «Revisiting Meta-analytic Estimates of Validity in Personnel Selection: Addressing Systematic Overcorrection for Restriction of Range», *Journal of Applied Psychology* 107, n.º 11 (2022): 2040–2068, doi:10.1037/apl0000994

9. J. R. Spence y L. M. Keeping, «The Impact of Non-performance Information on Ratings of Job Performance: A Policy-Capturing Approach», *Journal of Organizational Behavior* 31, n.º 4 (2010): 587–608, https://doi.org/10.1002/job.648

10. Steve Scullen, Michael K. Mount y Maynard Goff, «Understanding the Latent Structure of Job Performance Ratings», *Journal of Applied Psychology* 85, n.º 6 (2001): 956–970, doi:10.1037//0021-9010.85.6.956

11. Chockalingam Viswesvaran, Deniz S. Ones y Leatta M. Hough, «Do Impression Management Scales in Personality Inventories Predict Managerial Job Performance Ratings?», *International Journal of Selection and Assessment* 9, n.º 4 (2002): 277–289, https://doi.org/10.1111/1468-2389.00180

12. Viswesvaran, Ones y Hough.

13. Nancy Befort y Keith Hattrup, «Valuing Task and Contextual Performance: Experience, Job Roles, and Ratings of the Importance of Job Behaviors», *Applied Human Resource Management Research* 8, n.º 1 (2003): 17–32, https://psycnet.apa.org/record/2004-11250-002

14. Jasmijn C. Bol, «The Determinants and Performance Effects of Managers' Performance Evaluation Biases», *Accounting Review* 86, n.º 5 (2011): 1549–1575, https://doi.org/10.2308/accr-10099

15. Allen Smith, «More Employers Ditch Performance Appraisals», *Society for Human Resource Management*, 18 de mayo de 2018, https://www.shrm.org/resourcesandtools/legal-and-compliance/employment-law/pages/more-employers-ditch-performance-appraisals.aspx

16. Jack Welch, «The Biggest Thief in Your Organization: Employee Performance», Jack Welch Management Institute, 7 de mayo de 2017, https://jackwelch.strayer.edu/winning/weak-employee-performance-steals/

17. Robert Half International, «Survey: Managers Spend Nearly One Day a Week Managing Poor Performers», 8 de noviembre de 2012, https://press.roberthalf.com/2012-11-08-Survey-Managers-Spend-Nearly-One-Day-a-Week-Managing-Poor-Performers

Capítulo 7. Ejercer presión

1. Pew Research Center, «Attitudes and Beliefs on Science and Technology Topics», 29 de enero de 2015, https://www.pewresearch.org/science/2015/01/29/chapter-3-attitudes-and-beliefs-on-science-and-technology-topics/. Véase también Pew Research Center, «The Evolution of Pew Research Center's Survey Questions About the Origins and Development of Life on Earth», 6 de febrero de 2019, https://www.pewresearch.org/religion/2019/02/06/the-evolution-of-pew-research-centers-survey-questions-about-the-origins-and-development-of-life -on-earth/

2. Kristy Sproles, Sullivan Central High School, «Scopes Trial», Lesson Plans for Primary Sources at the Tennessee State Library & Archives, 2015, https://sharetngov.tnsosfiles.com/tsla/educationoutreach/Lesson%20Plans/Scopes%20Trial.pdf

3. James C. Foster, «Scopes Monkey Trial», Free Speech Center at Middle Tennessee State University, 19 de septiembre de 2023, https://www.mtsu.edu/first-amendment/article/1100/scopes-monkey-trial

4. Independence Hall Association, «The Monkey Trial», U.S. History, https://www.ushistory.org/us/47b.asp

5. American Civil Liberties Union, «State of Tennessee vs. Scopes», julio de 1925, https://www.aclu.org/documents/state-tennessee-v-scopes

6. Marjorie Bloy, «William Cobbett (1763–1835)», *A Web of English History*, enero de 2016, https://www.historyhome.co.uk/people/cobbett.htm

7. Alice Shepherd y Steve Toms, «Entrepreneurship, Business Strategy and Philanthropy: Competition and Regulation in Nineteenth Century British Cotton Textiles»,

Leeds University Business School Working Paper n.º 18-04, 28 de junio de 2017, http://dx.doi.org/10.2139/ssrn.2993304

8. John P. Kotter, *John P. Kotter on What Leaders Really Do* (Boston: Harvard Business School Press, 1999).

9. Noel M. Tichy y Ram Charan, «The CEO as Coach: An Interview with Allied-Signal's Lawrence A. Bossidy», *Harvard Business Review*, marzo-abril 1995, https://hbr.org/1995/03/the-ceo-as-coach-an-interview-with-alliedsignals-lawrence-a-bossidy

10. Barry Z. Posner y James M. Kouzes, «Relating Leadership and Credibility», *Psychological Reports* 63, n.º 2 (1988): 527–530, https://doi.org/10.2466/pr0.1988.63.2.527

11. Kim Scott, *Radical Candor: Be a Kick-Ass Boss Without Losing Your Humanity* (Nueva York: St. Martin's Press, 2019).

12. Marcus Buckingham y Ashley Goodall, «The Feedback Fallacy», *Harvard Business Review*, marzo-abril de 2019, https://hbr.org/2019/03/the-feedback-fallacy. Este es un libro excelente que deberían leer quienes afirman que el *feedback* es un regalo. Sus autores demuestran que es cualquier cosa menos un regalo, y que la mayoría de intentos de dar *feedback* no consiguen hacerlo bien.

13. Jeffry A. Simpson, Allison K. Farrell, Minda M. Orina y Alexander J. Rothman, «Power and Social Influence in Relationships», in *APA Handbook of Personality and Social Psychology*, vol. 3: *Interpersonal Relations*, eds. M. Mikulincer, P. R. Shaver, J. A. Simpson y J. F. Dovidio (Washington, DC: American Psychological Association, 2015), 393–420, https://doi.org/10.1037/14344-015

14. M. A. Drescher, M. A. Korsgaard, I. M. Welpe, A. Picot y R. T. Wigand, «The Dynamics of Shared Leadership: Building Trust and Enhancing Performance», *Journal of Applied Psychology* 99, n.º 5 (2014): 771–783, https://doi.org/10.1037/a0036474

15. James N. Druckman, «Evaluating Framing Effects», *Journal of Economic Psychology* 22, n.º 1 (2001): 99–101, https://doi.org/10.1016/S0167-4870(00)00032-5.16; Bruce Bower, «Think Like a Scientist», *Science News* 175, n.º 13 (2009): 20, https://www.cmu.edu/dietrich/psychology/pdf/klahr/Think%20Like%20A%20Scientist%20_%20Science%20News.pdf

17. Tommi Auvinen, Liris Aaltio y Kirsimarja Blomqvist, «Constructing Leadership by Storytelling—the Meaning of Trust and Narratives», *Leadership & Organization Development Journal* 34, n.º 6 (2013): 496–514, https://doi.org/10.1108/LODJ-10-2011-0102

18. Jay A. Conger, «The Necessary Art of Persuasion», *Harvard Business Review*, mayo-junio 2018, https://hbr.org/1998/05/the-necessary-art-of-persuasion

19. Conger.

20. Nico H. Frijda, Antony S. R. Manstead y Sacha Bem, *Emotions and Beliefs: How Feelings Influence Thoughts* (Cambridge, UK: Cambridge University Press: 2000).

21. C. K. Prahalad y Venkat Ramaswamy, «Co-creating Unique Value with Customers», *Strategy & Leadership* 32, n.º 3 (2004): 4–9, https://doi.org/10.1108/10878570410699249

22. Herbert D. Saltzstein y Louis Sandberg, «The Relative Effectiveness of Direct and Indirect Persuasion», *Journal of Psychology* 91, n.º 1 (1975): 39–48, https://doi.org/10.1080/00223980.1975.9915795

23. Daniel Ames, Alice Lee y Abbie Wazlawek, «Interpersonal Assertiveness: Inside the Balancing Act», *Social & Personality Psychology Compass* 11, n.º 6 (2017), https://doi.org/10.1111/spc3.12317. El artículo explica que «la asertividad interpersonal [refleja] hasta qué punto alguien se levanta a defender sus posiciones ante quienes no buscan los mismos resultados. En este artículo revisamos estudios antiguos y recientes para caracterizar las consecuencias curvilíneas de la asertividad (tanto «muy poca» como «mucha» pueden ser problemáticas). Consideramos las fuentes del comportamiento transigente y asertivo, como las motivaciones, las expectativas y los fallos de autorregulación. También examinamos las formas en que las personas pueden hacerse valer de manera eficaz, desde hacer ofertas precisas en las negociaciones hasta emplear fundamentos como parte de sus propuestas.

24. Richard Banks, *The Keys to Being Brilliantly Confident and More Assertive: A* 24. Richard Banks, *The Keys to Being Brilliantly Confident and More Assertive: A Vital Guide to Enhancing Your Communication Skills, Getting Rid of Anxiety, and Building Assertiveness* (publicación independiente, 2020).

25. «Straw Man», Wikipedia, https://en.wikipedia.org/wiki/Straw_man

26. Ryan O. Murphy, Kurt Alexander Ackermann y Michel Handgraaf, «Measuring Social Value Orientation», *Judgment and Decision Making* 6, n.º 8 (2011): 771–781, http://dx.doi.org/10.2139/ssrn.1804189

27. Jeremy Sutton, «Assertiveness in Leadership: 19 Techniques for Managers», Positivepsychology.com, 24 de febrero de 2021, https://positivepsychology.com/assertiveness-in-leadership/

28. Mary E. Maloney y Patricia Moore, «From Aggressive to Assertive», *International Journal of Women's Dermatology* 6, n.º 1 (2019): 46-49, https://www.sciencedirect.com/science/article/pii/S2352647519301054?via%3Dihub

29. Christopher Clarey, «Are Women Penalized More Than Men in Tennis? Data on Fines Says No», *New York Times*, 14 de septiembre de 2018, https://www.nytimes.com/2018/09/14/sports/tennis-fines-men-women.html

30. Tamela Rags y Cindy Boren, «Serena Williams Fined $17,000 for U.S. Open Outburst; Billie Jean King Calls Out "Double Standard"», *Washington Post*, 8 de septiembre de 2018, https://www.washingtonpost.com/news/early-lead/wp/2018/09/08/serena-williamss-game-penalty-at-u-s-open-final-sparks-torrent-of-reactions/

31. Dan Cancian, «John McEnroe Defends Serena Williams' U.S. Open Outburst: "Women and Men Are Treated Differently"», *Newsweek*, 29 de marzo de 2019, https://www.newsweek.com/serena-williams-john-mcenroe-sexism-row-us-open-ladies-final-1379501.f

32. Wei Zheng, Ronit Kark y Alyson Meister, «How Women Manage the Gendered Norms of Leadership», *Harvard Business Review*, noviembre de 2018, https://hbr.org/2018/11/how-women-manage-the-gendered-norms-of-leadership

33. Zheng, Kark y Meister.

34. Victoria L. Brescoll, «Who Takes the Floor and Why: Gender, Power, and Volubility», *Administrative Science Quarterly* 56, n.º 4 (2011): 622–641, https://doi.org/10.1177/0001839212439994

35. Mark Spranca, Elisa Minsk y Jonathan Baron, «Omission and Commission in Judgment and Choice», *Journal of Experimental Social Psychology* 27, n.º 1 (1991): 76–105, https://doi.org/10.1016/0022-1031(91)90011-T.

36. Michael E. Palanski, Kristin L. Cullen, William A. Gentry y Chelsea M. Nichols, «Virtuous Leadership: Exploring the Effects of Leader Courage and Behavioral Integrity on Leader Performance and Image», *Journal of Business Ethics* 132 (2015): 297–310, https://doi.org/10.1007/s10551-014-2317-2

Capítulo 8. Aumentar la conectividad

1. Nicholas A. Christakis y James H. Fowler, *Connected: The Surprising Power of Our Social Networks and How They Shape Our Lives* (Nueva York: Little, Brown, 2009).

2. David G. Rand, Samuel Arbesman y Nicholas A. Christakis, «Dynamic Social Networks Promote Cooperation in Experiments with Humans», *Proceedings of the National Academy of Sciences* 108, n.º 48 (2011): 19193–19198, https://doi.org/10.1073/pnas.1108243108

3. Nichola Raihani, *The Social Instinct: How Cooperation Shaped the World* (Nueva York: St. Martin's Press, 2023).

4. Philippe Rochat, «Five Levels of Self Awareness as They Unfold Early in Life», *Consciousness and Cognition* 12, n.º 4 (2003): 717– 731, https://doi.org/10.1016/S1053-8100(03)00081-3

5. Albert Bandura, «Self-Efficacy: Toward a Unifying Theory of Behavioral Change», *Psychology Review* 84, n.º 2 (1977): 191–215, doi:10.1037//0033-295X.84.2.191

6. «Self-Awareness», Wikipedia, https://en.wikipedia.org/wiki/Self-awareness

7. David Brooks, *How to Know a Person: The Art of Seeing Others Deeply and Being Deeply Seen* (Nueva York: Random House, octubre de 2023).

8. Annamarie Mann, «Why We Need Best Friends at Work», Gallup, 15 de enero de 2018, https://www.gallup.com/workplace/236213/why-need-best-friends-work.aspx. Véase también Alok Patel y Stephanie Plowman, «The Increasing Importance of a Best Friend at Work», Gallup, 17 de agosto de 2022, https://www.gallup.com/workplace/397058/increasing-importance-best-friend-work.aspx

9. Patel y Plowman.

10. John P. Kotter, «What Effective General Managers Really Do», en *Managerial Work*, ed. Rosemary Stuart (Nueva York: Routledge, 1998).

11. Marc Hauser, *Moral Minds: How Nature Designed Our Universal Sense of Right and Wrong* (Nueva York: Ecco Press, 2006).

12. George Lakoff, *Moral Politics: How Liberals and Conservatives Think* (Chicago: University of Chicago Press, 1996).

13. J. Russell, C. Jarrold y D. Potel, «What Makes Strategic Deception Difficult for Children —the Deception or the Strategy?», *British Journal of Developmental Psychology* 12, n.º 3 (1994): 301–314, https://doi.org/10.1111/j.2044-835X.1994.tb00636.x

14. Michael Tomasello, Malinda Carpenter, Josep Call, Tanya Behne y Henrike Moll, «Understanding and Sharing Intentions: The Origins of Cultural Cognition»,

Behavioral and Brain Sciences 28, n.º 5 (2005): 675–691, https://doi.org/10.1017/S0140525X05000129

15. «Wells Fargo Cross-Selling Scandal», Wikipedia, https://en.wikipedia.org/wiki/Wells_Fargo_account_fraud_scandal

16. Jeffrey Moriarty, «Business Ethics», *The Stanford Encyclopedia of Philosophy*, ed. Edward N. Zalta, otoño de 2021, https://plato.stanford.edu/archives/fall2021/entries/ethics-business/

17. Wex Definitions Team, «Legal Ethics», Legal Information Institute of Cornell Law School, última actualización, marzo de 2023, https://www.law.cornell.edu/wex/legal_ethics

18. US Office of Government Ethics, https://www.oge.gov/

19. Finance Code of Ethics, https://www.sec.gov/Archives/edgar/data/1396279/000119312507083128/dex141.htm

Capítulo 9. Controlar el tráfico

1. Federal Aviation Administration, *The United States of America Aeronautical Information Publication*, 27.ª ed., Department of Transportation, octubre de 2023, https://www.faa.gov/air_traffic/publications/atpubs/aip_html/part2_enr_section_1.1.html

2. Roger Martin, «The Execution Trap», *Harvard Business Review* (julio-agosto de 2010), https://hbr.org/2010/07/the-execution-trap

3. Donald Sull y Charles Spinosa, «Promise-Based Management: The Essence of Execution», *Harvard Business Review*, abril de 2007, https://hbr.org/2007/04/promise-based-management-the-essence-of-execution

4. Donald Sull, Rebecca Homkes y Charles Sull, «Why Strategy Execution Unravels —and What to Do About It», *Harvard Business Review*, marzo de 2015, https://hbr.org/2015/03/why-strategy-execution-unravelsand-what-to-do-about-it

5. D. Kahneman y A. Tversky, «Prospect Theory: An Analysis of Decisions Under Risk», *Econometrica* 47, n.º 2 (1979): 263–292.

6. John N. Warfield y Scott M. Staley, «Structural Thinking: Organizing Complexity Through Disciplined Activity», *Systems Research* 13, n.º 1 (1996): 47–67, https://doi.org/10.1002/(SICI)1099-1735(199603)13:1%3C47:AID-SRES27%3E3.0.CO;2-A

7. Jens Roehrich, «Complexity», en *Wiley Encyclopedia of Management*, vol. 10, *Operations Management*, eds. C. L. Cooper, S. Roden, M. Lewis y N. Slack, https://onlinelibrary. wiley.com/doi/10.1002/9781118785317.weom100003https://doi.org/10.1002/9781118785317.weom100003

8. Barry Conchie, «The Demands of Executive Leadership», Gallup, 13 de mayo, 2004, https://news.gallup.com/businessjournal/11614/seven-demands-leadership.aspx

9. Derek Cabrera, Laura Cabrera y Hise Gibson, «Leapfrog Leaders: Accelerating Systems Leadership Skills», en *Routledge Handbook of Systems Thinking*, eds. D. Cabrera, L. Cabrera y G. Midgley (Londres: Routledge, 2021), https://www.researchgate.net/publication/349850342_Leapfrog_Leaders

10. Linda Booth Sweeney, «Systems Thinking: A Means to Understanding Our Complex World», adaptado de *When a Butterfly Sneezes: A Guide for Helping Kids Explore Interconnections in Our World Through Favorite Stories* (Waltham, MA: Pegasus Communications, 2001), https://scpsystem.weebly.com/uploads/2/1/3/3/21333498/linda_booth_sweeney_-_systems_thinking_a_means_to_understanding_our_complex_world.pdf

11. Lori Fry, «Don't Gamble with Your Company's Culture», Edwards Deming Institute, 8 de junio de 2017, https://deming.org/2589-2/

12. «Root Cause Analysis», Patient Safety Network, Agency for Healthcare Research and Quality (AHRQ), https://psnet.ahrq.gov/primer/root-cause-analysis

13. «Root Cause Analysis Explained: Definition, Examples, and Methods», Tableau, https://www.tableau.com/learn/articles/root-cause analysis#:~:text=Root%20cause%20analysis%20(RCA)%20is,symptoms%20and%20putting%20out%20fires

14. Gale Thompson, «The 5 Principles of Gestalt», Sciencing.com, 24 de abril de 2017, https://sciencing.com/5-principles-gestalt-8430201.html

15. Ignacio Esponda y Emanuel Vespa, «Contingent Preferences and the Sure –Thing Principle: Revisiting Classic Anomalies in the Laboratory», *Review of Economic Studies* (2016), https://doi.org/10.1093/restud/rdad102

16. Alejandro Martinez-Marquina, Muriel Niederle y Emanuel Vespa, «Failures in Contingent Reasoning: The Role of Uncertainty», *American Economic Review* 109, n.º 10 (2019): 3437–3474, https://web.stanford.edu/~niederle/mnv_paper.pdf, doi:10.1257/aer.20171764

17. W. F. Samuelson y M. H. Bazerman, «The Winner's Curse in Bilateral Negotiations», en *Research in Experimental Economics*, ed. V. Smith (Boston: Boston University and Massachusetts Institute of Technology, 1985), https://dspace.mit.edu/bitstream/handle/1721.1/49408/winnerscurseinbi00samu.pdf

18. Gary Charness y Dan Levin, «The Origin of the Winner's Curse: A Laboratory Study», *American Economic Journal: Microeconomics* 1, n.º 1 (2009): 207–236, http://www.jstor.org/stable/25760353

19. Harver Team, «Learning Agility: What It Is and How to Access It», Harver.com, agosto de 2023, https://harver.com/blog/learning-agility/

20. Marjorie Bloy, «Disraeli's Speech on the Third Reading of the Bill for the Repeal of the Corn Laws: 15 May 1846», *A Web of English History*, 4 de marzo de 2016, https://www.historyhome.co.uk/polspeech/dizcorn.htm

21. Gary Burnison, «The Tuna Fish Sandwich Test», Kornferry.com, https://www.kornferry.com/insights/this-week-in-leadership/burnison-learning-agility-test

22. Leading Effectively Staff, «Tips for Improving Learning Agility», Center for Creative Leadership, diciembre de 2020, https://www.ccl.org/articles/leading-effectively-articles/tips-for-improving-your-learning-agility/

23. Gary M. Grobman, «Complexity Theory:A New Way to Look at Organizational Change», *Public Administration Quarterly* 29, n.º 3 (2005): 350, http://www.complexity-forum.com/members/Grobman%202005%20Complexity%20theory.pdf

24. Paul Plsek, Curt Lindberg y Brenda Zimmerman, «Some Emerging Principles for Managing Complex, Adaptive Systems», document de trabajo, Plexus Institute, 25 de noviembre de 1997, http://www.plexusinstitute.com/edgeware/archive/think/main_filing1.html

25. Grobman, «Complexity Theory», 376–377.

26. Mary Uhl-Bien y Russ Marion, «Complexity Leadership in Bureaucratic Forms of Organizing: A Meso Model», *Leadership Quarterly* 20, n.º 4 (2009): 631–650; doi:10.1016/j.leaqua.2009.04.007

Capítulo 11. Cuatro verdades incómodas

1. Massimo Pigliucci, *Nonsense on Stilts: How to Tell Science from Bunk* (Chicago: University of Chicago Press, 2018).

2. Kevin J. Mitchell, *Innate: How the Wiring of Our Brain Shapes Who We Are* (Princeton, NJ: Princeton University Press, 2018).

3. Paige McGlauflin, «Black CEOs on the Fortune 500 Reach New Record High in 2023 ––Meet the 8 Executives», *Fortune*, 5 de junio de 2023, https://fortune.com/2023/06/05/black-ceos-fortune-500-record-high-2023/

4. Martha Gill, «If Chatbots Can Ace Job Interviews for Us, Maybe It's Time to Scrap this Ordeal», *Guardian*, 4 de noviembre de 2023, https://www.theguardian.com/commentisfree/2023/nov/04/if-chatbots-can-ace-job-interviews-for-us-maybe-its-time-to-scrap-this-ordeal?CMP=Share_iOSApp_Other

5. Alexander Buijsrogge, Wouter Duyck y Eva Derous, «Initial Impression Formation During the Job Interview: Anchors That Drive Biased Decision-Making Against Stigmatized Applicants», *European Journal of Work and Organizational Psychology* 30, n.º 2 (2020), 305–318, doi:10.1080/1359432x.2020.1833980

6. Eva Derous, Alexander Buijsrogge, Nicolas Roulin y Wouter Duyck, «Why Your Stigma Isn't Hired: A Dual-Process Framework of Interview Bias», *Human Resource Management Review* 26, n.º 2 (2016): 90–111, doi:10.1016/j.hrmr.2015.09.006

7. Stuart A. Rice, «Contagious Bias in the Interview: A Methodological Note», *American Journal of Sociology* 35, n.º 3 (1929): 420–423, doi:10.1086/215055

8. Comila Shahani, Robert L. Dipboye y Thomas M. Gehrlein, «Attractiveness Bias in the Interview: Exploring the Boundaries of an Effect», *Basic and Applied Social Psychology* 14, n.º 3 (1993): 317–328, doi:10.1207/s15324834basp1403_5

9. Mladen Adamovic y Andreas Leibbrandt, «Is There a Glass Ceiling for Ethnic Minorities to Enter Leadership Positions? Evidence from a Field Experiment with over 12,000 Job Applications», *Leadership Quarterly* 34, n.º 2 (abril de 2023), https://doi.org/10.1016/j.leaqua.2022.101655

10. Steven W. Bradley, James R. Garven, Wilson W. Law y James E. West, «The Impact of Chief Diversity Officers on Diverse Faculty Hiring», *Southern Economic Association* 89, n.º 1 (2018): 3–36, doi:10.3386/w24969

11. Frank Dobbin y Alexandra Kalev, «Why Doesn't Diversity Training Work? The Challenge for Industry and Academia», *Anthropology Now* 10, n.º 2 (2018): 48–55, doi:10.1080/19428200.2018.1493182

12. Rice, «Contagious Bias in the Interview».

13. Dean Burnett, «Nothing Personal: The Questionable Myers-Briggs Test», *Guardian*, 19 de marzo de 2013, https://www.theguardian.com/science/brain-flapping/2013/mar/19/myers-briggs-test-unscientific

14. «Big Five Personality Traits», Wikipedia, https://en.wikipedia.org/wiki/Big_Five_personality traits

15. Aimee Harel, «The Problems with Using Personality Tests for Hiring», Vervoe.com, actualizado el 19 de enero de 2024, https://vervoe.com/personality -tests-hiring/

ÍNDICE

Gracias